·彩色图文版·

爱恋葡萄酒

———— 林 莹　毛永年 ⊙ 著 ————

中央编译出版社
CENTRAL COMPILATION & TRANSLATION PRESS

图书在版编目（CIP）数据

爱恋葡萄酒／林莹，毛永年著．—北京：中央编译出版社，2009.9
ISBN 978-7-5117-0022-3

Ⅰ．爱… Ⅱ．①林…②毛… Ⅲ．①葡萄酒－基本知识
Ⅳ．TS262.6

中国版本图书馆 CIP 数据核字（2009）第 162886 号

爱恋葡萄酒

出 版 人：和　龑
策划编辑：冯　章
责任编辑：冯　章
出版发行：中央编译出版社
地　　址：北京西单西斜街36号　（100032）
电　　话：（010）66509360（总编室）
　　　　　（010）66509360（编辑部）
　　　　　（010）66509364（发行部）　（010）66509618（读者服务部）
网　　址：http://www.cctpbook.com
经　　销：全国新华书店
印　　刷：山东人民印刷厂泰安厂
开本尺寸：180×250毫米
字　　数：200千字　　插图365幅
印　　张：17.5
版　　次：2010年1月第1版第1次印刷
定　　价：78.00元

本社常年法律顾问：北京大成律师事务所首席顾问律师　鲁哈达

作者简介

作者简介

毛永年、林莹夫妇是我国台湾的东吴大学毕业，分别在银行、航空公司、惠普计算机公司工作13年，后移民奥地利及美国，转而从事餐饮业，不但在奥地利开过中国餐馆，更在我国台湾开过奥德餐厅且在美国开过法式餐厅，然后更上一层楼以其珍贵经验从事餐饮顾问工作，并著书传授西餐知识，同时接受邀请四处演讲教授中西式用餐礼仪、餐厅经营管理、餐饮服务训练课程、葡萄酒、咖啡等课程。毛氏夫妇精研法、德、西、意、瑞士、奥、美、墨式西餐，教导学生开店多达40余家，遍布全世界，现二人定居北京，拟将所学贡献中国，著有《爱上咖啡》、《爱恋葡萄酒》、《西餐礼仪》、《欧洲美食之旅》、《香料之旅》、《旧金山美食之旅》等书。

作者 E-mail:tabmanner@gmail.com

世界著名餐饮礼仪大师**毛永年、林莹夫妇**（张天罡／摄）

爱恋葡萄酒

前　言

　　我和爱人自大学毕业一直分别从事于计算器行业。当时在繁忙的工作中，吃喝玩乐对我们而言是毫不重要，也没时间多加理会的事情。努力打拼十年后深感知识之重要，内人申请赴维也纳大学念书，又囿于生活，便顶下一家中国餐馆变为移民身份，开始以老祖先留下的中国传统烹饪手艺赚钱，正式踏足餐饮行业。

　　在欧洲国家开店，和国内有些不同。由于人工薪资昂贵，还需负责员工的保险、税金、社会福利等，负担相当重，因此在开餐馆时，自己能多做些就多省些钱，能少用一个员工，开销就节约不少。也因此欧洲的餐厅，无论中西，不分大小，老板、老板娘多半都工作在其中。不但如此，甚至还需精通十八般武艺，从跑堂、厨房、吧台、订货

葡萄枯藤与木塞也能作装饰品

到记账，全部都要会，才能满场飞舞，遇缺便立即补上工作。也因为这种现实需要，作老板的即使原先外行，但在每天生活接触中，很快地就成为内行，对于咖啡制作和葡萄酒饮用，都会有所认识与了解。

　　我就在这种不知不觉中走入了餐饮世界，再由中餐转入西餐领域，四处拜师，多方学习，再加上后来在欧美及台北市开过几次西餐厅，十余年来，由工作产生兴趣，愈深入甜点烘焙、菜肴烹调、订货库存、收支账务、经营管理、人事安排等，愈觉浩瀚，愈钻研愈引发乐趣。遂决定以餐饮教学、餐饮顾问为职志，希望能够提升国人的餐饮水准，并收教学相长之效。

　　跑过许多国家，比较之下，深深觉得中国人民衣食丰足，生活幸福。想要吃美食，在大都市都能吃到；想要喝美酒，

现代化不锈钢葡萄酒发酵槽

前言

世界各国葡萄酒全都在此供您挑选。对于葡萄酒,我不只喜欢它的营养、健康,甚至抗病功效,也不只喜欢他酸中带涩,柔滑香醇的口感,我更喜欢品饮葡萄酒的闲适气氛,平和宁静,轻啜细饮。有人说爱看书的孩子不会变坏,我觉得爱葡萄酒的人不会暴戾。沉浸在葡萄酒的余韵里,我不相信有人能够再去拿刀砍人,放火烧杀。我尤其最爱在欧洲乡下与内人儿子,一同徜徉在山岭青翠、水波不兴的优美湖边,在小馆临窗而坐随意吃点东西,喝杯当地佳酿,花费不多,却是家庭和乐温馨满足的写照。人生短短数十寒暑,能有几次这种享受?有机会可要把握住。

我但愿葡萄酒能陪伴我们宁静生活,在无形中祥和家庭、社会、国家,我愿意把我十余年国内外的经验与读者共享,希望你以看短篇故事的心情,轻松撷取葡萄酒的知识。

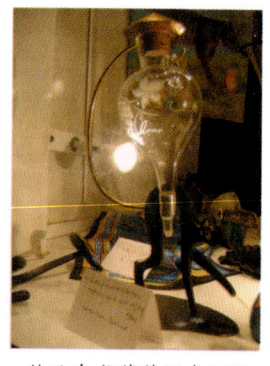

传统奥式葡萄酒盛酒器

葡萄酒一点也不难,高深学问,是留待栽种和酿造者去研究的,一般消费者只要略加了解,知道如何选购品尝就够了。葡萄酒是生活的伴侣,就像香烟一样,只是香烟有不良副作用,适量饮用葡萄酒却有好处。

旧式木制葡萄榨汁机

爱恋葡萄酒

目 录

作者简介
前　言

不解之缘
酒坏了 9

酿酒之法
此酒非彼酒 12
何谓葡萄酒 14
葡萄酒家族 15
世界主要典型葡萄品种介绍 17
红酒 22
白酒 23
玫瑰红酒 25
香槟酒 CHAMPAGNE 26
雪莉酒 SHERRY 27
波特酒 PORTO 29
马德拉酒 MADEIRA 31
利口酒 LIQUEUR 32
什么葡萄都可以酿酒吗？ 34
酿酒好葡萄 35
采葡萄，踩葡萄 36
发酵 38
橡木桶与酒 39
熟成 41
单宁 43
贵族霉 44
酒渣妙用多 45
香槟法 46

目录

生命之水

  吃葡萄不吐葡萄皮 49
  饮酒适量，健康加分 50
  喝多少才恰当 52
  酒与宗教 54

品饮之乐

  现在该喝什么 57
酒与菜"速配" 58
开胃酒 60
饭后酒 61
开瓶的诀窍 62
开瓶器 64
酒的守护神——软木塞 65
谨慎开香槟酒 67
品酒的艺术 68
讲究场合喝酒 71
何时喝最适口 73
酒之温度 74
  让酒呼吸 76
  换瓶 77
  最佳酒杯 79
  葡萄酒也能变花样 82
  流行的葡萄鸡尾酒 84
  不一样的三八节 87

消费之道

  买酒停看听 91
  年份重要吗？ 92
  小酒标，大趣味 94
  点酒有一套 96
  酒单 99
  餐厅的酒贵吗？ 100

开瓶费	102
葡萄酒吧要你痛快	104
追求高品质的饮酒文化	107

典藏之美

藏酒的学问	111
剩酒怎么保存	113
酒标说些什么	114
欣赏酒瓶	131
幻想中的酒瓶	133
美酒的声音	136
酒标收集法	138

醇酒之乡

法国酒的等级	141
法国的酒产区	142
法国波尔多酒区	144
法国波尔多的红酒	146
法国波尔多的白酒	147
法国波尔多酒庄分级制度	149
法国波尔多五大酒庄	150
勒图酒庄(Ch.Latour)	151
奥比昂酒庄(Ch.Haut-Brion)	152
玛哥酒庄(Ch.Margaux)	152
莫顿酒庄(Ch.Mouton-Rothschild)	153
法国波尔多五大酒庄的副酒	154
法国布根地酒区	155
法国布根地红酒	157
法国布根地白酒	158
法国布根地薄酒莱葡萄酒	160
法国隆河谷地	163
法国香槟区之旅	166
法国香槟	167
法国阿尔萨斯酒区	169
法国卢瓦尔河河谷	170

目录

德国酒的等级	172
德国的葡萄酒	173
德国白酒	176
冰酒	177
德国莱茵河之旅	179
奥地利的葡萄酒	182
奥地利布根兰酒区	186
奥地利独具风味的酒馆	188
金箔酒	191
世界首创的红冰酒	193
多瑙河葡萄园之旅	195
匈牙利的葡萄酒	198
西班牙的葡萄酒	199
再谈西班牙的雪莉酒	203
西班牙马德里纪行	204
意大利的葡萄酒	209
意大利的红酒与白酒	212
吃喝意大利	214
美国的葡萄酒	216
美国的红酒	218
美国的白酒	220
美国加州纳帕之旅	221
加拿大的葡萄酒	224
阿根廷与智利的葡萄酒	226
澳大利亚的葡萄酒	228
南非的葡萄酒	230
中国的葡萄酒	233
中国大陆葡萄酒	235
中国台湾葡萄酒	238
为两岸的葡萄酒业加油	241
后　记	244
附　录	246

不解之缘

酒坏了

十余年前我移民奥地利，为了生活曾在维也纳顶下一家20年的老餐馆经营。奥地利的房子都有地窖，我的餐厅也不例外。接店的第一天，到灯光暗淡、蛛网密布、又脏又乱的地下室整理，居然发现靠边角落处横躺着近千瓶的葡萄酒，有的还是保存在原装的木箱里尚未开封呢！我们夫妻欣喜若狂，心想酒是愈陈愈香，这下子可真是白赚了一笔，当下全部开封，扫除灰尘，分类清点，记录整理，并一一登录上我餐馆菜谱上的酒单，等待客人选用。

重新开幕后，客人上门，陆陆续续就有人点用我窖藏的老酒。有的客人非常满意，可是有一次客人点了一瓶法国红葡萄酒，我照往常一样取出，开瓶后

葡萄枯木挂上彩蛋就是艺术品

给奥国客人试酒，一试之下，他皱着眉头跟我说"KAPUTT"，也就是酒坏掉了。我想瓶子好好又没有破洞，怎会坏呢？不过，客人永远是对的，我就再去地窖拿一瓶同年份的，开瓶给他，谁知结果仍然一样。我实在不懂，就虚心请教客人，他倒是很热心地告诉我，我才了解原来酒喝起来有很重的木塞味、硫黄味或是霉味，就表示那酒已变质不适合饮用了。

由外观而言，若瓶口木塞有严重发霉或酒有渗漏现象，表示当时没有密封好，酒能渗漏出来，氧气必能跑入瓶中，酒与氧气接触后，

爱恋葡萄酒

精心雕刻的酒庄大门

早已氧化变味,因此瓶子即使完整无破损,但里面的酒质已变化,就再也不能饮用了。我们常常形容说,葡萄酒是唯一一种还有生命的酒,虽然存放在瓶子里,但每天每月每年都在变化中。不同的葡萄酒由不同品种的葡萄酿制,也有不同的生命期,有的葡萄酒一年之内就要喝掉,有的则可以存放十年,也有的可以存放二三十年以上。

还有一次奥地利客人要求开一瓶薄酒莱新酒(Beaujolais Nouveau)喝,我从地窖取出,冰过,预备开瓶给他。谁知还没开瓶,他审视瓶子一会,就告诉我说那瓶酒早坏了。我左端详右察看,擦拭干净的瓶子光可鉴人,花样的标签色彩鲜明,连瓶盖都完整无缺毫无破损,怎的又是瓶坏酒呢?只得再向客人请教,原来那年是1986年,而这瓶酒写的是1976年,懂酒的人都知道薄酒莱新酒是法国每年11月第三个礼拜四全球同步发行的新酒,不耐存放需在半年内喝掉的。这瓶酒虽也是新酒,但已是十年前的"新酒",哪里还能喝呢?

我就这么摸摸索索地从错误中学习。一到假日,我就和内人开车到乡下(多瑙河沿岸)的酒庄,一家家的请教,一杯杯地品尝,一点一滴地累积葡萄酒知识,愈了解它就愈喜欢它。日后到法国、意大利、德国莱茵河、美国加州纳帕谷地与加拿大,都会忍不住到葡萄酒产区游览品尝。现在明确地知道"酒是愈陈愈香"这句话可不一定适用于所有的葡萄酒哟!

老式酒器

酿酒之法

酿酒之法

爱恋葡萄酒

此酒非彼酒

中文是我认为世界上最优美的表达工具之一。尤其是诗词歌赋，以最简洁的文字表达出深刻无限的意境。但是有时候，中文又充分表现出中国人个性上浪漫不深究不计较的一面。比方说"酒"这个字，自小大家都模糊地知道就是那个东西。但它到底是什么呢？一再追问下，大概也只知道，反正含有酒精的饮料都是酒。

我自小接受这个观念，而且还知道喝酒太多是不好的。移民到欧洲后，由于在都市闹区开餐厅，整天衣、食、住、行都与洋人在一起。看他们不论男、女，午餐就配红、白酒或啤酒，晚餐也配红、白酒或啤酒，上午下午或晚餐后，随时都在喝红、白酒或啤酒。甚至朋友聚会聊天，都还是红、白酒或啤酒。我心里想，天哪！这些老外怎么都是酒鬼？后来入境随俗，自己也开始喝一点红、白酒和啤酒，慢慢才知道，原来对老外而言，葡萄酒和啤酒都不是"酒"，那只是有营养、含酒精的成年人日常饮料而已。那么到底什么才是"酒"呢？我想许多人都和我一样有着同样的困惑。

酒依照制造方式的不同，可分为三大类

一　酿造酒

以自然方式用酵母菌将淀粉发酵产生的酒。这种酒的酒精度低，放久会酸。如果是由葡萄酿造的酒，可分成：

1．餐酒（Table Wine），包括红酒（Red Wine）、白酒（White Wine）和玫瑰红酒（Rose Wine）。

2．气泡酒（Sparkling Wine），如香槟（Champagne）。

3．强化酒（Fortified Wine），添加白兰地来增强其酒精度至 18%–23%，如波特酒（Port Wine）、雪莉酒（Sherry）。

（葡萄酒贮酒橡木桶）

酿酒之法

如果是谷物酿造的酒包括啤酒、绍兴酒、荔枝酒等。

二 蒸馏酒

以水果和谷物酿成的酒，经蒸馏而得酒精含量极高的酒，会愈陈愈香。可分成：

1．威士忌酒（Whisky）：以谷物为原料经发酵蒸馏，在橡木桶中成熟的酒。

2．白兰地（Brandy）：以水果酿造蒸馏的水果酒。

餐酒　玫瑰红酒　气泡酒　香槟　强化酒　波特酒

3．伏特加酒（Vodka）：俄国以马铃薯制，美国以玉米制。

4．兰姆酒（Rum）：用甘蔗酿造蒸馏的酒。

5．龙舌兰酒（Tequila）：以仙人掌发酵蒸馏制的酒。

三 再制酒

在蒸馏酒中添加调味香料，而制成的口味独特的酒，又称利口酒（Liqueur），可分为：

药草香料味：

1．茴香香甜酒：以八角为主，如Sambuca。

2．以奎宁皮、金橘等为主的，如金巴利酒（Campari）。

餐酒　白酒　餐酒　红酒

水果味：

1．桔香白酒：如Cointreau、Grand Marnier。

2．浆果酒：如Cassis。

3．西洋梨酒：如Williams Christ Birne。

坚果种子、核仁味：

1．杏仁酒：如Amaretto。

2．咖啡酒：如Kahlua。

对于这么多种类的酒精饮料，中文仅以"酒"一字一以概之，而在英文里Wine（葡萄酒）、Liquor（烈酒）是有所区分的。文学家的笔下最简单传神，仅以一个名词涵盖所有的酒类，称之为"生命之水"。您以为呢？

再制酒　蒸馏酒　白兰地

葡萄园农庄

何谓葡萄酒

近年来,借着传播媒体的经常报道,大家都知道喝葡萄酒有益健康。许多从前不喝酒的人,纷纷开始学着试饮一点。经常需要在外应酬的人,也以葡萄酒取代XO来佐餐饮用。但是葡萄酒到底是什么呢?合于什么条件下才能称为是葡萄酒呢?

简单地说,葡萄酒就是经过发酵的葡萄汁。每一粒葡萄里,都存在有天然的酵母菌。葡萄经过压榨后,酵母菌随着葡萄汁一同发酵,使葡萄汁内的糖份转变为酒精和二氧化碳,排除掉二氧化碳,就成为葡萄酒了。葡萄酒中的酒精含量,通常是在8%－14%之间。酒精度如果达到16%,酵母菌就会被杀死掉。因此,葡萄酒的酒精度绝不会超过16%。在现代的酿酒方法中,自然酵母已经被实验室制造出的纯酵母取代了,以便更能有效地控制发酵过程与时间。

葡萄酒一定是用葡萄发酵酿制的。它可以只用一种葡萄酿制,也可以用一种以上的葡萄酿制。例如法国的布根地地区(Burgundy)所产的著名薄酒莱(Beaujolais)酒,就是全部用称为佳美(Gamay)的葡萄酿制的。而布根地的其他红酒,则是用黑比诺(Pinot

酿酒之法

Noir）的葡萄酿制的。而法国波尔多地区（Bordeaux）的红葡萄酒则大部分是由赤霞珠（Cabernet Sauvignon）、梅乐（Merlot）和品丽珠（Cabernet Franc）这三种葡萄混合酿制成的。

葡萄酒在酿制时通常不被允许添加任何其他物质，完全要靠自行发酵而成。但在气候不佳，阳光不够充足的年份，有些葡萄酒产国，由于其葡萄内的天然糖份不够，会使酿成的葡萄酒酒精度过低，味道不均衡且不适合久藏，因此会特别准许该国农人该年可以在葡萄汁内加入额外的糖份，以利产生足够的酒精。德国北部的酒区，因天气较冷、阳光柔和，所产葡萄酒的酒精含量较低，约在8%－11%，酒质相对就较清淡纤弱。而地中海沿岸、南非、澳洲等地因阳光炽烈，葡萄内的糖份很高，酿出的酒大多非常浓郁，酒精度也高得很多，约在12%－15%。法国酒区纬度适中，阳光充足，因此生产出的酒合乎中庸之道，酒味充实细致，酒精度约在11%－13%之间。

以上提到的只是酿葡萄酒的一些基本条件。要酿出最好的葡萄酒，就不是那么容易了，除了基本条件外，还必须有优良的技术、绝佳的葡萄品种、先进的设备、高级酿酒师的丰富知识与经验等等，才能创造出优良品质的葡萄酒。

装在瓶中的葡萄酒，看似简单，其实背后花费了不知多少人的心血才完成。饮水思源，饮酒之余，我们是不是也该心怀感谢？

葡萄酒家族

葡萄酒可以说是最最天然的饮料之一，它完全是由自然的材料酿造而成。在葡萄酒产国，到餐厅喝普通的葡萄酒有时比喝水还便宜。更因为它本身的营养成份高与口味宜人，因而成为普遍的日常饮料。近年来，更进而成为最流行的饮料了。

<mark>以葡萄酿出的酒可以分为四类：</mark>

一 餐酒（Table Wine），酒精度8%－14%：

红葡萄酒（Red Wine）亦即俗称红酒。

采用红葡萄酿造，发酵过程是将葡萄皮连同葡萄汁一起浸泡发酵，因此酿成的酒中含极高的单宁和色素。

白葡萄酒（White Wine），亦即俗称白酒。

用红葡萄白葡萄皆可酿造。但以红葡萄为原料时，须先榨汁，将果皮与汁立即分离，以免葡萄汁染上红色。经发酵后，酿造成

各种佐餐酒

酒。一般白酒多用白葡萄酿造。

玫瑰红酒（Rosé），它的发音是[rouz'ei]。

用红葡萄为原料，压汁后将果皮与汁液一同发酵一段时间，在适当的时候除去果皮，再继续发酵。由于短时间汁液与果皮共处，因此酒的色泽呈粉红色，因此得名。由于颜色喜气又罗曼蒂克，极受女士们的喜爱。

二 气泡酒（Sparkling Wine），酒精度8%-14%并含二氧化碳

用白葡萄压汁后，在发酵中途就先装瓶，使其在瓶中完成第二次发酵，而将自然产生的二氧化碳保留在瓶中。有些廉价气泡酒是用人工另打入二氧化碳，而非天然生成的气泡。市面上有时可见玫瑰红香槟，其颜色与玫瑰红酒的吸取色泽方式一样，也可以在装瓶的白色香槟内加少许红酒以调和出粉红色。

三 强化酒（Fortified Wine），酒精度17%-22%

在葡萄发酵到适当的时机，加入白兰地，使酒精度达到15%以上，杀死酵母菌，停止发酵过程。这种作法保留了部分果糖，使制成的酒既强又甜。雪莉酒（Sherry）、波特酒（Port）等皆属此种方式酿造。

四 蒸馏酒（Spirit），酒精度40%以上

将酿好的葡萄酒，经蒸馏后，产生出酒精度极高的烈酒。这种酒经蒸馏后，有香味但已无生命精华，因此与前面所说的所有葡萄酒有很大的分别。白兰地就是用这种方式制造的蒸馏酒。

气泡酒强化酒 Madeira　蒸馏酒 Cognac XO

酿酒之法

世界主要典型葡萄品种介绍

一．红葡萄品种：
1. 赤霞珠（Cabernet Sauvignon）
2. 梅乐（Merlot）
3. 黑比诺（Pinot Noir）
4. 佳美（Gammy）
5. 希哈／西拉（Syrah/Shiraz）

1．赤霞珠（Cabernet Sauvignon）

赤霞珠可能是目前世界上最有名，评价最高的葡萄品种，其原产地为法国波尔多地区之波雅克（Pauillac）。因其对各种天气和土壤都能适应良好，故各地产区都普遍种植和酿造赤霞珠葡萄酒（英、德、卢森堡和葡萄牙例外），其中以法国波尔多的赤霞珠葡萄酒更是各地酒厂争相摹效之对象。赤霞珠最理想的生长条件为排水良好的土壤（以碎石土层为最佳），温度适中，海洋的影响也颇重要，凉爽的夜晚和充足的阳光让葡萄均衡生长和完全成熟。赤霞珠的葡萄果粒细小而皮厚，故酿造出来的酒，颜色深紫和单宁含量特高，（口感粗糙）需要较长时间的陈年期让其单宁柔和，而赤霞珠本身亦具备丰富多变的特质，透过橡木桶的孕育，更能增加其深度和内涵。大部分的赤霞珠酒都是以赤霞珠葡萄品种为主体，再混加其他品种如品丽珠（Cabernet Franc）和梅乐（Merlot）以增加其芳香和柔顺感。不同比例的调配会造成不同的风格和口味；赤霞珠以其初期的黑加仑子果香最为明显，而随后因各酿造方法及陈年时间不同而逐渐演变，黑加仑子的果香也慢慢消失而形成更多的香与味，如青椒、莓、咖啡、乡土、香草等等不同的芳香，其发展出来的多层次口感，是其他品种所不能比拟的。赤霞珠酒虽然味道强劲，但大体上来说并不算是酒精感很高的酒，最少波尔多区的赤霞珠是这样。赤霞珠的魅力，来自时间的培养，选自上好产区和年份的赤霞珠，最佳饮用期为产后十年左右，故应在年轻

生长在窗边的酿酒葡萄

酿酒葡萄的皮比较厚

时选购,小心储藏,以待其增值及挑选适合时机享用。

2. 梅乐 (Merlot)

梅乐以前常活在赤霞珠之阴影下,其主要功能用作调配赤霞珠,以柔和赤霞珠的高单宁,其酒劲也增强赤霞珠之整体结构美,是法国波尔多种植最多的葡萄品种。梅乐的口感较柔顺,果酸较低,香味中大多带着红李或樱桃甚至草莓味。自从Cheateau Petrus(采用差不多全部梅乐酿造)名闻四海后,梅乐开始备受注目,加州酒厂从20世纪70年代开始也生产单一品种之梅乐葡萄酒,而且相信这酒最少可在瓶中存活超过50年。梅乐葡萄果粒比赤霞珠粗大而皮薄,故其品种酒单宁量不高,但酒精感丰富而甜润,颜色转变速度快速,是法国波尔多St.Emillion和Pomerol主要品种之一。

3. 黑比诺 (Pinot Noir)

黑比诺是法国布根地红酒所采用的唯一红葡萄品种,尤以金山麓(COTE D'OR)区特级葡萄园所酿造之红酒,远自中世纪开始便名闻各地。一瓶出色的黑比诺,会让其他产区或葡萄品种酒暗然失色,是所有酒农的希望和挑战。黑比诺发芽和收成较早,适合于微冷的天气,其果实生长非常不规则,并容易超越产量所需,故要定时修剪以避免产量过多及葡萄过密而破损;其葡萄果皮特别细薄而容易受天气影响,是故在整个生长过程中都要倍加谨慎照顾。其次,在酿造时亦同样困难,在发酵时需高温运行以求动人的香味,但稍微温度过高则酒香带有闷焦味,温度保守而不够时则香味平庸,而缺乏其魅力。黑比诺因其果皮细薄故单宁量不高,甚至于可说果酸比其单宁还高。黑比诺红酒大多是以单一葡萄品种酿造,颜色艳丽迷人,口感柔滑而同样呈多层次香与味。黑比诺也是酿造香槟酒的主要葡萄品种之一，因在更寒冷之香槟产区所生产之黑比诺颜色较淡，但可让香槟酒结构上更加完美；波尔多区以外所生产的黑比诺也大部分用于酿造气泡酒。黑比诺可说是布根地地区的代名词，在世界各地都略有种植，以加州纳帕山谷最为成功，但美国俄勒冈州和新西兰的气候也非常适合种植。

4．佳美（Gamay）

佳美品种酿造的酒，单宁含量低，果味尤以草莓的果香特别浓郁，口感非常柔顺，颜色紫红并在酒杯中呈现紫罗兰的艳丽颜色。佳美品种葡萄酒是属于简单型的红酒，没有多层次复杂的口感，故无贮藏陈年价值，而且为求其新鲜果味，应选用年份浅，酿酒装瓶后两年内的佳美红酒最佳。佳美红酒于摄氏15度左右饮用最能表现其清新果味，故可在饮用前稍加冷藏，可当餐酒或纯饮之用。法国薄酒莱（Beaujolais）产区全部种植佳美品种，是法国最畅销的红酒之一。由于法国人很留意每年在薄酒莱区佳美品种的品质，故每年秋收后便以独特的酿制方法，生产薄酒莱新酒（Beaujolais Nouveau），于每年11月的第三个星期四，推出这种Nouveau新酒，让大家先品尝当年的薄酒莱，现已成为流行风气，全世界都以先饮为快。

5．希哈／西拉（Syrah／Shiraz）

希哈（Syrah），原产于法国隆河区北部，在新世界又称西拉（Shiraz）。在法国以原产地中的罗弟丘（Cote Rotie）和艾米达吉（Hermitage）最为有名。性喜温暖气候，属于多产及抗病力强的葡萄品种。酒色深红，酒香浓郁、丰富，有黑樱桃、黑浆果且带点胡椒、黑巧克力、皮革及梅李的味道。口感丰厚，高单宁，适合久存陈年。在加州及澳洲皆种植得非常成功，尤在澳洲为红葡萄品种的主力，不论是单一品种或是混合赤霞珠（Cabernet Sauvignon）酿酒，都是独树一格的酒。

二．白葡萄品种：

1. 莎当妮（Chardonnay）
2. 长相思（Sauvignon Blanc）
3. 雷司令（Riesling）
4. 赛美容（Sémillon）
5. 玫瑰香（Muscat）

1．莎当妮（Chardonnay）

如果赤霞珠是葡萄酒之王，那莎当妮一定是葡萄酒之后，更可以说是白酒的代名词。全世界的葡萄酒产区很少没有酿造莎当妮白酒的（管制生产国家例外），因其对各类土壤天气适应力都很强而又容易酿造。不同气候的产区和不同酒龄的莎当妮，都有不同风格，加上橡木桶的酝藏搭配，让莎当妮能倍添风味，它可以在浓淡不同类型中表现其优点。大致上带有柑橘类果香，在较温暖的气候中则发展出水蜜桃或苹果香，如在橡木桶中陈年发酵另带

爱恋葡萄酒

出奶油或烤土司的味道。它可以单独酿制也能与其他品种互相调配，如在Loire用来柔和Chenin Blanc以增其韵味，在澳州的莎当妮则会加赛美容（Sémillon）。另一个更具体表现则来自香槟，香槟产区所生产的莎当妮，由于气候寒冷导致味道较涩，口感单薄。但以香槟法制造的气泡酒形态出现，则神奇的变成优雅和复杂口感。莎当妮是少数可贮藏的白葡萄品种，酒劲有力，浅酒龄时颜色浅黄中带绿，果香浓郁而爽口，随着酒龄层增加，颜色转变为黄色或金黄色，新鲜的水果味渐渐消失而变为多彩多姿的复杂味道，后韵更明显的增强。莎当妮是布根地区唯一种植的白葡萄品种，以Chablis的清新口感，及加州或澳洲的浓郁果香最为普及消费市场。

2. **长相思**（Sauvignon Blanc）

原产自法国Loire，是Sancere和Pouilly-Fume产区的唯一法定白葡萄品种。长相思可以是不甜或是甜酒。长相思给人一种非常鲜明的青草和柠檬香味，在口感上较一般白酒为酸，属于清爽型的酒。然而并不是每个人都喜欢其特殊口味，所以形成两极化，喜欢的人很喜欢，不喜欢的人可能以后会放弃它。

由于长相思的酸度较高，故其果香味特好，为享受其新鲜果香味，长相思酒应早期饮用。且长相思会因产地、酿制方法不同而口味各异，纯长相思品种的酒不会因橡木桶贮藏或陈年

莎当妮葡萄

酿酒之法

而得益很多。通常都会混配赛美容（Sémillon），以赛美容的甜度和香味平衡长相思的酸度及香味复杂度，增加其口感。加州蒙岱维酒厂（Robert Mondavi Winery）则在装瓶前以全新橡木桶酝藏处理而呈现较柔顺口感，使其多了一些橡木桶的香草味又减低其青草味，此改变有异于加州传统略甜的长相思白酒，特命名为福美白酒（Fume Blanc），现正风行全美国，其他酒厂也先后跟进。

3. 雷司令（Riesling）

雷司令是十大典型葡萄品种之一，原产自德国，可以说是德国酒之代名词，在世界各较寒冷产区都有种植，但各产区甚至酒厂所酿制的风格都不一样。我们一般所熟识之雷司令白酒都是泛指带甜味在餐前或餐后所喝之白酒，但因为其与甜味常联在一起，所以未能受所有饮家之偏爱。雷司令适合在较寒冷的天气生长，香味上一般有莱姆和苹果及特殊的汽油味，口感有甜及不甜的酒，大多带甜的雷司令具有相当长的陈年能力。且由于德国的气候关系，酒精含量大多为一般葡萄酒的一半。

约翰尼斯堡雷司令（Johannisberg Riesling）为德国Schloss Johannisberg村庄所生产酿制，清爽可口，适中的酸度，故甜而不腻，享有盛名，现于世界各地都有栽种酿造。然而在德国部分酒厂及法国阿尔萨斯（Alsace）所酿造之雷司令白酒则是以甘性，果香细致闻名。

4. 赛美容（Sémillon）

虽然赛美容是有名的白葡萄品种，但它的名声却不太响亮。赛美容原产于法国波尔多地区，但在智利、阿根廷、美国和南非都有它的踪影，尤其在澳洲更是大力推广。赛美容通常和白苏维浓一起混合制造有名的白酒，但和莎当妮混合后也成为风味独特的白酒。由于赛美容葡萄粒小、皮薄且糖份高，容易让贵腐霉菌生长。此霉菌会吸取葡萄内的水分，提高糖份含量，且因皮上所产生的化学变化，提高酸度而产生特殊丰富的香味。法国Sauternes用赛美容所产的甜白酒更是世界知名。

5. 玫瑰香（Muscat）

玫瑰香白酒的香与味颇具特色，容易辨认，其独特之香味来自葡萄本身之果糖，如其糖份在发酵时全部转换为酒精，其香味也随之消失，是故大部分玫瑰香白酒都故意酿成甜酒以保留其芳香气味。由于玫瑰香白酒酒精含量不高，芳香甜润，故适合纯饮或作餐前酒，宜选用浅酒龄之玫瑰香以享用其清新香味。全世界的产区都有种植玫瑰香，值得一提的是法国龙河区（Rhone）之Muscat de Beaumes-de-Venise法定产区是允许添加葡萄烈酒以提高其酒精浓度，而又能保留其蜂蜜香甜，水梨果香，但同样适合选用浅酒龄者饮用。

爱恋葡萄酒

红酒

所谓红酒就是用红葡萄酿制红颜色的葡萄酒。酒的红色有深有浅，倒没有一致的规定，完全视葡萄品种的不同及发酵期的长短而定。

红酒一定是由红葡萄酿制而成。首先将葡萄串结集在一起，略压榨后，连汁带皮整个一起放入酒槽内浸泡。在此同时，葡萄内的酵母菌（或人工添加的纯酵母）便开始发酵作用，在七至十天里，把糖份转变为酒精，并使酒精吸取到果皮中的天然红色素和单宁等精华物质。当所有糖份都变为酒精后，酵母便停止作用，第一次发酵就已完成。高品质的红酒还需要二度生化发酵（Malolactic Fermentation）简称MLF，利用特殊微生物将果酸转变为乳酸，减低新酒的酸性，然后才过滤果皮渣核，放入橡木桶贮存。

红葡萄皮内含有高量的单宁（Tannin），贮存红酒的橡木桶也含有单宁。单宁的味道苦涩，但它的作用很大。若非单宁的天然防腐作用，红葡萄酒就无法长期贮存。优质的红葡萄酒，因为含有较多的单宁，需要更长的蕴藏时间，才能把单宁的苦涩味变的柔顺丰润，粗豪的酒性也会转化成清幽、雅致而富果香。这段时间也许是一两年，也许是二三十年，甚至上百年，才能使酒质适度成长，更加平衡和谐，呈现最佳的风味。

薄酒莱酒是红酒中少数可用来当白酒喝的，也就是说它可以像白酒般冰过，配淡雅的白肉、海鲜饮用。尤其是薄酒莱

南非红酒　　　　西班牙红酒

酿酒之法

新酒,那是一种清淡,富含果香,且要趁新鲜喝的酒。酿薄酒莱的佳美葡萄经采收、发酵、装瓶,所花的时间仅数周。而薄酒莱新酒也应在六个月内饮用完,否则酒质味道会开始走下坡。

质优的红葡萄酒需要用品质好的红葡萄来酿制。好品种的红葡萄大约有下列八种:黑比诺(Pinot Noir)、赤霞珠(Cabernet Sauvignon)、金芬德(Zinfandel)、梅乐、佳美、内比奥罗(Nebbiolo)、品丽珠(Cabernet Franc)、小希哈(Petite Sirah)。法国著名的布根地酒区以黑比诺葡萄来酿制优质红酒,而波尔多地区则多数是用赤霞珠葡萄酿制高级优质红酒。

第一次喝红酒的人,常会被它的苦涩吓到,以为是在吃药。其实试着先从清淡的红酒喝起,慢慢就能体会出它的好。就像吃臭豆腐一样,第一次可能碰都不敢碰,但吃上了瘾却欲罢不能。

白酒

白酒,顾名思义就是白颜色的葡萄酒,它多半是用白葡萄去皮酿制而成。如果一定要使用红葡萄酿白酒,也是可以的,因为红葡萄的果肉是白的,红色就仅存在于表皮。此时就需在压汁后,立即把果皮和汁液分开,以免汁液浸染到果皮的

白葡萄酒

爱恋葡萄酒

红颜色。

酿酒的程序，第一步是先把采下的串串葡萄结集在一起，压出汁液后以过滤或离心法把汁液内的果皮渣核分离丢弃，再把纯净的白葡萄汁放入酒槽内发酵。一般普通的白酒在发酵后，不需要再移入橡木桶内贮存，可以直接装瓶，此时的白酒酒味清新，富含果香，有时还略带一点点气泡。这种白酒不适合贮存，应该趁新鲜尽早喝掉；如果放置太久，酒质会改变，酒味会变酸。但优良品质的白酒，在发酵后就需移入橡木桶中贮存，橡木桶会帮助赋予它生命力，气味及特性，使酒质更具风格。

能酿出高品质白酒的葡萄品种大约有以下几种：雷司令（Riesling）、莎当妮（Chardonnay）、长相思（Sauvignon Blanc）、白诗南（Chenin Blanc）、琼瑶浆（Gewurztraminer）、赛美容（Semillon）。

有些白酒的味道是甜的。制造甜白酒的方法各有不同，但一般是在发酵尚未完成前，先要停止酵母的作用，使酒里面仍含有部分果糖，而致酒质较浓郁带甜味。要停止酵母再作用有几种方式，可以在酒中加入少许硫化物或高酒精的白兰地以杀死酵母，也可以用低温过滤法把酵母分离出来。德国、奥地利、加拿大特有的冰酒（Ice Wine），因葡萄本身含高度浓缩的糖份，可以酿出酒精度高达14%以上的酒来，因此发酵时本身已可有效抑制酵母菌的作用了。

酒精度低的白酒，适合做开胃酒饮用，酒味轻快而不甜。酒精度中等的白酒，适合作餐酒饮用，搭配清淡的食物如鱼、海鲜、白肉类、小牛肉等非常合适。而甜度高又浓郁的白酒如苏代酒（Sauternes）、冰酒、和精选干葡萄酒（Trockenbeerenauslese，简称TBA），则适合当餐后酒配甜点饮用。也有人直接把这种甜白酒当作甜点单独饮用。

总而言之，普通的白酒不应贮存太久，应尽快喝掉。而优质的白酒则可贮存而使其充分成长。我在维也纳开餐厅时，大部分奥地利客人佐餐喝的白酒是4升大瓶装，每周由酒厂送来的新酒。这种普通的葡萄酒就是未经橡木桶贮存，发酵后直接装瓶饮用的酒。而曾在我地窖内发现尘封已久的一箱匈牙利产特凯白酒（Tokay），发现当时那箱酒已有20年历史。老的特凯白酒在酒瓶锡封处，附有一支附皮耳皮尾的木雕小老鼠，模样非常可爱。20年的酒，呈琥珀般金黄的颜色，摇晃时可看到酒汁沾裹在玻璃瓶上的浓郁质感。我开了一瓶请一位任奥国律师的老客人共同品尝，酒质清甜香醇，活泼内敛，真是不可多得的珍品。据说高品质的特凯白酒可存放达百年之久，我决定把其他几瓶继续窖藏，十数年后再取出来品尝。

酿酒之法

玫瑰红酒

玫瑰红酒指的是酒的颜色像粉红玫瑰般淡雅晶莹。许多人说玫瑰红酒是介于红、白酒之间的酒，以色泽来说的确是的。以特性而言，玫瑰红酒却比较接近白酒，因此饮用前最好先冷藏再喝。以酿造方法而言，玫瑰红酒可绝对不是把红、白酒混合各半制造出来的，它和红、白酒一样有它独特的酿造方法。

所有能酿红酒的葡萄，都能用来酿玫瑰红酒。基本上它的酿造方式与酿红酒相似，也就是把红葡萄轻压破皮后，连汁带果地一起放入酒槽内发酵。在酒的颜色达到理想程度时，就要把葡萄压榨，使略发酵的汁液与果皮分离，再继续由澄清的葡萄汁完成全部发酵过程。由于汁液与果皮短暂浸泡接触，吸取了少量果皮内的色素，而使得酒色淡红。多数酒厂使用这种方法酿造玫瑰红酒，但也有酒厂先将葡萄充分压榨后，果皮与汁只是在压度提高，在流经果时间内吸素，而使酒色呈粉法国玫瑰以白酒为加上15%-酒混合酿就直接把液分离，榨时把温帮助汁液皮的极短取一些色发酵后的红。唯独红香槟是基酒，再20%的红制而成。

法国　玫瑰红酒

玫瑰红酒所含的单宁比红酒少，酒味轻快清新富果香，更重要的是涩味较低，同时颜色喜气又浪漫，因此深受女士及初喝葡萄酒人士的喜爱。十多年前我在台北开西餐厅时，国人喝葡萄酒的风气还不是那么盛，一般对葡萄酒的了解也不多，市面上能买到的玫瑰红酒只是葡萄牙产的Mateus和Lancers这两种。这二种玫瑰红酒酒味清淡略带气泡（人工打入的），极易入口，只是瓶子设计不够优雅，扁圆的大肚瓶，让女士们不能一手掌握，倒酒时，一定要双手抱着才能持瓶。这两年可买到的玫瑰红酒种类就多了，除了美国加州的白金芬黛酒（White

葡萄牙　玫瑰红酒

爱恋葡萄酒

Zinfandel）外，许多质优的法国玫瑰红酒也都可以品尝到。

法国产的玫瑰红酒，品质可说是世界第一。其中以位于法国东南方，布根地产区下端的塔佛（Tavel）地区所产玫瑰红酒位居世界之冠。塔佛地区气候炎热，阳光充足，所产的玫瑰红酒酒精度高，酒味不甜，但颇有深度。附近利瑞克（Lirac）地区所产的玫瑰红酒，品质亦不俗，可与塔佛分庭抗礼。而在卢瓦尔河河谷（Loire Valley）酒区的安佐（Anjou）产的玫瑰红酒，品质也相当好，酒味则略甜。

玫瑰红酒最好是冰了喝，因此很多欧洲人喜欢天热时饮用玫瑰红酒作野餐酒。玫瑰红酒清新柔和，适合搭配白肉类和家禽，尤其是配冷鸡肉饮用。玫瑰红酒不耐存放，要趁年轻饮用，即使是如塔佛地区产的最上等玫瑰红酒，也顶多存放四年，否则酒色变深，味道陈腐，就失去品饮的情趣了。

香槟酒 CHAMPAGNE

香槟酒依颜色分成粉红香槟和一般的白色香槟两种。依口味甜度来分，可分为五种。（一）最不甜的（Brut），含糖量2%以下。（二）较不甜的（Extra-Dry），含糖量1.5%至2.5%。（三）较甜的（Sec），含糖量2%至4%。（四）很甜的（Demi-Sec），含糖量4%至6%。（五）最甜的（Doux）含糖量6%以上。对香槟的口味，各人喜好不同，有人要浓郁的（Full-Body），有人要清淡的，有人爱不甜的，有人则偏爱稍甜的。不过市面上以最不甜为最多，较不甜次之；我想是因为香槟它酸的可爱，酸的可贵。

如果你常买香槟，有没有发现一件奇怪的事，为什么有的香槟酒瓶上有标明年份，但大多数香槟酒瓶上却没有标明年份呢？因为香槟酒是一种调配出来的酒，为

法国年份香槟

酿酒之法

求口味年年一致，调配时可能使用了不同年份，不同品种的葡萄酒。因此一般香槟是没有所谓年份，也不标明在酒瓶上的。但在气候特佳，收成极好的时候，酒商会视情况决定是否要制成年份酒。制作年份香槟酒则要受到限制，确定所用的葡萄必须百分之百产于该年。物以稀为贵，当然年份香槟的价格比无年份香槟要贵许多。坊间专卖店一般香槟每瓶零售价约人民币250元左右，年份香槟（如2003、2004年份），零售价约在人民币500元以上。若是顶级酒庄生产的，价位又要再加几倍。香槟虽然也是葡萄酒的一种，但与一般传统红、白酒的制法不同。仅就外表而言，看看它那厚重结实的香槟酒瓶，就知道它不是省油的灯。香槟的制法烦琐细腻，耗时耗力，慢工出细活，才使品质保持不变。但也因为高成本，使香槟售价一直居高不下。年份香槟除了物以稀为贵而价格更高之外，也因为可以存放久些（约十几年），

所以虽贵但依旧广受欢迎。非年份香槟酒则放个四五年，气味就差不多跑光了，适合即买即饮。

一如香车要靠美女衬托，美酒也要有适当的酒杯来突显其特殊风味。旧型香槟杯据说是拿破仑要求工匠依照约瑟芬的乳房形状设计制作的，杯子宽面大口，好看却不适用，因为酒液与空气接触面太广，容易变味，珍贵的气泡也易于散失。新型香槟酒是高脚郁金香（Tulip）或笛型（Flute）的无色透明玻璃杯，每当我轻握住酒杯底座，仔细品味着清新的芳香，看到一颗颗晶亮的小气泡源源不绝自杯底缓缓而升，使得一股解脱束缚、奔向自由的快感从我心中油然生起。新型的香槟杯最能彰显香槟的可爱，也能最有效维持住珍贵的小气泡。下次再有机会举行宴会或派对，不妨也来试试看是不是用新型香槟杯比旧型的杯子更能体会出香槟的美妙？

雪莉酒 SHERRY

莎士比亚曾经在他的诗里赞美西班牙雪莉酒是"装在瓶子里的西班牙阳光"。的确，喝下西班牙雪莉酒，真可以感受到西班牙阳光，让浑身暖洋洋的，有着说不出的舒畅。到底雪莉酒有

什么特殊魔力？它的特色在哪儿呢？

雪莉酒是一种强化酒（Fortified Wine），也就是一种把中性的葡萄白兰地加入葡萄酒内使酒精度增高的酒。雪莉酒之所以特别，在于酿制、贮存和调配方式

爱恋葡萄酒

雪莉酒

的不同，使它别具特色。

　　酿制雪莉酒使用的葡萄是帕露米诺（Palomino）种白葡萄。将葡萄采收后，若是预备酿不甜的菲诺（Fino）雪莉，葡萄立即压榨发酵，若是准备酿甜的欧洛罗索（Oloroso）雪莉，葡萄必须先经过12至24小时日光照射，使葡萄内水分略蒸发而甜度提高，再压榨发酵。

　　发酵完成后，酒农把中性的葡萄白兰地加到已发酵葡萄酒内，使酒精增高到15.5%。因为在酒精度15%-15.5%，温度又是15℃时，则木桶内的葡萄酒表面会形成一厚层白色的酒霉花（Flor），它能隔绝氧气，避免在贮存期酒质被氧化，还能清除酒中的甘油，而使酿成的菲诺雪莉口感干涩、颜色淡

黄、香味清新。有时酒霉花不会持续生长增厚，没有阻绝氧气使酒质氧化，酒的颜色变深黑，就归类为微甜口味的阿蒙提拉多（Amotillado）雪莉。同样是菲诺雪莉的酿制法，如果葡萄生长和酿制都是在靠海边的桑露卡（Sanlucar）地方完成的，由于桑露卡的湿气和咸空气使酒霉花更厚实，使酒略带微咸口味，就称芒乍尼拉（Manzanilla）雪莉。晒过太阳糖度提高的帕露米诺葡萄，发酵后加入中性的葡萄白兰地使酒精度达15.5%，在橡木桶贮存一年半到两年后，若没有酒霉花形成，则再加白兰地使酒精度达到18%，就完成欧洛罗索雪莉了。

　　酒农另外还会用PX（Perdo Ximenez）葡萄，采摘后利用阳光晒干10到14天，以这种糖份极高的干葡萄发酵酿制成非常甜浓黑的PX雪莉酒。将PX雪莉和菲诺雪莉混合，制出的酒称白克林姆雪莉酒（Pale Cream Sherry）。若将PX雪莉和欧洛罗索雪莉混合，制出的酒称克林姆雪莉（Cream Sherry）。

　　当然在混合PX雪莉之前，各种雪莉一定要经过一个最重要也最特别的调配方法来陈年熟成。这个方法称为索雷亚（Solera）分阶式混合法，也就是把木桶排

酿酒之法

列成金字塔形,最上层装最新的酒,最下层装最旧的酒,每年依次吸取部分最上层酒装入下层酒桶内,再将下一层桶中酒吸取部分装入再下一层桶中,以此类推,直到吸取装入最下层木桶内混合后,再由最下层酒桶内吸取酒液装入瓶中。这种混合法,使每年装瓶的雪莉酒味道都一样,且由成熟旧酒逐年累积,改进并丰富了新酒,由于是每年葡萄酒的混合酒,因此雪莉没有年份之分。酒瓶上若注明1975字样,不表示那是1975年份的雪莉,而是意指取自于从1975年开始设立的索雷亚系统。多数雪莉酒出厂前的贮桶酒龄为三四年,高级陈年雪莉贮桶酒龄则为五至八年或更长。

品饮这种"瓶子里的西班牙阳光",想想复杂的酿制贮存、混合过程,真让人感到"饮酒思源,当思来之不易"啊!

波特酒 PORTO

波特酒主产于葡萄牙,看到这个国家的名字就会立即想到葡萄与葡萄酒。一点也不错,葡萄牙由于纬度、气候都适合葡萄生长,全国各地皆有种植,葡萄酒产量也很大。葡萄牙是全世界最早(1756年)建立产区管制分级制度的国家,一共分为四级。

葡萄牙生产的葡萄酒类型很多元化,各种风味的都有。较为国人熟悉的是葡萄牙出产的玫瑰红酒"Mateus"和"Lancers",口味都属清淡爽口,平易近人型。葡萄牙的红白酒,多供内销给自家人饮用,以日常餐酒居多。国际知名的则是强化酒——波特酒(Porto)和马德拉酒(Madeira)。

波特酒旧名Port,新名为Porto或Oporto。这个名字是以出口港Oporto来命名的。波特酒是在葡萄发酵中途加入中性葡萄白兰地,由于酒精度提高,使酵母停止发酵,而使酒汁中仍保有一部分糖

贮存30年的波特酒　　珍藏年份波特酒

爱恋葡萄酒

爱恋葡萄酒

Port RUBY　　　Port 年份酒　　　DALVA Port 另类造型

份。波特酒都是用多种葡萄品种混合酿制而成，因此选购波特酒时，不需考虑酿酒葡萄的品种问题，而是要考虑酒的种类及味道。

波特酒共有五种不同种类：

（一）红宝石波特酒（Ruby Porto）

由不同年份的收成混合而成，发酵后没有经过太长的橡木桶贮存，是所有波特酒中最年轻的一种，酒呈红宝石色，味甜，适合作餐后酒，可搭配奶酪或蛋糕饮用。

（二）黄褐色波特酒（Tawny Porto）

也是由不同年份的收成混合而成，橡木桶贮存期很长，由几年到二三十年不等，由于长期在木桶中培养，酒中摄取了橡木的味道和色泽，使酒色呈黄褐色。这种波特酒比较柔顺轻盈，适合作餐后酒，搭配奶酪甜点饮用。

（三）年份波特酒（Vintage Porto）

是挑选特优年份、最佳葡萄酿制出，最稀有昂贵的一种波特酒。大约每十年中只有三四年的收成能够达到标准生产年份波特酒。年份波特酒在发酵完成后，只经过两年的橡木桶贮存就装瓶，装瓶后酒质仍会继续成长熟成，一般至少要有十年以上的贮存才达到成熟适饮期。上好年份波特甚至可存放三四十年不变质。开瓶后若出现沉淀，饮用前须先换瓶过滤。年份波特口感厚实浓郁，结构复杂，味道和谐，适合作餐后酒享用。如果是年份波特又是全采用同一葡萄园的最佳葡萄品种酿制，且桶存两年装瓶后，在酒厂贮存满十年，适饮时才上市出售的这种年份波特酒称为"Single Quinta Vintage Porto"。

（四）晚装瓶波特酒（Late Bottled Vintage Porto）

简称L.B.V.，也用同一年份葡萄酿制，再经过四至六年橡木桶贮存才装瓶。酒味馥郁香醇，令人回味无穷，购买后不需要等待太久即可进饮，适合作餐后酒品饮。

（五）白波特酒（White Porto）

由白葡萄酿制的白波特酒产量小，味道略干，可作为开胃酒搭配开胃菜饮用。

波特酒不只可当餐后酒饮用，也很适合用来烹调菜肴。牛排、羊排淋上波特酒酱汁，浓香诱人，勾起食欲，是欧美人士

酿酒之法

最爱的高级享受。

年份波特酒由于可以长期存放，从前许多英国人在婴儿出生时，喜欢购买六七百瓶。存放于地窖内，到孩子18岁成人时，陈年波特已变得名贵非常，变卖后足以支付孩子的大学学费了。这种储蓄生财的方式有趣也有意义，和中国的女儿红有异曲同工之处。

马德拉酒 MADEIRA

马德拉酒、雪莉酒、波特酒的发展很类似，都与英国人有着密不可分的关系。18世纪中叶以前，这三种酒都是以原本没有加强酒精成份的面貌销到海外，由于路途遥远，酒质常在运送途中变坏。后来酒商发现，在葡萄酒中加入少量白兰地，不但使酒的存放期延长，而且使酒的味道变得更好，自此以后这三种酒就被酿成了酒精强化葡萄酒的形态。

所有马德拉酒都生产于葡萄牙首都里斯本西南方600公里外的马德拉岛上。马德拉岛原本是个荒岛，公元1418年富冒险精神的葡萄牙亨利王子派遣札柯船长登陆探勘，由于岛上长满了浓密树木，札柯船长无法穿越勘查，便下令放火把岛上的树木烧掉。据说这把火足足烧了七年之久。火烧后的岛，虽然看来杂乱萧条，但燃烧树木的灰烬，却恰好成为最佳肥料，肥沃了岛上所有的土地。人们到了马德拉岛，早期以种甘蔗水果为主，很快地葡萄树就取代了其他农作物。由于岛上山坡陡峭，摘取葡萄运送不易，就只好当场榨汁。先以最原始但效果最好的人工脚踏法踩踏出葡萄汁，再进一步用大石块以木栓转动压榨留下的余渣，最后每个人肩背着装满葡萄汁的羊皮袋徒步下山，把汁液集中到酒栈发酵，再酿制葡萄酒。

马德拉酒的酿制法很独特，可说是世界独一无二。发明这个方法完全出于偶然，当年人们把马德拉酒运送到其他国家出售，常会经过赤道等酷热地区。在长达半年的船运途中，酒在船舱里常会被热到摄氏45度，然后离开酷热地区，酒又被

Madeira
Malmsey, 1830

Madeira
Bual, 1827

爱恋葡萄酒

降温慢慢冷却下来。这种长期的温度转变,并未破坏酒质,反而令酒质更加改善。当地人利用这个原理设计出一个大型温度控制室称为Estufa,把发酵好、用白兰地强化过的酒放入温控室,用三至六个月的时间,慢慢将温度升高到摄氏40至46度,再慢慢降温至室内温度,以加速酒的成熟与老化。加热温度不可过高,否则会使酒尝起来比实际感觉老。这个过程使葡萄酒模拟了环游世界的效果。加热完毕,酒需要被静置一年半到两年,再放入新木桶中,进一步添加白兰地强化酒精度到20％,长期贮存数年至成熟。

马德拉酒以其选用的葡萄品种不同,可分为四种:

(一)塞西欧(Sercial),芳香爽口,是干型(Dry)口味,可以冷藏后饮用,适合作餐前开胃酒。

(二)维蝶荷(Verdelho),清淡干涩芳香轻柔,也适合作餐前开胃酒饮用。

(三)布尔(Bual),香醇浓郁,色泽略深,甜型口味,适合作餐后酒饮用。

(四)马尔孟西(Malmsey),是最著名的马德拉酒,贮存时间最长,价格也最昂,口感柔绵圆润,浓郁厚重,香气特性均衡,是绝佳的餐后酒之一。

马德拉酒是一种可以长期贮存的酒,存放期可长达数十年甚至上百年,只是恐怕人们没有那么大的耐心等待。

另一款 Madeira酒

利口酒 LIQUEUR

我在开餐厅的时候,好几次遇到客人饭后点用金万利"Liquor"、山布卡"Liquor"。时间久了,大家由生疏而熟悉,有一天闲聊时,有人忍不住问我,菜单上这儿写Liquor,那儿写Liqueur,是不是写错字了?还是真有两种不同的酒类?

我可没写错字,它们真的不同。Liquor也可以称为Spirit,就是烈酒或蒸馏酒的意思,因为在蒸馏的过程中浓缩除去部分水分,而相对提高了酒中的酒精含量,如白兰地、威士忌、伏特加等都属于此类酒。

Liqueur我们称为利口酒,它是一种在蒸馏酒中配上调味香料而制成的香甜烈酒,深受女士们和年轻人喜爱。讲究的人

酿酒之法

上好的利口酒一定是用上好烈酒配上天然调味配料制成，由于需时较长，因此成本较高。品质低劣的利口酒则以普通烈酒掺入人工香精混合制成，虽然快速且成本低廉，但口味上逊色许多，完全无法比拟。

甚至要以不同颜色的香料利口酒来搭配身上的服饰。由于利口酒的色彩变化丰富，因而有人称它作液体宝石。

利口酒的原料烈酒可以用葡萄酒蒸馏出的白兰地来制作，也可以用以谷物（大麦、小麦、玉米等）酿造蒸馏的烈酒来制作。这两类以不同原料烈酒制作的利口酒，单独喝纯酒时没什么差别，但调制鸡尾酒时，再混上其他烈酒，使得以谷物烈酒调出的鸡尾酒酒精味很重，而以白兰地调出的鸡尾酒就没有这个缺点。

利口酒多数是以植物性的调味香料制成，包括水果、干果、药草、香料、坚果、种子、核仁、果皮、树根等等，少数利口酒是采用动物的奶或蛋来制作，而成为特殊的奶酒（Creme Liqueur）或蛋酒（Egg Brandy）。在制作利口酒的各种方法中，最常用的是浸渍萃取法，也就是把果子、香料、种子等浸在烈酒中，因烈酒中高浓度的酒精能有效地抽取这些物质的天然成份，使制成的利口酒不但拥有那些物质的香味，还拥有它们的精粹。有些利口酒用了上百种香草及香料制造，许多人因此深信它的药用疗效，视之为天然灵药。

利口酒中著名的是黑醋栗（Creme de Cassis）。许多利口酒冠上 Creme 这个字时，表示酒中含糖百分比多于含酒精的百分比。也就是说凡有这个字出现的利口酒，一定是甜度很高的。

黑醋栗口味的利口酒

香甜利口酒除了可以净饮或加冰块饮用，还可以与热咖啡混在一起喝。热咖啡的浓香稠苦与各种利口酒的复杂香甜混合得完美无瑕，往往令人爱不释口，喝后回味无穷。不但如此，我爱人还曾用金万利（Grand Marnier）橙味甜酒制作柳橙蛋糕，用咖啡甜酒（Kahlua）制作咖啡蛋糕，都有不错的效果，品尝过的人也赞不绝口。我也不时以各种利口酒用于西餐烹调上，提味增香，成效显著，比之中餐烹饪用味精似乎要健康多了。

咖啡口味的利口酒

巧克力口味的利口酒

爱恋葡萄酒

爱恋葡萄酒

什么葡萄都可以酿酒吗？

从我有记忆起，印象很深刻的是每年到葡萄产季时，妈妈和舅舅都会买几十斤红葡萄回来酿酒。他们把一颗颗葡萄从枝上摘下来，冲洗干净，风干，每颗外面都不得有水汽，再一层葡萄一层白糖，在大坛子里铺上七八层，直到把坛子装至八成满，淋一点米酒或高粱，然后就封坛，放置于阴凉处等待发酵就成了酒（约半年以上）。小时候，逢年过节吃饭的时候，都有妈妈酿的葡萄酒佐餐，只不过有时候喝起来很香很甜，有时候却很酸，也不知道到底是什么缘故。

后来，因移民到欧洲，有机会到专供酿酒的葡萄园参观，看到枝芽间垂挂着一串串的葡萄，第一个感觉就是"怎么这些酿酒葡萄这么小啊！"它们的样子有点像台北市面上偶尔看到进口的无籽葡萄那般小。摘一颗尝尝，不知是没熟还是怎的，又酸又涩，一点也不好吃，不禁想问，这样的葡萄真能酿出优良品质、价钱昂贵的葡萄酒吗？这种酿酒的小葡萄和我们一般食用的葡萄有什么不同？

经过四处探访，查询资料，我终于弄明白了，原来葡萄是属于Vitis科的植物，世界上的葡萄品种有数十种，而适于酿酒用葡萄多属于欧洲种（Vitis Vinfera），其中包括我们熟悉的赤霞珠葡萄、莎当妮葡萄等，极少部分酿酒葡萄属美洲种和混合种。酿酒用的葡萄皮比较厚重，红葡萄尤其需要高度色素，而食用葡萄就需皮薄多汁才讨人喜欢。酿酒用葡萄要有相当的果酸，而食用葡萄则一定要甜而不酸，且愈甜愈好，否则没人吃。酿酒葡萄在栽种时要刻意降低产量，以便每一颗果实都能充分吸收矿物质，散发独特的气息，而食用葡萄的生产则是多多益善，也不需特别强调其特性。

因为酿酒葡萄拥有各自不同的口味、芳香、特性，因此用不同品种的葡萄就可酿出不同口味的美酒。我弟弟在旧金山从事电脑工作，闲暇时常跑到纳帕山谷（Napa Valley）品酒，品出了心得。有一

酿酒之法

次我们拿了五瓶用不同葡萄酿制的加州葡萄酒，让他蒙着眼睛试酒（称为盲测，Blind Testing），要他猜出葡萄品种，他居然一点不差全说对了，令我们讶异不已。原来他就是在平常品酒时，熟悉了每一葡萄品种的特殊味道，所以盲测时能依味道辨别出葡萄的种类。这就证明了各种酿酒葡萄的特性确实都很独特。

许多人都会酿酒，但没有专精的研究，就无法得到更完美的成果。像我妈妈酿了一辈子的葡萄酒，但对葡萄品种的认识不够，难怪酿出的葡萄酒只能自家喝喝。而早期大家都不懂，也难怪在国人的心目中，葡萄酒应该是甜甜的。

酿酒好葡萄

日前与姐夫公司的年轻朋友小林聊天，我们从米酒缺货涨价谈到公卖局的葡萄酒。我说可惜台湾地区没有好葡萄，所以也酿不出好葡萄酒。小林十分不同意我的话，坚持说巨峰葡萄又大又甜又好吃，谁说没有好葡萄？

的确，巨峰葡萄真的蛮好吃的，当作水果我也挺喜欢，但是酿酒葡萄与食用葡萄是不同的，除了品种本身不一样以外，种植这些酿酒葡萄还有很多附带的条件，缺了任一种都无法生产出好葡萄，更无法酿制出优质葡萄酒。

适合种植优良酿酒葡萄的地理位置，在地球南纬和北纬的三十到五十度之间，而且须是阳光充足日照多的地中海型气候区。如法国、意大利、西班牙、葡萄牙、匈牙利、德国、美国加州、南非、澳洲（指澳大利亚；以下全书均同）、智利、中国山东等地。除了需要有足够的阳光使葡萄成熟，还需要在冬天有适度的低温，使葡萄树在下一年生长结实前得到充分的休息并恢复元气。酿红酒的葡萄比酿白酒的葡萄需要更长的生长季节，因此大都种植在比较暖和的地方，如法国南部、意大利、西班牙、葡萄牙。而靠北部比较寒冷的地方，则大部分种植酿白酒的葡萄，如德国、奥地利、法国北部等地。

种植葡萄树的土壤也非常重要，太肥沃的土壤无法种出质优的酿酒葡萄。有人说白葡萄要种在白色土地上，而红葡萄要种在红色土地上，这是有根据的。白色土壤虽然所含的矿物质较少，但因为排水性强，使葡萄树的根部呼吸畅通，而且在干旱季土壤也不会凝结成硬块，

很适合白葡萄树生长。红色土壤富含矿物质，尤其是铁质，会使红葡萄树生长茂盛、果粒滋味丰富；但红土排水性较差，因此要混合部分沙黏土和鹅卵石来帮助积水流通，葡萄树才能健康地生长。

台湾地区由于气候太热、纬度太低，不适合种植酿酒葡萄，因此也生产不出上等葡萄酒。美国加州近一二十年来酿酒业突飞猛进，受到世界瞩目，生产多种不同葡萄酒，除酿酒技术不断进步外，它本身拥有不同的气候、土壤，适合种植不同葡萄也是主要的原因。日本从二次大战后，也认真地开始种植并酿造葡萄酒，虽然努力地寻求突破，但因为产量小，即使有好产品，价格也比法国同级酒贵许多，较不经济，倒是中国山东省青岛附近，气候土质都适合，据说已有德国人协助开发引进各种葡萄及先进技术。假以时日，或许能生产出世界公认的上等葡萄酒以与法国媲美。

酿酒好葡萄

采葡萄，踩葡萄

从前因为没有什么机器设备，无论做什么，最便宜方便的就是用人工。酿葡萄酒也是一样。传统上在葡萄收成时，农场的工人们白天到葡萄园用手工一串串地摘取葡萄，晚上吃过晚饭，同一批人就大伙一块到花岗岩的酒槽里打着赤脚踩葡萄。每家酒厂做法会稍有不同，有的只请男工人摘葡萄踩葡萄，因为男人力气大，摘

酿酒之法

葡萄背背篮较方便，脚踩葡萄力量也重些。全用男工，在踩葡萄前全身冲洗干净，大伙一块光着身子入槽踩葡萄多方便。有的酒厂男女工都请，有男生有女生，一起工作才不枯燥。尤其晚上踩葡萄时，洗净了双腿穿着小短裤，旁边还有人弹奏着乐曲，男男女女边跳舞边踩葡萄，寓工作于娱乐，倒也有趣。也有的酒厂请工人年龄不拘，因此许多是一家人白天一同摘葡萄，晚上大伙肩靠肩，臂搭臂边吆喝边踩葡萄，十足的家庭亲子同乐。

脚踩葡萄的方法虽古老却绝不落伍，因为葡萄连枝带梗连皮带核地倒在槽里，

采葡萄壁画

用脚踩的力量恰好压破葡萄皮让汁液流出，但绝不会踩破枝梗核。这种方式得到的汁液是酿造最上等葡萄酒所需的全部。现在多数酒厂都是用机器榨汁，但机器的坚硬不似人脚的有力柔软，用机器压榨时，不但葡萄皮被压破，连枝梗核也一起

踩葡萄（壁毯）

爱恋葡萄酒

爱恋葡萄酒

踩葡萄古画

用机器操作。仍然沿用老方法的酒厂，有些是本身规模小产量少，用机器不经济；有些是不愿添购昂贵机器增加成本；有些则是坚持用传统脚踩以酿制最好的葡萄酒。葡萄牙的波特酒，就是至今仍坚持沿用传统脚踩法酿制出的佳酿美酒。

　　台湾地区的人一听到什么用脚踩葡萄酿制，必定联想到香港脚，好脏啊！谁还敢喝啊？其实这些葡萄酒产国都是在气候干燥的地方，根本不会得什么香港脚。产生香港脚的菌类都是在东南亚又湿又热的地方才滋生的。何况踩葡萄的人当然也要先经过检查，不能有伤口、传染病的，再确实清洗过才去踩葡萄，因此卫生应该不是问题。倒是让我联想到小时候台湾的蜜饯工厂也是用脚踩法制蜜饯。地方虽不同，使用的方法倒是无独有偶。

被压碎，而让过多的单宁和苦味渗入葡萄汁内，因而影响酿出葡萄酒的质感。脚踩方法虽然好，但缺点是速度慢，无法大量生产。因此在讲求效率的今天，许多酒厂为了更大的产能与收益，纷纷还是改

发酵

　　一种葡萄酒之所以和其他葡萄酒不同，最主要的原因，当然是因为用以酿酒的葡萄品种有所不同。但如果用同样的葡萄酿酒，则因为发酵的方法不同，也会产生不同的酒。比方说将葡萄压汁后先去果皮再发酵酿成白酒，压汁后先发酵再去果皮酿成的红酒，压汁后半发酵再去果皮酿成的玫瑰红酒，在糖份未完全发酵就予以停止酿成的甜酒，充分发酵后使糖份完全耗尽酿成的不甜酒，在发酵尚未完成前，由桶中抽取出装瓶酿成的气泡酒，在发酵中途提高酒精度阻止继续发酵而酿成的强化酒等等。由此可见发酵过程对酿葡萄酒而言是相当重要的。

酿酒之法

在发酵过程中，由酵母菌分泌的酵素，会将葡萄内的糖份转变为酒精。而在转变的同时，会放出大量热能，使发酵槽内在发酵葡萄汁的温度升高。酵素本身对温度十分敏感，在摄氏12度以下酵素会冬眠，完全不能发挥任何作用。在12度以上酵素开始慢慢作用，发酵也才慢慢地开始进行。温度愈升高，发酵就进行得愈快。到超过35度时，酵素又因过热而减慢作用。到40度以上，酵母菌被全部杀死，发酵也就会随之终止。

因此为了避免发酵时温度过高，有人用冷水淋木桶降温，有人把发酵用的陶瓷埋在地下，只露出头在地面来降低温度，有人把发酵橡木桶做得细长，使本身能有效地散温，最先进的方法是为巨形不锈钢发酵酒槽装设冷却系统，可以随时控制槽内的温度。

一般而言，较低的发酵温度可以使葡萄酒保留果香和新鲜感，因此白酒通常使用低温发酵法酿酒，也就是将温度维持在摄氏15到18度之间发酵，所需的发酵时间约在4到6周。而优质红酒需要在较高温度下由果皮中摄取更多物质，以增强特性与色泽，因此发酵温度维持在28到30度之间，需时约两周以上。若温度过高，则会使发酵物发黏，酸度增高。

从前我母亲酿酒，只承袭着长辈们的方法，从没想过发酵温度的重要与影响，只是直觉地知道天气热就发酵得快，天气冷就发酵得慢。反正弄好放在床底下，三个月后就有酒喝了。我内人在冬天来临时总喜欢自己做酒酿吃，做酒酿也需要发酵，基本道理和酿葡萄酒发酵是一样的。冬天的台湾室内温度在15度左右，酒酿约需三天发酵，我有时用暖炉使室内温度为20度，发酵时间就缩短为两天。这好像学生做科学实验，边做边玩，挺有趣的！如果有机会酿酒或做酒酿，不妨也试着控制发酵温度玩玩。

橡木桶与酒

我因为喜欢喝点葡萄酒，因此到各国旅行时，少不了到酒庄酒窖去参观品尝。无论是哪一个国家的酒窖，里面一定是阴凉潮湿，而见到最多的就是大大小小的木桶。木桶外围用生铁环箍着，欧洲有些讲究的大酒庄还在木桶头尾盖子上雕刻着漂亮图案呢！有一次同行参观的朋友问我，为什么一定要用木桶呢？科学进步，用不

爱恋葡萄酒

爱恋葡萄酒

酒窖中贮酒用的橡木桶

锈钢桶不是干净又方便吗？是不是因为欧洲人太传统守旧才一直沿用老方法？

不是因为欧洲人守旧，而是因为老方法确实有它的作用。发酵后的葡萄酒存放在橡木桶中，由于木料的透气作用，葡萄酒可以进行初步成长，同时酒精也可以由橡木纤维中萃取出单宁及许多有机物质，使葡萄酒更具复杂性与内涵，且增强其生命力。但木桶贮存固然有好处，却也不能永远把酒放在里面。木桶贮存是有一定期限的，贮存过久会使酒质呆滞平板，缺乏活泼的性质。

不同国家生长出不同品种的橡木，以此橡木制桶也对酒质有不同的影响。比方说法国的林木山（Limousin）橡木桶纤维组织细密，透气性低，含的单宁及有机物质较少。葡萄酒贮存在这种桶中的期限就需长些，但酒质在贮存后会特别细致高雅。以美国田纳西洲的橡木制桶，因木质结构较稀疏，透气性高，单宁含量也高，因此以这种桶贮存葡萄酒，贮存期限要短，贮存后的酒质也较厚实豪放。

橡木砍伐下来，要经过两年以上彻底风干才能用来做木桶。贮酒用的橡木桶绝对不能使用钉子、粘胶，完全要以木头本身镶嵌而成。制桶用的木条用温火烘弯，利用热胀冷缩的原理把木条做成木桶。只在木桶外围接触不到酒液处，才能用铁条把木桶箍着。确保其不至崩开。木桶的容量大小也是需要注意的，使用太大的木

酿酒之法

桶,酒汁与木桶的接触面减少,可能无法有效吸收到橡木的精华;使用太小的木桶,酒液超额吸收橡木内的物质,酒质可能变得过分浓缩。一般是以350升的容量为最合适。

橡木桶的新旧对酒质有强弱不同的影响,而不同的酒则对新旧橡木桶也有不同的需求。例如新酿的红酒,一般需要新的橡木桶,以充分吸收内含的单宁及有机物质。而白酒酒质不需太复杂,且注重于其清新的果香味,又不需太多的单宁味,因此贮存于旧橡木桶反而特别理想。至于白兰地酒则是新旧桶全用,先把白兰地贮存在新桶中以增加其色泽及复杂性,再换装在旧桶中使其继续醇化陈年。

由于橡木桶需要手工制作,价格昂贵,有些小酒厂负担不起每年换用新木桶,于是就以较低价钱买二手旧桶来用,甚至再收购些橡木碎屑浸泡在酒液之中。这样作假,虽然使酒液有橡木味道,却无橡木特性。如果你喝的中、低价位红酒木味过重,大概就是用这种偷工减料方式贮存的。

因为橡木桶对红、白酒,白兰地,甚至波特酒、雪莉酒的贮存是那么样的重要,因此科学再进步,人们会用不锈钢桶来发酵,但绝不会用不锈钢桶取代木桶来贮存酒。

熟成

葡萄酒是一种有生命的液体,装在玻璃瓶中的葡萄酒是会变化的,这种变化很微妙很细致,肉眼几乎无法察觉,像是青春妙龄女子随着时光流逝而成为高贵沉稳的妇人,这种转变轻柔地让你毫不知觉,只在两相对照时才恍然发现。葡萄酒就是这样,在刚酿成装瓶时青春、新鲜,甚至有些涩嘴,经过一段时间后,会变得优雅、含蓄、顺口。这段变化期可说是葡萄酒的熟成期(Aging Period),这个变化就称作熟成(Age)。就如同欧、美等国家的牛在宰杀后也是要放置在冷藏库一段时间熟成,肉质才会松软适口。

世界上每年生产出的葡萄酒,大部分是供大家日常饮用,在当年或次年就全部喝掉了。但少数精心酿制、高品质的好葡萄酒,就需要存放一段时间熟成后,才能达到最完美的风味。这些葡萄酒的熟成期各自不同,有的需十年熟成,有的需三五十年,甚至有近

爱恋葡萄酒

在酒窖中长年贮存熟成的葡萄珍酿，瓶外被有利于发酵的霉菌覆盖满了。

学费或是购屋款项就都不是问题了。各国人对窖存酒有不同喜好，英国人最爱存放的是波特酒；中国古时候著名的女儿红也是一样，在女儿出生时买了埋在地里，到女儿出嫁才掘出开封，这时酒色红润，就像新嫁娘洋溢满面娇羞喜气，令人沉醉。

欧洲几乎每户人家都有地窖，也多多少少会买一些酒存放在地下室，随时可以拿来享用。但大户人家的窖存酒，就不是逛街买菜时三三两两买进几瓶葡萄酒放在地下室里那么简单了。讲究的人家会先把地窖规划整理。属于酒窖的部分一定要制作一排排的酒架，再依照不同年份、酒庄或葡萄品种等，分门别类有系统的买酒存放。而且通常不是只买一瓶，是至少成打成打地买，如果只一瓶，就无从比较各个阶段的味道变化，品酒的乐趣自然也就降低了许多。讲究的人家常常是跟固定酒庄长期每年固定数量订酒。若有机会去参观这种酒窖，常会不时发现一些祖父时代买来的酒还躺在那儿，存放了三代的酒，令人又爱又想又不舍得轻易去品饮。葡萄酒窖不只是藏酒的地方，也是缅怀先祖、触摸手泽、怀念往事的好去处呢！

百年的。而在熟成期里，每一个阶段去品尝它，都会有不同的风味呈现。买好酒回来存放，不仅可以品尝各个阶段的味道，而且还可以达到储蓄的目的。好酒的售价往往随着时间愈长久就愈高，欧洲人很流行在小孩出生的时候，买一批酒（可能二十、三十箱，甚至上百箱）存放在地窖里。等到小孩长大要读大学或结婚时，才由地窖内取出，这时一整批酒标售的价钱可能已是当年买价的数十倍，

酿酒之法

单　宁

欧洲人与葡萄酒的关系，简直是密不可分，或许是因为气候适宜，因此不是自家就是亲朋好友必定有葡萄园或有在酿葡萄酒。其实简单地说，葡萄酒也不过就是发酵了的葡萄汁，对欧洲人而言，它只是最最家常的饮料，不但自己每天喝，也用来待客。法律虽然规定16岁以下未成年的小孩不得喝酒，但跑到自家酒窖，用玻璃长吸管从橡木桶先吸一些佳酿出来品尝倒也不犯法。自小耳濡目染，使他们喝葡萄酒就像我们喝茶一样自然，当然对于葡萄酒中单宁的涩味，也就自然而然习惯了。

单宁是一种存在于茶叶、橡木和核桃树，以及葡萄皮、籽、枯干里的一种有机物质。在酿酒的时候，它溶解于酒精里，是红葡萄酒的主要成份之一。单独尝起来，它就是一个涩味，丝毫不讨人喜欢，但红酒若是缺少它，就完全没有了特性。单宁也是天然的防腐剂，没有它，红酒就不能贮存到成熟。可以说单宁赋予了红酒生命与个性。

但是红酒的成份中并不只有单宁，还有酒精、果酸等许多其他的物质，一瓶好的红酒，必定是各种成份都平衡、和谐、混为一体而且产生共鸣，相辅相成。如果单宁含量过高，反而不好，因为会使酒的苦涩味太强，破坏了和谐。

虽然单宁高可使酒存放长久，但可能酒中其他物质已成熟透开始走下坡时，单宁还没被软化，依然苦涩呢！因此一瓶上好的红葡萄酒，是需要单宁与其他组成物质保持一个适当比例的。

单宁虽造成红酒的苦涩，但奇妙的是在将酒妥善存放瓶内一段时间后，它强劲粗犷的个性会转化成清幽雅致而顺喉，因此上好年份的红酒是需要时间熟成的。举例来说，黑比诺葡萄所含的单宁要比赤霞珠葡萄少，单宁少熟成就快，因此用黑比诺葡萄酿的红酒只需存放四至六年就可达到熟成的巅峰，而用赤霞珠葡萄酿的红酒，则需八至十二年的熟成期。但现今保存长久的好酒愈来愈少了，一听是好酒，大家都迫不及待地想要喝掉它，酒商也想快点出清存货以换取现金。其实如果了解单宁就该知道虽然是好酒，但还是需要耐心等待它圆润熟成到最佳状态再品尝。

含单宁的酿酒红葡萄

爱恋葡萄酒

贵族霉

乍一听这个名字，觉得发明这个名称的人不知是脑筋坏了，还是太过聪明了？霉菌是一种人人都讨厌的东西，它细小得根本看不见，可是食物不冰，几天就发霉了；屋顶漏水，墙壁也长霉了。你才会意识到它的存在，但是这讨人厌的霉菌怎么跟贵族扯上关系呢？这其中有个有趣的故事。

18世纪末，德国的约翰尼斯堡葡萄园是属于伏尔达大主教所拥有的。但大主教并不住在葡萄园附近，而是住在距离很遥远的地方。每年秋天葡萄成熟时，负责管理葡萄园的园丁都要派人驾着马车到伏尔达大主教那儿去请准采收葡萄。有一年秋天又到葡萄成熟时，园丁按照惯例派人去向大主教请准采收。哪知道，派去的使者半路上病倒了，治病休养耽搁了好些日子。等到复原后，使者赶到大主教那儿拿了许可证回葡萄园，大半的葡萄都已挂在树上干枯萎缩了。大伙舍不得把葡萄丢掉，又没时间再一颗颗地修剪挑选，只得把串串夹带着萎缩颗粒的葡萄，整串采收立刻发酵酿酒。原本以为这次收成全毁了，没想到酿出的酒无比甜美，后来经过许多试验，才知道这些过期采收的葡萄，水分含量减低而糖份含量相对增高，在发酵时形成的酒精浓度超过16%时，酵母被

被贵族霉侵蚀过的酿酒葡萄

酿酒之法

杀死，使发酵作用停止，但糖份并未全部转化为酒精，而残存许多留在酒液中，使酿好的葡萄酒特别浓郁甘甜。后人为了纪念这位因病误事却意外发现这种酿酒法的使者，为他在约翰尼斯堡城门下建了一座雕像，并附碑文详细记载这段历史。

因为这种霉菌，才能酿出特别甜美的酒，但这种霉菌不是天天都有，也不是晚摘葡萄一定能形成。它更不是一般的菌种，绝不会使葡萄腐烂坏掉，它只是在温度、湿度合宜的情况下，侵蚀一些特定的葡萄品种，使整串葡萄陆续脱水干缩变得像葡萄干一样。因为它的特殊难得，

且成就的甜白酒是如此独特和谐，因而把学名叫"Botrytis Cinerea"的这种真菌，取个通俗的名称"贵族霉"（Noble Rot）。

目前世界上生产贵族霉甜白酒的地方，除德国的莱因区与摩泽尔区，还有法国波尔多的苏代区，匈牙利的特凯区，奥地利的布根兰区，另外澳洲也有生产。这种甜味葡萄酒，以前特别受到法国妇女们的喜爱，有人因此称之为"妇女葡萄酒"。其实不只是法国妇女喜欢，它也很合一般中国人的口味，尤其在夏天冰凉凉地顺流入口，甜美滋味直触心底，真是开胃又助消化。

酒渣妙用多

大家在聚会用餐品饮佳酿之余，可曾想过酿制葡萄酒用的葡萄，在压榨出汁后要如何处理？一个年产100万瓶葡萄酒的国家，每年酿酒后产生的葡萄皮籽渣滓会有多少？要怎么办呢？是像我们吃完葡萄吐葡萄皮般的把它丢掉吗？大家常误以为外国人生活浪漫、注重享受，其实那只是电影情节给我们的错误印象，大部分外国人都是非常勤俭朴实，爱惜资源的。这一点可以由他们对酿酒剩下渣滓的充分利用得到证明。

酿制葡萄酒后产生的渣滓，可作

为副产品利用的有葡萄梗、葡萄皮渣、葡萄籽、葡萄酒沉淀物和酒石酸五种。

（一）葡萄梗：在葡萄压汁时分离出来，有的一同发酵，有的不经过发酵，将葡萄梗集中处理当作肥料，可以改良土壤。

葡萄枝梗可作装饰品

爱恋葡萄酒

（二）葡萄皮渣：葡萄在压榨出汁液后，有时将皮渣和葡萄汁一同发酵，发酵完毕再分离出皮渣。有时在压榨完后直接分离出皮渣，将皮渣收集在一起加以蒸馏出的蒸馏酒，各国有个共同名称叫"格里巴"（Grippa），也就是葡萄皮白兰地。所得到的高浓度酒精必要时可以用来调整葡萄酒酒精度；蒸馏后的葡萄渣可提取酒石酸，大约每100千克葡萄皮渣平均含酒石酸钙3千克；蒸馏后要用机器筛子分离出其中的葡萄籽，蒸馏后的皮渣除籽后，经再处理用作饲料或肥料。

（三）葡萄籽：由于葡萄品种不同，种植地气候土壤不同，葡萄的种子含油量也各不相同。葡萄籽含油量不低，约在12%至15%之间，压榨后可得粗油，再经过精制，成为一种极佳的食用油，葡萄籽油对软化血管壁，降低胆固醇有极大帮助，还含有丰富的维生素E，因此各国对葡萄籽油的使用量，一直持续在增加中。榨油后的葡萄籽饼可先抽取出单宁，再作饲料应用。

（四）葡萄酒沉淀物：葡萄酒在发酵换桶过程中，难免在桶底有些浑浊的沉淀物，过滤后，澄清部分为葡萄酒，浑浊碎渣中还可蒸馏酒精和酒石酸，经再处理过的混浊碎渣可作为肥料使用。

（五）酒石酸：除了上述处理可获取存在于酒石中的酒石酸外，葡萄酒在木桶中贮存时，酒石还会逐步沉积在桶壁上。从前用铁锤敲打使酒石掉落，但一不小心木桶就被敲坏不能用了。现代采用喷沙法，用压缩空气喷射沙子，使桶壁的酒石被摩擦下来，绝对不会损坏木桶壁。收集大量酒石，可以卖给酒石酸加工厂，以制造酒石酸和加工产品。

大自然赐予我们仅是葡萄这一项作物，就有这么多的用途，我们怎么能够随意浪费呢？合理的回收、循环、再利用，不只是对葡萄如此，对万物也应当如此。常怀感恩心，有限的资源生生不息，则取之不尽，用之不竭。

香槟法

香槟（Champagne）是一种气泡酒，然而气泡酒却未必是香槟，这就好像干邑（Cognac）是白兰地的一种，而白兰地却不见得都是干邑。香槟这个名称其实并不能随便使用，要被称为香槟，必须符合两项原则。首先所酿的酒必须完全是在香槟区内生产酿造，其次所酿的气泡酒必须是使用正式香槟法制造出来的。什么是"香

酿酒之法

槟法"（Methode Champenoise）呢？简单地说，就是一种二次发酵，逐瓶过滤法。

每年九月底、十月初葡萄被摘取收成后，要尽速就近压榨汁液。法国的葡萄园里多数都有就近榨汁的地方，这样才能保持葡萄的新鲜度与完整性。其他国家则需送到酒厂压榨葡萄，运送过程中，葡萄难免损坏皮破肉绽，沾上杂质，又染了过多的颜色。酿制香槟的葡萄，最多可以压榨三次。第一次的汁液，可以做出品质最好，价格最贵的香槟，以后两次则制成次级品或卖给别家酒园，或用来做烈酒（Spirit）的基酒。

取得葡萄汁后，便可在酒槽中进行发酵两三个礼拜，初步的葡萄酒就可制成，伴随产生的二氧化碳则散逸到空气中。这时调酒专家要到绝对无味又洁净的专门调配室，心无旁骛地工作。初步酿成的酒对我们来说，是相当辛酸刺鼻难以入口的；但是专家的敏锐口鼻却能丝毫不差地说出需要添加哪一个葡萄园、哪一年份的哪一种葡萄酒，添加量各要多少。调配完成，在装瓶并封上临时瓶盖前，必须先在瓶内加入一种糖和酵母的混合物（Liqueur de Tirage），这正是促使香槟产生气泡及进入第二次发酵的媒介物。

当香槟装瓶，进行二次发酵时，气泡就留在瓶内跑不掉了。但是瓶内的压力逐渐增强，沉淀物也逐渐出现，要如何才能把沉淀物取出而又不使二氧化碳

外泄呢？19世纪初，法国一位叫克丽渥（Cloqquot）的寡妇发明了一个方法，她把所有瓶子以口朝下倒过来放置，每天派人轻轻摇晃酒瓶，好让沉淀残渣朝着瓶口方向集中。这项精细筛分工作（Riddling）必须极有耐心，粗鲁不得。如此日复一日，几十天过去后，所有残渣终于都集中在瓶盖上方了。

借着瓶内的压力，当打开瓶盖时，所有沉淀残渣一并冲出瓶外，留在瓶内的则是清澈可人的香槟了。今日更简便的方法，是把瓶颈一截，浸在冰盐水溶剂（Brine Solution）中，使沉淀物结冰成硬块，当打开瓶盖时（此时瓶口朝上），沉淀物就像子弹一般高速射出，完成了除渣（Degorgement）手续。然后依照甜度级数不同，加入不同量的葡萄酒、蔗糖与白兰地的混合物，称为加味（Dosage），加味后，立刻装上质地优良的新软木塞加铁丝封线后，大功告成了。

老式香槟酒装瓶

爱恋葡萄酒

生命之水

爱恋葡萄酒

生命之水

吃葡萄不吐葡萄皮

大家都知道吃葡萄要吐葡萄皮，如果吃葡萄不吐葡萄皮，那是傻子，谁晓得傻子居然翻身变聪明了！

1991年美国康乃尔大学蔬果科学家克瑞西进行动物实验，证实我们常饮用的红葡萄酒中含有一种化学成分，称为Resveratrol，这种化学物质可以降低胆固醇，防止动脉阻塞和血栓塞，同时还有抑制和抗阻癌症的作用。再深入追查，发现红酒中的这种化学物质，原来是存在于红葡萄皮里，酿制红酒时，因为将果皮和果实一同压榨发酵再酿制，因此才能存在于红酒中。这种物质不是水溶性的，它只能溶于酒精。而白葡萄酒由于酿制时，压榨出汁液后就丢弃果皮，仅以汁液发酵酿酒，因此所含的这种化学物质非常稀少。

科学家也证实，用红葡萄做成的红葡萄汁，同样含有Resveratrol成分，而有降低胆固醇的功效。但由于制作时只用少量葡萄皮增添果汁的色泽，和酿酒时用整颗带皮葡萄一同压汁发酵相比较，所含的Resveratrol成分少得多。不过对于会对酒精过敏的人，喝红葡萄汁也不失为一个好方法。

住在欧洲的时候，常在逛传统市

爱恋葡萄酒

49

爱恋葡萄酒

场时,看到当地人买一串小蜜蜂正在叮咬的甜葡萄,也不洗就拿着边逛边吃,而且不吐皮。我十分讶异,不洗就吃不是很脏吗?不怕农药吗?看电影里女主角倚在躺椅上,手提着一串紫葡萄,仰头用嘴咬着吃。真实生活中,怎么我都一定要把葡萄小心翼翼一颗颗摘下,浸泡在浓盐水中许久,再用清水冲个半天才敢吃呢?原来欧美国家对于农产品喷洒农药有非常严格的规定与处罚,因此只要市面上买到的都可以放心吃,绝没有任何危险,所以他们能够不洗就吃,或略冲洗就吃。

葡萄含有丰富的果糖和果酸。果糖即葡萄糖,很容易为人体吸收作用,果酸能帮助消化,中和胃酸,对某些胃病有治疗的作用。中医也认为葡萄能补气血,强筋骨、利小便,是很好的水果。选购葡萄的时候,要注意是否果梗青鲜,表面果粉完整,皮色光亮无斑痕,果粒身体是否饱满,果粒均匀,成熟适度,提着主枝微微抖动,果粒是否牢固?尝起来是否甜而不酸、肉质脆嫩?适量葡萄酒对人体有益,但不能喝酒时,不妨多吃些新鲜又营养的葡萄!

饮酒适量,健康加分

我父亲是一位生活非常规律的人,每天早上几点起床,几点做什么,都是数十年不变。他还有一个习惯,就是每天喝一小杯高粱,也是维持了30年,绝不因老友相聚或心情特别愉快而多喝一口。但是这个每天一小杯高粱的习惯,在他定居美国后居然改变了,变成每天喝125毫升的红葡萄酒,这个改变是有原因的。

红葡萄酒中含有三种有机物:酚类,酒类、Resveratrol。酚类具有抗氧化作用,能防止血液的氧化。适度的酒精能提升高密度胆固醇值,有保护血管的功效,同时降低低密度胆固醇值,减低动脉硬化的发生,酒精还能降低血液凝集,减少血栓塞生命之水

的发生。而Resveratrol是一种天然杀菌剂，能防止动脉硬化，还能防癌并抑制癌细胞的生长。红酒中还含有丰富的铁质，具有补血的功能。

1995年哈佛大学一位教授发表了他连续进行11年，以20071位男性医生为对象所做的报告，证实每天喝一小杯酒或每周小饮二至四次酒是对身体有益的。但每天超过一杯，酒的好处就被坏处抹杀了，反而引来如肝硬化、胃肠癌等疾病。适度饮酒对身体有益，但仍需正常饮食及经常性的运动来配合。如果猛吃高胆固醇食物又不运动，仅靠喝红酒来降低胆固醇是没有用的，恐怕就算喝成了醉鬼也来不及把胆固醇减少。

葡萄酒内的酒精含量通常只有10%—13%，对中国人尤其是女性而言，已经蛮强了，但对欧美人士而言，却清淡得有如日常喝的饮料。欧美的成年人很喜欢在午餐或晚餐时以啤酒或葡萄酒佐餐，以葡萄酒配餐（早餐除外）可说是喝葡萄酒的最佳时机，能使葡萄酒充分发挥它最大的功效。边用餐边饮葡萄酒，可促进唾液和胃酸的分泌，帮助消化，也可以调整食欲，使卡路里燃烧得更有效率。

但到底要喝多少才是适量呢？专家学者研究的结果是，对欧美人士而言，男性每天以不超过300毫升或酒精量20—40克，女性每天不超过150毫升或酒精量10—30克为适量。超过此量就是过量。但是对中国人而言，尤其是不常饮酒的人，量就要斟酌减少。至于某些即使是微量葡萄酒也嫌太多的人，就最好完全不要喝。例如患有乳腺癌、有脑溢血危险、有酗酒倾向、要操作危险机械、要驾驶汽车的人，以及正在工作中的人等等。

经过报纸杂志不断地报道，适度浅尝葡萄酒对健康有帮助，使得大众的饮酒倾向已由狂饮XO转向干杯葡萄酒了。这是一个好的转变。但希望能进一步成为浅尝即止就更好了。

爱恋葡萄酒

葡萄酒外衣

爱恋葡萄酒

喝多少才恰当

大家都已知道葡萄酒要适量、经常地饮用，才对人体有最大的好处。但到底多少才是适量呢？有的人杯酒下肚就脸红心跳；

有的人喝上整瓶也面不改色。医学研究指出，人的饮酒限度可以每千克体重消化的酒精重量来计算，在24小时内，正常人每千克体重可以消化一克酒精。也就是说，体重50千克的人每天可以消化50克酒精。一瓶750毫升的葡萄酒，如果酒精含量是12%，所含的酒精就有90毫升，以室温比重0.789换算，90毫升约等于71克。因此以医学数据来说，体重70千克的人，每天喝一瓶酒精浓度在12%以内的葡萄酒，都算是适量，超过则为过量。

饮酒过量就会酒精中毒，也就是俗称醉酒。酒精中毒有轻重不同程度。当人体血液中酒精浓度达0.05%(注)时，人会感到舒畅、愉快、思想敏捷，这是饮酒适量的表现。当浓度达0.1%时，人会平衡失调、语言错乱、行动笨拙迟钝，有时十分高兴，有时过度悲伤；当浓度达0.2%时，人的视觉呈双重影像，东倒西歪站不稳，言语出轨动作粗暴；当浓度达0.3%时，人喝得烂醉，思维混乱，视觉模糊；当浓度上升至0.4%或0.5%时，人会昏厥，失去知觉，呼吸不规则，反应消失，括约肌松弛；当浓度达0.6%至0.7%时，呼吸和心跳会停止，人就死去了。严重醉酒原来可能会丧命，就更可见得适量饮酒的重要了。长期饮用过量酒精，会引发肝脏疾病，还会使得记忆力减退，智力下降，神经衰弱，甚至诱发高血压、胃溃疡、结核病、精神错乱、呼吸道癌症等疾病。反之，适量饮酒则可促进血液循环，加速心跳，使表皮血管扩张，使人强心提神消除疲劳。

但统计数字终归是统计数字，真实情况往往因人而异，读者千万要了解生命之水

自己体能,切勿勉强。像我内人体重50千克,应该可以每天喝0.7瓶12%酒精度的葡萄酒,但她往往才喝两杯就面红耳赤,全身发热了。因此她从不勉强自己喝超过两杯的量,免得舒适愉快的感觉被言语错乱、平衡失调取代。

适量饮用葡萄酒还有一个好处,是可以帮助减肥。一位身体健康的人,如果每天可以吸收70克酒精,也就是可以喝一整瓶750毫升,含12%酒精度的葡萄酒,酒精被完全氧化后,可以产生约500卡的热量,相当于一个从事体力劳动者一日所需热量的1/6。由每日饮食中吸收500卡热量需要吃许多食物,这些食物不但供给热量,也带来过多的糖份、脂肪等,累积在体内就使身体发胖。而那500卡热量若由70克酒精饮料供应,则人的体质并未下降,体重却减轻了。但饮用甜味葡萄酒,因酒中含大量糖份,虽饮用同样数量,产生的热量却比较高,有时会多达1000卡,常喝就容易发胖。也许是基于这个原因,全球多数地方,人们饮酒习惯都由饮用甜葡萄酒渐渐变为饮用干性不甜葡萄酒。

注:人体的血液量约为自身重量的1/13,如体重70千克的人,血液含量约5390c.c

5390×0.05%=2.7c.c(0.8克)

体重	每天可消化之克酒精	每人体重下的标准酒量
40千克	40克	422毫升(约1/2瓶)
45千克	45克	475毫升(约3/5瓶)
50千克	50克	528毫升(约7/10瓶)
55千克	55克	581毫升(约3/4瓶)
60千克	60克	634毫升(约4/5瓶)
65千克	65克	687毫升(约9/10瓶)
70千克	70克	750毫升(刚好1瓶)
75千克	75克	792毫升(约1又1/8瓶)
80千克	80克	845(约1又1/6瓶)
85千克	85克	898(约1又1/5瓶)
90千克	90克	951毫升(约1又1/4瓶)

*以一瓶750毫升,酒精度12%作单位,换言之,每瓶约含90毫升酒精,以室温比重换算为:

0.789×90=71(克)酒精

酒与宗教

不知从什么时侯起人类懂得酿酒，从此酒就与宗教维持着密切的关系。人类自古信奉神，把一切不可知，无法解释的事情全归之于神意。要让神明满意降福，就以最虔敬的心，把最珍贵不易获得的酒拿来奉献给神明。从此结下了酒与宗教的不解之缘。

天主教徒以葡萄酒代替圣血，中国人传统以酒来祭祀，耶稣用面包和酒来象征他的肉体和鲜血，都是些意义重大的事情。也因为有这观念，绝大多数天主教与基督教并不禁止喝酒。不但不禁止，欧洲国家许多有名的葡萄酒、利口酒，都是修道院所拥有或秘制的。甚至香槟酒的酿制方法也是由修道士发明的。由于宗教仪式中要用到酒，一些懂酿造技术的信徒投身教会时，自然尽全力做到最好。再加上人们有向神赎罪、还愿的想法，于是有钱人出钱、无钱人出力，有地人出地、无地人出酿制佳酿的秘方，全都奉献到教会——神的使者那里去了。教会也把人民的奉献所得充分利用并回馈，最著名的例子就是许多利口酒的产生。由于当时民生贫困，疾病流行，人们甚至吃不饱穿不暖，

葡萄酒神

生命之水

哪有余钱看医生，于是教会人士就利用许多药草混合着酒制成许多不同的药酒，供人们治病用。现在由于科学进步，医学昌明，人们已不再需要用这些药酒来治病。但因为其滋味不错，因此转而将这些药酒变成饭后助消化的利口酒了。

但基督教的一支——摩门教却在教义中明文禁止教徒喝任何酒精饮料。我在摩门教总部美国盐湖城住过一段时间，在当地开餐厅很难拿到酒牌，即使取得也要缴纳比其他各州更重的酒税，最重要的是，９０％的客人都不喝酒，就是有卖也没人买，干脆不卖算了。所以几乎没有餐厅有卖酒。不要说酒，连水钱也赚不到，摩门教徒也不喝有色饮料，因此咖啡、茶、可乐……都很难见到。在外地人看来，那里真是一个清净安详的圣地净土，但对当地餐饮业者而言，赚钱可是大大的不易啊！

中国佛教的尼姑和尚也是不得饮酒的，认为饮酒会有六失。但时代不同，佛义或许解释也有不同，否则当年怎出了个以嗜饮闻名的济颠和尚呢？日本的佛教徒饮酒方面戒律较宽松，有些由寺庙酿的酒还挺有名呢！

伊斯兰教古兰经中视酒和赌博为魔鬼的作为，严格禁止信徒犯规，但据说１８世纪曾有欧洲人把葡萄酒装在大桶中，以矿泉水的名义贩售到伊斯兰教国家。２０年前也听说有些商人把酒装在香水瓶里，在当地以可饮用的香水名义贩售。土耳其生产不少颇具水准的葡萄酒，为国家赚取外汇，当地伊斯兰教人士认为把酒卖给伊斯兰教徒是罪恶，而卖给非伊斯兰教徒，只不过是生意，不犯戒。酒在这个宗教国家已有了双重标准。犹太教戒律不禁酒，但对如何饮用及如何酿制均有所限制。它们认为酒能振奋人心，使人感受到微妙的气氛，但也能使人丧失理智，犯下滔天大罪，因此可以饮酒但要加以限制。酒在所有犹太庆典中是不可或缺的，连小小孩都可以饮用一点，在安息日感谢上帝时也同时会感谢上帝赐的美酒。

爱恋葡萄酒

爱恋葡萄酒

品饮之乐

爱恋葡萄酒

在酒庄户外品酒尝美食

品饮之乐

现在该喝什么

什么时候喝什么酒，对吃中餐而言完全不是问题。中国人习惯从头到尾都喝一种酒，不论是高粱还是啤酒，只要自己喜欢就好。西式饮食不一样，洋人把酒分为开胃酒、餐酒、饭后酒和鸡尾酒，各有各的讲究。

开胃酒也可以说是餐前酒，它的目的是开振胃口、促进食欲。一般而言，开胃酒是搭配开胃菜饮用的，但是常见许多人一进餐厅就座后，先点一杯色彩缤纷的鸡尾酒，好像很酷地啜饮着。其实这是最不合宜的。因为鸡尾酒多是用含酒精度极高的烈酒调制而成，饮用后舌头上的味蕾被强烈酒精麻痹，就会影响用餐时对美食或美酒的品尝。鸡尾酒适合在家里开派对时，上流社会鸡尾酒会应酬时，到酒吧想松驰时，或者在饭店等人时饮用。它其实就是一种混合酒精饮料，在1920年美国颁布禁酒令之后，私酒贩卖猖獗，由于味道粗劣难以下咽，业者为了促销，就在私酿酒中掺入水果等以掩饰原味，演变至今成为这种所谓的混合酒精饮料。可能由于源自美国，也可能由于美国人个性上喜欢求新求变，因此鸡尾酒在美国十分受人欢迎。但保守的欧洲人就喜欢喝纯酒，对鸡尾式的混合饮料一点兴趣也没有，不论是哪种场合，很难得看到欧洲人手持五颜六色花俏的鸡尾酒饮用。

餐酒就是用正餐时喝的酒，通常以红酒、白酒、玫瑰红酒为主。

饭后酒当然就是吃过饭后喝的酒。有一种饭后酒是主菜吃完，享用甜点蛋糕时搭配饮用的，通常是甜或微甜的白葡萄酒、微甜香槟和气泡酒等。另一种则是用过甜点之后，再来上一杯陈年佳酿的烈酒，以消腻提神，帮助消化，这类酒包括白兰地、干邑、波特酒、雪莉酒及各种利口甜烈酒等。

但是理论归理论，对于酒量不好的人来说，吃一餐饭配三四种不同的酒，不但说不上享受，可能还有酒醉之虞。我以前就曾在我的餐厅中，接待一批由老师带来评赏美食的团体，一顿饭下来换杯品尝了四五种酒，结果好几位女团员不胜酒力，满脸涨红，又晕又吐，想来什么美酒美食也弄不清了。所以我认为以酒佐餐，餐是正，酒为辅，只要吃得舒服，喝得愉快，就算从头到尾只饮用一种葡萄酒又有何妨？不必拘泥于程序，非要一道道地按规矩来不可。

爱恋 葡萄酒

爱恋葡萄酒

酒与菜"速配"

美食美酒

中国人说"酒菜不分家",吃菜的时候一定要有酒相伴,而饮酒的时候也一定少不了佳肴。外国人其实也差不多,虽然在非用餐时间会净饮葡萄酒,但在用餐时候更是一定要有酒相伴,吃饭的时候搭配葡萄酒,除了能充分发挥食物的美味,并且能保持口腔湿润敏感,使味蕾能完全感受到独特的味道。好菜配好酒,配对了两全其美像似绝妙姻缘,配错了像对怨偶,尝了就伤心;有些人则说那么我们就干脆乱点鸳鸯谱,来个创新随便配。这是一种冒险的挑战,很刺激有趣,但事先明了一些原则道理,可能会事半功倍,得到最佳的搭配效果。

葡萄酒与食物的搭配,可分为颜色与味道两方面来谈。以颜色而言,这是最粗浅简单人人皆知的搭配方式,就是红酒配红肉(如牛、羊、鸭、野味等),白酒配白肉(如海鲜、鱼类、猪肉、鸡肉、兔肉等),玫瑰红酒(Rosé)什么都可以配。但是葡萄酒种类繁多,这个简单的区分早已不能满足美食家挑剔的舌头,因此可以进一步讲究食物味道与各类葡萄酒的搭配。这方面要注意酒菜在味觉上的相似性和酒菜势均力敌的互补性。相似味道的酒菜同尝会带来协调感,而有相辅相成的效果。比如说同一地区所产的葡萄酒与起司搭配,就常有意想不到的和谐效果。

户外用餐也一定有葡萄酒相伴

品饮之乐

搭配同食的酒菜口味浓淡要分量相当，否则浓郁的菜配淡酒，醇厚的酒配清淡菜，彼此互抢风采，显不出互相的特色。更明确以食物的味道来说明，食物若属于甜味，则酒要比菜的甜味略淡，否则体会不出酒中的水果甘甜。食物若偏酸味，就用更酸的酒搭配，因为食物里的酸度会削弱酒中的酸味，不够酸的酒会变得淡而无味，因此要较酸的酒才能搭配酸味的菜。如果食物带有苦涩味，那么含单宁较多、苦涩厚实的酒适合配油腻重的食物。酒中的单宁能保持舌苔味蕾的敏感度，平衡滞腻口感。比较酸的酒适合搭配较咸的食物，因为食物的咸味也会削弱酒中的酸味，使酒喝来清新舒畅，凸显食物的美味。至于口味温和的辣味，和味道清淡的白酒很搭配。西餐的辣很少是猛烈强悍的，因为过度的辣会麻痹味蕾，什么珍馐佳酿也尝不出了。

葡萄酒种类繁多，特性各异，食物的烹调又是千变万化、口味不同，没有人能明确地全部列出适配酒菜，何况各人口味、喜好各不相同，更不能说个绝对。但不论如何配菜，如果一餐要喝两种以上酒，只要遵循以下的七大原则，

与酒庄主人一同品酒尝美食

就可谓万无一失，能尽享美食佳酿了。

（一）先喝浅色酒，再喝深色酒。

（二）先喝较涩的酒，再喝甜些的酒。

（三）先喝较年轻的酒，再喝酒龄老的酒。

（四）先喝较淡的酒，再喝较浓的酒。

（五）先喝酒精少的酒，再喝含酒精较多的酒。

（六）先喝普通的酒，再喝名贵的酒。

（七）先喝气泡酒，再喝无气泡酒。

爱恋葡萄酒

开胃酒

开胃酒　白酒

开胃酒，顾名思义就是用来开胃喝的酒。吃饭应该是一件快乐的事，但在工作繁重、压力责任之后，要如何才能迅速调整心情，放松情绪来享受美食，这时就需要喝一杯开胃酒来提升胃口、刺激食欲。

开胃酒的选择因人因习惯而异，有人喜欢鸡尾酒，有人喜欢雪莉酒，也有人非伏特加不可，这当然没有一定，但一般而言，开胃酒最好不要选太烈或太甜的酒，因为太烈的酒可能麻痹味蕾，减低品尝美味的感官享受，太甜的酒又不能像微酸的酒刺激味蕾，增进食欲，进而达到开胃的目的，因此都不适合。

比较适合作开胃酒饮用的，首推冰凉后的不甜白葡萄酒或气泡酒，因为它们的冰凉度及微酸、微涩的口感，最能触动味蕾刺激胃口。另外气泡酒内所含的无数小气泡，会在口腔中产生畅快刺激的感觉，更能有效消除胃中的滞气。开胃白酒需要选新鲜、脆嫩、蕴藏期短的，如法国阿尔萨斯地区(Alsace)产的琼瑶浆(Gewurztraminer)、玫瑰香(Muscat)、奥德两国产的雷司令(Riesling)等。除白酒与气泡酒外，玫瑰红酒也可当作开胃酒。而红酒方面，除薄酒莱新酒因酒味鲜嫩，可以冷藏后作开胃酒饮用，其余红酒就都只宜于当作餐酒饮用。

法国人喜欢略甜的开胃酒，其中以甜中带微苦的Lillet酒最受欢迎。而意大利人则喜欢喝带有苦味的开胃酒，最常见的是金巴利酒(Campari)。以金巴利作开胃酒时，有人喜欢加冰块和鲜橙皮摇匀后成为称作Shakerado的开胃酒饮用；有人喜欢加冰块、苏打水和葡萄柚汁摇匀成称作Spumoni的开胃酒饮用。德国、奥地利人也受到意大利人影响，喜欢以加冰块和苏打水的Campari Soda和加冰块及柳橙汁的Campari Orange当作开胃酒。葡萄牙

品饮之乐

人喜爱饮用白波特酒(White Port)作开胃酒,英国人与西班牙人则喜欢饮用不甜的雪莉酒,西班牙人尤其钟情以西班牙本地产,标明Fino和Manzanilla的雪莉酒,搭配该国盛产的海鲜虾贝类开胃菜。还有一种在欧洲国家也颇受喜爱的开胃酒——威末酒(Vermouth),有Rosso、Dry、Blanco 三种口味。

在欧洲冬天气候寒冷,饮用开胃酒的习惯与夏天加冰块的喝法大不相同。人们从酷寒的室外进入餐厅,常喜欢饮用一小杯(2CL)不冰的烈酒以刺激食欲、暖和肠胃。俄罗斯人则较奇特,无论冬夏,偏爱以冰透的伏特加作为开胃酒,那种冰凉又辛辣的激烈口味,不是惯常喝的人恐怕就已醉倒了。

我在维也纳开中国餐馆时,奥地利人对搭配中国菜饮用的开胃酒则另有一套。夏天时奥地利人多直接饮用不甜葡萄酒开胃并佐餐,而冬天时花样就多了,有人喜欢一口喝下小杯(2CL)茅台或高粱以暖胃,有人喜欢喝加热的乌梅酒、清酒(Sake)或桂花酒,也有少数人和当地日本人一样,喜欢味道较重、加热的绍兴酒。

开胃酒的选择、因时因地因人各有不同,无论选用什么酒,只要能达到开胃的目的就可以了,总以适合自己为最重要。

饭后酒

在外国电影情节中,常看到用餐的镜头,豪华大厅长长的桌子,对坐着衣饰华丽的绅士淑女们,身边站着制服笔挺侍餐的仆人,一道菜撤掉又换一道,其间少不得换杯酒。主菜吃完上点心,客人全换成用小高脚杯喝酒。最后再步入另一个舒适的客庭,大家或站或坐,弹弹琴,边

饭后酒 烈酒 白兰地

聊边品饮醇酒。看来是那么地优雅动人,但也搞不懂洋人吃饭怎么这么复杂,一道接一道,大杯换小杯的,不嫌烦吗?其实外国人用餐饮酒习惯的养成都是有原因的,绝不是为了摆派头而标新立异。

西餐的主菜吃完后,习惯上要喝饭后酒。饭后酒可分为三类,第一类是搭配甜点喝的酒,通常可选择天然的甜白葡萄酒或甜气泡酒。例如以冰淇淋、雪泥或蛋奶酥作饭后甜点时,可选用略甜(Sec或

爱恋葡萄酒

饭后酒　　饭后酒
甜白酒　　甜气泡酒

Demi-Sec）的气泡酒搭配饮用；起司蛋糕可选用法国卢瓦尔河谷安佐和沃雷（Vourray）两地产的上好半甜白酒搭配饮用；若是苹果派（卷），则以德国、奥地利的Auslese甜白酒为最佳选择。总而言之，搭配甜点的酒甜度不可过高，否则"甜"加上甜酒，不但不能带来满足，反而产生滞腻的感受。

第二类酒因本身甜度极高，可以直接当作甜点饮用。尤其在酒足饭饱之际，实在没有肚腹可再容纳甜点时，直接饮用这些强化甜酒，一样可以画龙点睛。这类甜酒例如德奥和加拿大的冰酒、法国波尔多区苏代地方产的甜白酒、葡萄牙产的上好年份甜波特酒（Vintage Porto）、西班牙出产的最甜雪莉酒（Cream Sherry）等。

第三类是酒精度较高的烈酒或利口酒。有些人用完甜点甜酒，或是完全不用甜点甜酒，都会以小杯烈酒或利口酒作为餐食结束。饭后饮用一杯陈年佳酿烈酒，不但可清除滞腻饱胀感，而且使身心舒畅满足。但由于所含酒精度可高达40%，因此多以小杯为限，若是一杯接一杯，喝得酩酊大醉就失去意义了。难怪外国的烈酒杯大都设计得小小的，即使倒满了也就那么多。饭后喝的烈酒例如白兰地，更讲究的喝干邑或者是威士忌等等。有些人则不选烈酒，而偏爱利口酒作结束。

利口酒都是甜酒，酒精度通常没有烈酒那么高，最重要的是不同的利口酒中添加了不同的水果、香草、树皮、香料等，能够强身健体，帮助消化，甚至有人觉得其药用效能可延年益寿呢！利口酒种类繁多，例如茴香甜酒(Anis Liqueur)、咖啡甜酒如Kahlua，橙味甜酒如君度(Cointreau)、金万利（Grand Marnier）等。利口酒的酒杯也都一定是小巧可爱型的，使人点到为止，绝不过量。

开瓶的诀窍

常有外商公司或一些小团体请我为他们讲授餐饮礼仪的课程，由于我在国内外的经验丰富，因此课程内容总是设计得生动活泼又实际，课程分三节，每节三小时，第一节是葡萄酒的认识与入门，第二节是葡萄酒与餐点的搭配及应有礼仪，第三节则是在西餐厅或在学员家现场品酒及进用全套正式西餐的

品饮之乐

先用刀割开金属封竿

再将螺旋体旋转插入木塞内

实务演练。其中很重要的一课就是如何开瓶，葡萄酒的开瓶看似简单，其实还是需要一些技巧。到餐厅吃饭，开瓶的事自然可由服务员代劳，但若是参加小型派对、宴会或与外国人共餐，需要你开瓶服务时，不会开瓶岂不显得太逊了！因此学习开瓶的技巧是必要的。

要享受葡萄美酒，必须先把瓶塞拔出来，但开瓶之前要注意酒的温度是否合宜。白酒应冰过，使温度在摄氏8到12度之间，红酒约在摄氏14到18度之间。若是在欧美地区，室内温度适宜，红酒可以不冰，但夏季气候炎热的地方，红酒应略冰一下再开瓶饮用。开瓶之前不要把瓶子摇来晃去的，以免有沉淀物混浊了酒质。开瓶时更要小心使劲，千万不要用力不当把整瓶酒倾倒，使酒外溢。

开瓶前，先用小刀把瓶顶的金属封签沿着瓶头割除掉，用干净的湿布略擦拭木塞顶部，以除去可能附着的霉和灰尘，再把开瓶器的螺旋体小心插入木塞内，尽量深入但最好不要刺穿，以免万一木塞过干，刺穿时可能使木屑掉入酒中。用力把木塞拔出，然后还要再用干净的湿布擦拭瓶口内外。第二次的擦拭非常重要，除了可以除霉灰木屑外，由于金属封签会含铅，这次擦拭也会把铅除去，以免在倒酒时铅溶在酒中而被喝下。有时因为酒瓶贮存不当使木塞过干，或是陈年老酒的瓶塞已失去弹性，开瓶时木塞会有碎屑甚至断裂掉到酒瓶内，此时需用细孔小筛网将酒过滤再喝。如果是大块掉落，则用特制的三脚小勾夹就可把断木塞取出。没有小夹的话，就让断木塞留在瓶中，它在短时间内不会影响酒质的。

这几年的新发展，使得有些葡萄酒已经不再需要开瓶了，因为许多日常喝的酒不需存放，瓶子打开就要尽快喝掉，因此不用传统的软木塞而改用螺旋瓶盖也无妨。何况由软木橡树树皮制造出的软木塞资源有限，实在也应该留给更需要它的优质酒来用。近一两年葡萄酒的包装更革命性地尝试用铝箔包、易拉罐，甚至像鲜奶般用纸盒盛装，对于喝一般性普通的葡萄酒，完全省去了开瓶的手续。

爱恋葡萄酒

爱恋葡萄酒

开瓶器

数年前我在开西餐厅时,有一位很有气质的客人每个月一定偕妻女到店里来共进一两次晚餐。一家三口点好了菜,开一瓶红酒,轻声细语不疾不徐地用餐品酒,和乐美满的样子每个人看了都羡慕不已,他就是《汉声》杂志社已故的老板之一姚孟嘉先生。也许是缘分,也许是有共同话题——葡萄酒,我们还算蛮谈得来。有一次他看我的服务员开一瓶酒,软木塞特长又极紧密,开得很辛苦。他告诉我有一种新型德国双人牌的开瓶器,只要一直朝同方向旋转,不费力气就可开启,而且在下一次用餐时带来送给我。我除了感谢他之外,从此就养成收集各种开瓶器的习惯。

开瓶器是个小东西,但没有它,纵然美酒佳酿当前,你就是尝不到。开瓶器的种类很多,结构各有不同,选购时最要注意的就是螺旋钻的部分。一般木塞大约4.5至5公分长,如果螺旋部位太短,开瓶时就会很费力气,尤其拔取高品质红酒的特长木塞时更加困难。一般而言,螺旋部位应至少有5公分的长度。其次,螺旋体本身应该是圆形的,旋转度不能太大,不然在开启陈年老酒时,很容易把木塞损坏。如果螺旋体是扁平有利刃的,就更容易把木塞拉断或弄碎了。

市面上的葡萄酒开瓶器造型繁多,但大约可以分为五类:第一类是单杆手旋式,这是最简易便宜的一种,许多餐厅服务员都使用这种开瓶器。它的好处是体积小又轻巧,放在口袋里随时可使用,缺点是拔取瓶塞时要费许多力气,尤其对女士而言特别吃力。

第二类是杠杆式,先把螺旋体旋转插入木塞内,再把两侧升起的把手用力向下按,利用杠杆原理在把手向下时便把木塞拔出来了。杠杆式开瓶器不费什么力气就可拔出瓶塞,而且几乎不会损及木塞的完整,是一种理想的小工具,尤其对女士而言。姚先生送我的那个同方向一直旋转拔出瓶塞的开瓶器,就是利用杠杆式原理再变化出的当年

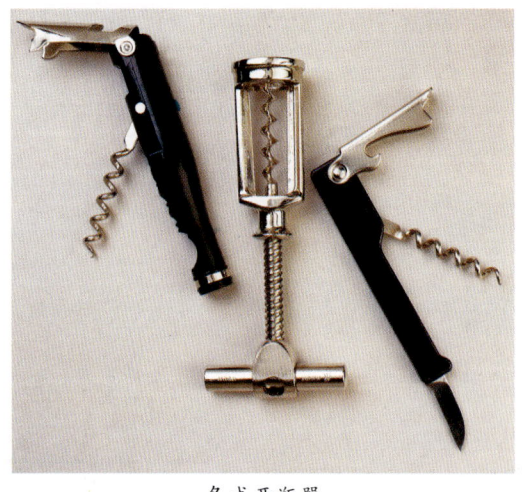

各式开瓶器

品饮之乐

最新型开瓶器。现在还有一种最新型的省力杠杆式开瓶器,可以固定在桌面,使开瓶时酒瓶不会晃动,只要把唯一的把手轻松按下再提起,木塞就拔出来了。但是价格高了些,大约在1000元人民币左右。

第三类是气压式,这是一个小瓶罐,头部有中空的细长尖刺,瓶罐内部充满了压缩二氧化碳气。使用时将尖刺完全刺入木塞内,不需转动拉扯,只要轻按瓶底,压缩的二氧化碳气就被推送入酒瓶内,而徐徐将木塞压挤出。这种方式轻松不费力,但每瓶售价千元左右,属消耗品,仅能供给开瓶80次。虽然每次开瓶都有像开香槟一样的砰一声,很有趣,但以经济效益来说,就没有杠杆式可永久使用来得经济。

第四类是电动式,这不知是为更懒的人设计的,还是为了展现其高科技。它长得像一把手枪,有螺旋体的头,外面有个透明罩子可套住固定酒瓶,把手内装四个电池,只要一按开关,螺旋体自动刺入木塞并拔取出来。这种开

夹取断裂木塞工具

瓶器好处是省力,缺点就是万一故障修理起来挺麻烦,又需常换电池。售价虽仅售二三百元,但使用得不那么普遍。

第五类是专为开香槟酒设计的一个头,称作香槟星,把它卡在香槟木塞上,轻轻旋转,当木塞被冲出开瓶时,木塞不会射到屋顶墙壁,仍卡在香槟星内,比较安全。它的售价约100元,不过不是必要的,香槟不用它也一样可以打开。

酒的守护神——软木塞

世界上使用的软木塞,有一半以上是由葡萄牙的软木橡树(Quercus Suber)树皮制成的。其实所有的树皮都有软木,但只有软木橡树的树皮才能制造出最佳品质和紧密度的瓶塞。

制酒过程的每一步骤和细节都很重要,软木塞也居于

软木塞花环吊饰

爱恋葡萄酒

植物盆景上铺满软木塞

一个重要的环节。软木可以配合瓶颈而制成不同形状、尺寸的木塞。一般而言，酒质好的葡萄酒都是用软木塞封瓶的；但软木塞封瓶的却不一定都是好酒。

软木塞品质的好坏会直接影响酒的品质。

一个结构组织良好的软木塞，并不是密不透气的，它能让极少量的空气逐渐进入酒瓶内，促使葡萄酒慢慢进行瓶内成长，而使酒质变得愈加醇厚。如果木塞完全密不透气，瓶内的酒就变成死酒，完全没有熟成的可能了。但是如果是一个不合格、结构松散不良的软木塞，会使大量空气及细菌进入酒瓶，将酒水氧化，甚至腐坏变味。因此说软木塞是酒的守护神，似乎一点也不夸张。

除了内在本质，外在因素也可能对软木塞造成很大的影响。例如软木塞的原木本身如果受到污染，就可能会有异味产生；清洁软木塞不够仔细，残存消毒药水，就会使酒质变化，味道改变；贮存木塞的环境如果不够清洁，或是环境中有异臭、霉味，也都会导致木塞发霉或有异味，进而影响酒的品质。

葡萄酒应横躺着贮存，使软木塞与瓶中的酒自然接触，保持湿润。湿润的木塞能阻绝空气，使酒质长期不受侵害。如果葡萄酒被直立存放于瓶内，易使酒氧化变味，同时瓶内酒香也易于散失良好风味。干燥的软木塞更使开瓶变得十分困难，因为随时会断裂散碎，不但弄脏桌子，木屑也掉落酒瓶内，即使酒质尚未改变，喝之前也需过滤清洁后才能品尝。

高级葡萄酒的软木塞上通常会印上年份、出产地、酒庄等，以示负责。开瓶品酒前先审视木塞上的字样，确定年份、酒庄无误，察看有无发霉污损，闻闻是酒香扑鼻还是霉味冲天，这都是鉴定酒质是否良好的辅助资料。

软木塞

品饮之乐

软木塞一经开瓶取出，体积就膨胀了，如有需要再塞回瓶口，必须倒转方向使用或先用小刀削去部分才行。大多数软木塞经开瓶后都不再使用。丢弃可惜，不妨学我的奥地利朋友，收集起来镶在木框里制成一幅画，或串成窗帘、装饰。我开餐厅时收到这样一幅软木塞画，不但有意义，令我感动不已，也获得很多客人赞赏。

谨慎开香槟酒

电影中常看到男女主角在大型派对上砰地一声把香槟打开，白色泡沫随之喷流出来洒在四周欢乐脸庞上的镜头。我住在维也纳时，每逢除夕半夜12点敲钟，人们会聚集在市中心大教堂前的广场，欢悦地手持香槟开瓶对饮庆祝。香槟真是一种最奇妙的酒，没有人会在苦闷时喝它，但在婚宴喜庆快乐的时候总是少不了它。香槟不但伴随着欢乐，更代表了名贵与豪华，尤其是在高级宴会上，以数百个酒杯堆砌成高高的香槟金字塔，用锋利的佩剑唰一声削去瓶盖，再从最高处的一个酒杯中倒酒，使酒液顺流注满下层再下层的酒杯，直到所有酒杯都注满了香槟酒，使豪华欢乐的气氛也达到最高潮。

不过这种自拿破仑时代起盛行于法国的削香槟开瓶法，可不是那么容易，而且还具有相当的危险性，我认为除非是搞噱头，否则不值得鼓励。倒是正规的香槟开瓶法是一定要学习的。开香槟对喜欢刺激的人来说是一种冒险尝试，非常有趣，但对餐厅服务员尤其是女性而言，却常是一件令人害怕而有心理压力的事情，其实这种害怕不是没有原因的，如果开瓶不慎，真的可能导致意外的发生。

开香槟酒时，首先把瓶顶的锡箔封套撕开拿掉，一手轻轻覆盖着瓶口木塞处，

开瓶前先让点酒人审视一下

用干净布巾压盖住木塞旋转

爱恋葡萄酒

爱恋葡萄酒

倒香槟时小心勿使泡沫溢流出来

另一手小心旋转除去铁丝保险罩。用手覆盖着是防范有时木塞较松，一除去铁丝罩，木塞立即自动被冲出。万一没注意冲射到眼睛，后果不堪设想。接着用干净的布巾压住瓶口木塞，把木塞和瓶身轻轻向相反方向旋转，只要木塞略松动，就会立即冲出瓶口，再用干净布巾把瓶口擦拭干净，开瓶工作就完成了。

要注意的是香槟酒价不便宜，开瓶前如果剧烈摇动，则酒瓶一开酒液就会喷流而出，不但浪费，而且酒液沾染到衣服也不好洗，尤其是粉红香槟。所以除非一定要制造喷酒效果，否则开瓶前不要晃动它。香槟酒瓶内的压力很大，每平方英寸有90磅的压力，相当于车胎内压力的3倍大，因此开瓶时木塞被冲出的力量很强，一定要用布巾按着比较安全。若是没有布而徒手开瓶，也一定不能对着人、玻璃窗或灯泡，以免造成意外伤害。香槟的最佳饮用温度是摄氏七到十度左右，因此喝以前要先冷藏冰过。但千万不要把香槟放在冰冻库内急速降温，因为酒瓶内的压力本身很大，冷冻使压力增加，瓶身抗拒不了就爆炸了。快乐地饮用香槟，可别因小小不慎造成悲剧。

品酒的艺术

一般人喝酒时，可能正在狂欢庆祝，可能正在大啖美食，也可能正在借酒浇愁。这些情况下，喝酒只是把酒倒入口中流过舌头灌进喉咙，只是为了助兴，喝酒本身只是一个配角，人们不去感觉，也感觉不出酒的味道，甚至不能分辨喝的是普通酒还是好酒，以及它们的差别在哪里。

所谓品酒就是品尝鉴赏酒。和品尝美食一样，需要动用到视觉、嗅觉和味觉器

品饮之乐

官，缺了任何一种感觉器官，品尝都会大打折扣。视觉方面是指将酒倒入酒杯后，用眼睛来观看。最好用无色透明高脚玻璃酒杯，以白色桌布或白色墙壁作背景来欣赏酒，是清澈的吗？是红紫色（年轻）的吗？酒汁由杯口向下滑时，是清淡如水还是浓稠得体？在看的时候就能得到许多资讯。一般而言白酒愈老颜色愈深，而红酒愈老就愈失去原本鲜艳的颜色。欣赏酒时，酒杯是一个相当重要的辅助角色，如果用有色玻璃杯，根本看不到酒的颜色，如果用普通喝水的直筒玻璃杯，握时手温会改变酒温，而影响品尝的感觉。另外，酒杯的造型也很重要，杯口要略向内缩以汇集香气，高挑的美腿也比矮肥短的杯脚令人觉得优雅。用高脚酒杯盛装葡萄酒，手指捏着长长的杯腿举杯饮用，而不像喝白兰地般手握杯肚，是最正确的持杯方式，也不致影响酒温。

其次说到嗅觉。人类闻味道是靠脑部右方鼻腔中的嗅觉器官，嗅觉要比任何其他的感觉更能迅速生动地激起记忆。品酒时把鼻子凑近酒杯（外国人鼻子长，甚至可以伸进酒杯）深深吸一口气，把闻到的印象表达出来。有没有怪味？是不是新鲜葡萄的气味？曾经闻过相似的气味吗？是否有在木桶或瓶中贮存过久衍生出的复杂味道？

品酒时在欣赏之后，嗅闻之前，通常会做的一个动作是晃杯。所谓晃杯，并不是拿着酒杯四处乱晃，而是将杯子放在桌上，不离开桌面，手持杯腿轻

品酒步骤一　欣赏酒色

品酒步骤二　晃杯

爱恋葡萄酒

爱恋葡萄酒

品酒步骤三　嗅闻

轻地晃动杯子，使酒液在杯中晃动。它的目的是要让酒与空气中的氧气结合，释放出酒香，以便于嗅闻香气。若是站立品酒，晃杯的动作更要轻柔，以免一晃之下酒汁四溅，不但浪费美酒，可能还波及他人。晃杯的动作只要短短三五秒钟，不必晃个不停。

酿酒葡萄各具特有的气味。常用心品尝葡萄酒，久而久之自然能分辨其不同处。在美国时，朋友之间聚会，常喜欢玩盲测的游戏。先把受测者眼睛蒙上，再分别放三五杯由不同葡萄品种酿的酒（如佳美、赤霞珠等），让受测者们先嗅闻，再品饮，看能分辨出几种酒及其正确性如何，行家常常不用喝，光是嗅闻即可分辨出来；不常品饮葡萄酒的人，有时连红、白酒都分不出来。我们乐此不疲，百玩不腻这游戏。

最后谈到味觉。味觉器官就是舌头，

品酒步骤四　喝入

品饮之乐

舌头上分布着上千个味蕾，食物溶液由味蕾进入，经过神经系统传到大脑的味觉中枢，分析后就产生各种味觉，也分辨出各种不同的滋味。人类基本的五种味觉是酸、甜、苦、辣、咸，在舌面上分布最能感受到的味蕾位置不同。舌尖特别感受甜味，舌尖两侧边缘特别感受咸味，舌头两边内侧边缘特别感受酸味，舌根部位特别感受苦味，辣味则是因刺激口腔黏膜和鼻腔黏膜而引起的痛觉。舌头的前后部位对味觉最敏感，舌尖反应细致迅速，但也消失得快；舌根的味感慢而持久，所以苦味会留在喉壁较长时间。另外，酒中单宁引起的涩味，会由舌头中部感受到。

品酒的最后步骤是喝一大口酒含在嘴里，用漱口的方式把酒在口中漱一漱，并含着酒微张嘴吸气，使分布在各处的味蕾能同时均匀地感受到酒液的味道，进而分析出酸甜苦涩各种味觉，同时口中的温度有助于酒的挥发，使鼻腔内的蒸发作用更易于感知实质的味觉。味觉的感知包括判断品饮的酒是清淡还是浓烈？是否像年轻酒般单宁涩口？酸度是否柔和和均匀等等。最后一口吞咽下（不会喝酒的人此时可把酒吐掉），再回味酒香是一瞬即逝还是流连许久？通常好酒的余味可保持15至20秒。

品酒过程中最难的部分，大概是在于要如何形容出所感受到的感觉，并与他人互相沟通分享。比较大而化之的人品尝后，可能只会简要地表达酸、甜、苦、涩……细致的人则会加上许多形容词。

讲究场合喝酒

大家都知道喝葡萄酒讲究要搭配食物，其实喝葡萄酒更要讲究搭配环境场合。场合不对，喝酒没有趣味，环境不对，喝了也是白费。为什么这么说呢？因为人的感觉器官很容易受到外在环境影响，而改变对食物色、香、味的知觉。如果环境甚至情绪不对，喝什么佳酿美酒、世界极品也是白搭。

比方说跟朋友们聚会，除非这一群朋友是懂酒、爱酒且专为品酒而来，否则大伙兴高采烈、高谈阔论，工作、事业、家庭、小孩还说不完呢，哪里在乎吃的是什么名菜美点？喝的是什么高级贵酒？这种场合喝的酒是为了助兴，大家目的不在吃

爱恋葡萄酒

在酒窖试酒

喝，因此喝什么样的酒都无所谓，一般品质的普通葡萄酒就足以应付，真喝名贵的酒，反而是糟蹋了。

如果是在餐厅用餐，这间餐厅清静优雅，厨师烹调手艺高超，这种环境下，就适合喝中上品质的佳酿，当然还需搭配食物选择适当的葡萄酒。但是如果这间餐厅烟雾弥漫，喧哗不堪，热闹非凡，人们在此追求的是欢乐而不是品味，同时你的感觉器官也一定受到干扰，这种环境下，喝的酒只要有普通级数，达到过瘾、放松、愉快的目的就行了。

如果是在自己家里喝葡萄酒，这个环境是绝对的轻松舒适，我认为就随自己意，爱喝什么就喝什么，不必拘泥于任何搭配。不管是睡前还是用餐，不管是在吃臭豆腐还是吃炸酱面，你想喝红酒就喝红酒，爱喝白酒就喝白酒。只要自己高兴，小酌浅饮有什么不可以？经济状况好的，尽可以每天品饮上品佳酿，普通收入的人喝等级普通的葡萄酒，营养价值与满足效果都是一样的。

欧洲人把葡萄酒看作是一种饮料，因此不但中餐晚餐时喝，聊天休息时喝，甚至散步走累了也随时进小酒馆当喝水般的喝一杯。因为是当水喝，喝的量不小，因此喝的绝大多数都是最普通的酒。在亚洲目前还见不到，那是一种两升大瓶装，甚至不用木塞而使用旋转瓶盖的酒。这种普通葡萄酒到店里喝，一杯1/8升(125ml)大约只要人民币十几元，人人喝得起。何况如果是在超市买了回家喝就更便宜了。欧洲人喝这种普通葡萄酒，除了喝酒纯

在酒庄品酒

品饮之乐

外,很多年轻人喜欢将红、白酒加苏打同喝,德文的专有名称是Weisswein Spritzen(白酒苏打)或Rotwein Spritzen(红酒苏打)。

如果是出国旅游,尤其是到酒产区游览,当然最好是当地特产什么酒,就喝那种酒。尤其可以听从当地人的建议以当地特产酒搭配当地特有的食物,相信能够领略更多的乐趣。真正要品尝陈年佳酿时,因为价格昂贵,一二人喝又喝不完,最好是三五同好或几对夫妻搭档,有志一同,分摊费用,大家一起在一个环境安宁、光线充足、温度适中、空气清新的地方细细地品尝那瓶酒,同时还可以交换心得意见,增进品饮乐趣。现代人工作繁忙,压力沉重,偶而不定期地聚会品饮,不但增添生活情趣,也促进了友谊交流,何乐不为?

何时喝最适口

我的岳父母不抽烟不喝酒,每逢有人送酒,多半是原封不动往柜子里放。认为反正酒是越陈越香又不会坏,就摆着吧!上个月他们出国看儿子,内人帮他们整理东西,翻出放在贮藏室柜子里已有20来年的金门大曲酒、虎骨酒,还有好几瓶德国白葡萄酒。白葡萄酒的标签都泛黄了,酒的颜色是深黄棕色。我打开一瓶尝尝,哇!酸得像醋。念国中的儿子问了个好问题:葡萄酒究竟应该什么时候喝,才是它的最佳状况?

世界上的葡萄酒有数万种,有的要很快喝掉,有的可以放上好几十年,甚至百年才值得喝,但有的贮存过久又会坏掉。到底要怎么知道何时喝最好呢?一般而言,普通白酒、玫瑰红酒、薄酒莱等,酿制之后要尽快喝掉,这些酒之可贵,在于其口味像新鲜水果一

古画　喝到坏酒很沮丧

喝到好酒很开心

样的清新、新鲜、富果香。如果贮存太久，尤其是贮存在橡木桶中太久，酒质受到橡木桶及渗入的少量氧气影响，容易迅速坏掉，光泽的颜色褪了，果香也不复存在，酒味更变得不甜又平淡。贮存在玻璃瓶中的酒比在橡木桶中的酒成熟得慢些，但优质的红、白酒酿制后在橡木桶的贮存，让酒能与少量的氧气及木桶本身缓慢接触，会使酒质更具特色、更形复杂而又和谐。若是贮存在玻璃瓶中，则这种变化或说熟成会慢得多。因此优质红白酒的最佳状况，决定因素在于该葡萄酒的成熟度与浓度。但装在瓶中的酒，实在很难用肉眼判断状况如何，有些人决定反正不管什么酒，一律存放5到15年；有些人则每一种多贮存几瓶，每年喝一瓶。开到最后一瓶大概就能盖棺论定它的最佳状况了。

我个人认为应该参考葡萄酒专家们的意见，以专家的经验弥补自己的不足，省时又省力。比方说英国的葡萄酒权威Hugh Johnson每年出一本小册子 *Hugh Johnson's Pocket Encyclopedia of Wine*，里面详细介绍全世界的良质酒及年份等。英国Wine杂志也定期制作"好酒指南"，评价一些精选酒的年份、售价及何时适饮等，这都是值得参考的资料。经由专家们的经验，我们至少知道葡萄牙产的马德拉酒和匈牙利产的特凯酒可以贮存上百年；大多数日常喝的普通酒则完全不需贮存，"现在"喝最好，除非你想试验贮存对这类酒的新鲜性和果香有何影响。

我们常看到报纸杂志或葡萄酒专书，谈及酒友们共同品尝了法国波尔多区某某年份的珍贵红酒有多棒或口感比想象差……云云，大家一起做评论，过程中充满冒险性、刺激性与聚会的欢乐。我以为这就是品尝好酒的乐趣所有，如果事先早已确实清楚每瓶酒的状况与口感，你还会去品尝它吗？

酒之温度

影响饮酒乐趣的最大因素是酒的温度。如果不信的话，试试看喝微温的白酒和冰凉的波尔多红酒，看看是不是挺扫兴的？就如同喝不加冰块甚至不冰的可乐一样，让人觉得很没味道。

为什么饮酒时的温度那么重要？因为我们辨别气味的嗅觉器官，仅对蒸发气体的味道容易感觉到。而红酒的分子比重较

品饮之乐

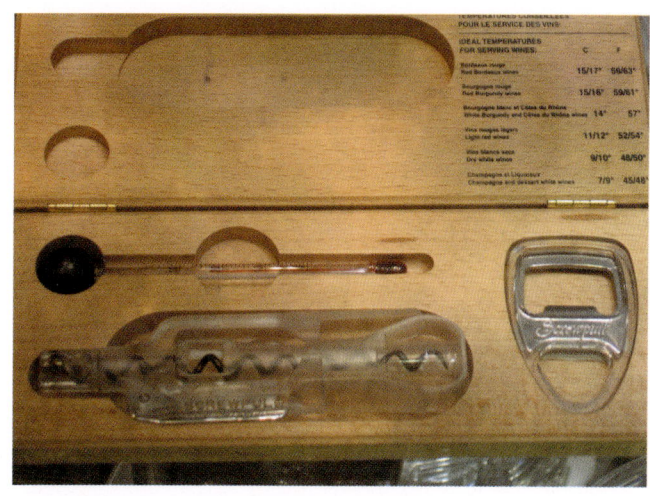

测酒温计与开瓶器

大，因此挥发性比白酒差。在"室温"下饮用红酒，是为了使酒温到达香气蒸发的开始，因此饮用红酒时才能充分嗅闻到它的美妙芬芳。所谓室温概略指的是欧洲的室内温度，而最适合红酒的饮用温度视葡萄品种的挥发性不同而略有不同。一般而言波尔多地区红酒及加州上好的赤霞珠适合在摄氏16到18度之间饮用；布根地地区红酒和加州的黑比诺红酒适合在摄氏14到16度之间饮用；较淡的金芬黛粉红酒适合在摄氏12到14度之间饮用；而薄酒莱红酒挥发性低适合在摄氏10到12度之间饮用。

最佳德国干（DRY）白酒及加州的长相思和查当尼白酒适合在摄氏10到12度之间饮用；法国夏布利白酒和年份香槟及好的德国白酒适合在摄氏八到十度之间饮用；非年份香槟、阿尔萨斯的雷司令（Alsace Riesling）、加州的莎当妮（Chardonnay）和白诗南（Chenin Blanc）白酒等适合在摄氏六到八度之间饮用；法国苏代甜白酒、匈牙利的特凯甜白酒、一般气泡酒、德国的蓝尼姑（Lieberfraumilch）白酒，德国等级最低的日常餐酒（Tablewein）、德国晚收成特级良质酒（Spätlese）和选串特级良质酒（Auslese）等适合饮用的温度在摄氏四到七度之间。

红酒饮用前若酒温过高可略冰一下至适当温度；若刚由酒窖内取出温度过低，则可把酒先过滤倒入换装瓶，再把换装瓶浸在摄氏21度的水中使酒温缓缓上升。

另一款测酒温计

爱恋葡萄酒

白酒饮用前只要先放在冰箱内冷藏就可达到适当的温度。如果时间急迫，可以把白酒浸在放冰块水的冰桶里，酒会在20分钟内到达适当温度。如果还需要更快速，则可在冰块水内再加一点盐。盐会吸收冰块内的温度，使周围的温度更迅速降低，而使白酒冰得更快些。但须随时留意以免温度过低而影响饮用的口感及香味。用冰桶冰较长的酒瓶时，可以先把酒瓶倒放冰桶内，使酒瓶颈部先冷却，再反过来冰瓶身。酒的温度虽然重要，但要一一记清楚是有点麻烦，如果你不是那么介意温度，那么只要记得一般红酒在14到18度，白酒在8到12度之间大致就错不了了。

让酒呼吸

一样是吃饭，有的人狼吞虎咽，有的人细嚼慢咽。一样是喝葡萄酒，有的人大口牛饮，有的人轻啜细品。无论是哪一种方式，如果能够知道品尝的方式与技巧，都可以增进品饮的乐趣。

有些人一定觉得奇怪，酒还需要呼吸吗？是不是喝醉了要醒酒？其实好的红酒在喝之前，的确需要让它呼吸，呼吸过后酒就苏醒了。这究竟是什么意思呢？原来红酒在酿造好装瓶时，并未经过杀菌的程序，也就是说装瓶后的红酒里面仍有活的酵母菌，因为与氧气隔绝，因此抑制了它们的活动。红酒开瓶之后，酒液得以与大量空气接触，原本就是活的酵母菌渐渐复苏，酒中的单宁接触氧气后，也变得柔和而降低苦涩，使酒的香气和特性能充分发挥。

只要是好的红酒，无论是新酒老酒在饮用前都需要呼吸。所谓新酒一般指的是年份较近，在十年内的酒。新酒由于瓶内熟成还不够，所含单宁的苦涩味较重，因此开瓶后需要较多的氧气来进行氧化作用，缓和单宁的苦涩。但是仅把软木塞拔

简单法沪酒和让酒呼吸

品饮之乐

开,短时间内并没有多少空气进入瓶中与酒接触,因此便需要把酒倒出换瓶,使酒液在流出的过程中增加与氧气的接触,或是直接倒入杯中,轻轻摇晃,使酒液在摇摆晃动中快速与空气接触。新酒呼吸的时间大约是一至两小时。所谓老酒,一般指的是年份在十年以上的红酒。由于在瓶中熟成时间较长,单宁的苦涩味不那么重,同时老酒常常比较脆弱,因此呼吸时间不需要太长,大约30分钟至一小时就够了。酒内若有沉淀物需换瓶处理,那么呼吸的时间可能要更短。只要酒的香气能充分发挥,就要尽快饮用,否则香气败坏,味道也会迅速变酸。

但是老酒新酒只是一个笼统的说法,因为每瓶酒贮存熟成的时间不同,所需要的呼吸醒酒时间自然也不同,没有标准答案。这需要有多次的品尝经验,还需每次记录,久而久之才能比较准确地判断呼吸多久最适当。

传统奥式盛酒器

喜欢大块吃肉大口喝酒的人,往往没有耐性等待呼吸醒酒后再品尝佳酿。其实,只要在用餐前一两小时先开瓶,或是提早把红酒送去餐厅,请服务人员代劳,用餐的时候就不必再等待了。尽可能试试看在呼吸前、呼吸中途与呼吸后的红酒酒味有何不同,品酒的乐趣就在其中。

换瓶

朋友老何是高科技人才,上个月赴英国参加一项国际会议。为了避免在正式场合出丑闹笑话,行前曾先到我这儿临时补了一些餐饮礼节和西餐餐具的使用等知识。他回国后专程来向我致谢,因为教给他的这些餐饮知识确实让他在与各国人士共进晚餐及参加宴会时无往不利,表现得落落大方,做了一次成功的国民外交。

爱恋葡萄酒

满布助发酵霉菌的珍且昂贵葡萄酒

他说英、法等国代表都很讶异,远在福尔摩莎中国台湾的人居然也挺有品味,能够欣赏他们最爱的葡萄酒。但是有一晚,在一家高级餐厅用餐前,他看到侍者取来一瓶1961年的波尔多红葡萄酒,开瓶后不直接为客人斟酒,却慎重其事地就着根蜡烛,把酒倒入另一个大肚瓶中,再由大肚瓶倒酒给大家。老何问我为什么要换一个瓶子?不嫌麻烦吗?是不是在耍什么特别的噱头?

原来他看到的这个程序就是陈年红酒换瓶的过程。陈年红酒在瓶内贮存熟成的过程中,到了一定时间就会自然产生沉淀物,这些沉淀物初形成时像粉末、颗粒,时间愈久甚至变得像茶叶般的片状。沉淀物的产生并不影响酒质,但品饮时一口喝下满是渣末的美酒,实在是扫兴之极,而且使品饮的效果打折,因此对于陈年红酒有换瓶的必要。换瓶的目的除了将沉淀物与酒分开,使酒色清澄,还能在把酒流注入新瓶的过程中,增加红酒与氧气的接触,把浓郁的香气散发开来,使酒味更沉蕴美妙。

换瓶之前先把酒瓶直立,使沉淀物完全沉到底部,然后要把酒瓶口的全部签封除去,而不是一般开瓶仅除去瓶盖处一小圈,因为签封会挡住视线,使你看不到换瓶时酒流过瓶颈的状况。再点一根蜡烛放在酒瓶后面,一手持酒瓶,慢慢地把酒倒入另一个干净无异味的玻璃或水晶大肚瓶中。就着烛光才可以清楚透过那深棕色或墨绿色酒瓶,观察到沉淀物是否要流到瓶

葡萄酒换瓶用酒器

品饮之乐

另一款葡萄酒换瓶用酒器

息,使品饮更有乐趣,且烛火的强弱适中,又不刺眼,便于观察换瓶。当然用其他任何光源都可以,只是不能太强太刺眼,否则眼睛都睁不开了,还能观察什么?

在为陈年红酒换瓶时,虽依照步骤小心慢慢地操作,但只要稍有不慎,可能还是会有少许沉淀物掉入新瓶,这时候可不能像小孩办家家酒似的把酒再倒过来倒过去。国外或专业酒坊有专为红酒换瓶设计造型漂亮的银白色金属雕花过滤器,除了有可拆下清洗的细密金属过滤网外,还有长长的嘴,便于使酒流入新瓶中,但小小一个售价就要人民币千元以上。我最近在坊间发现一种金属滤茶器,一样有细密的金属过滤网,每个才卖人民币十几元,拿来代用为滤酒器挺不错,只是换装的新瓶瓶口要大些才好用。

口了,而能立即停止倒酒。点蜡烛除了是维持传统方式外,我认为更能增添浪漫气

最佳酒杯

中国人自古至今以喝烈酒居多,对酒杯没有也不需特别的讲究,无论是青铜的、陶瓷的、玻璃的,只要能方便盛酒饮用就行了。西方人就不同了,他们对于酒杯有各种要求,这可能是为了展现他们饮酒时的细心,或是长期风俗习惯的养成,也可能是拘泥于传统规定的礼仪,

因此不同类型的酒要搭配不同式样的杯子。当然,用不同的酒杯喝酒,实际上对酒质好坏丝毫没有影响,但对饮酒人的感官上,则提高了享受的乐趣和愉悦。

酒杯以无色透明玻璃制品为最佳,因为可以随时观赏到饮用酒的色泽清浊。无论喝什么酒,杯子用过后最好以温热水擦

爱恋葡萄酒

彩纹雕花酒杯（细长型为香槟杯，圆胖型为葡萄酒杯）

拭洗净，再趁着杯子犹有余温时，用棉质干净的布把它擦干、擦亮，但要注意不可有纤维粘在杯子上面。也就是说棉布不可全新的就拿来擦拭杯子，最好下水漂洗过几次，晾干再用。杯子擦干若收在橱柜中，杯口不要向下扣着放置，最好把橱柜弄干净，杯口向上，以免沾上橱柜的味道。取出杯子时若仍沾有味道，则需重新清洗过。最好的放置酒杯方式，当然是像餐厅吧台上装设架子，把酒杯倒挂着为佳。

西式酒杯一般可分为几类，其余只是造型、花样的变化而已。

（一）葡萄酒杯(Wine Glass)：多是杯肚略大，杯口略向内缩的形式。红白酒的酒杯可以合用，但一定要区分成两套的话，红酒杯杯口要比白酒杯略开，以增加与氧气的接触面，且习惯上白酒杯比红酒杯略小一点。

（二）白兰地杯（Brandy Glass）：一定是大肚矮杯、杯口向内缩的形式，便于饮用时用手掌托杯，以手温酒，使蒸发出的香气袅绕在杯中，有助于品饮的口感享受。

（三）香槟杯（Champagne Glass）：最新最适当的所谓郁金香型杯，也就是杯身细长，杯口略向内缩的形式，以收聚香槟酒最珍贵的气泡不易散失。旧型

品饮之乐

高脚透明葡萄酒杯（左白酒杯，右红酒杯）

香槟杯是像鸡尾酒杯般宽杯阔口的，会使气泡散失太快，现代已不再使用。

（四）威士忌杯（Shot Glass）：通常是直身无座的半高玻璃杯，有方形和圆形两种，造型极稳重。

（五）利口酒杯（Liqueur Glass）：如一般高脚酒杯的形式，但酒杯娇小可爱。因香甜烈酒在饭后饮用量极少，因此酒杯不需设计过大。

（六）雪莉酒杯（Sherry Glass）：杯子比葡萄酒杯略细长，杯口不向内收。除盛装雪莉酒外，也可盛装马丁尼酒（Martini）。

（七）啤酒杯（Beer Glass）：啤酒杯一定容量较大，一般有直形高脚及粗壮喇口杯型两

类。当然还有巧思设计的靴形玻璃杯，以及德奥陶瓷音乐传统杯等，有许多造型。

西式酒杯容量很重要，不可过大或过小。所有国家中，德国、奥地利的玻璃杯上规定一定要有容量刻度，使大家一目了然。在德奥两国，餐厅菜单上会注明酒量及酒价，到餐厅点酒，若酒未超过杯上的刻度，客人可抗议要求加酒。也有检查单位会抽查有无餐厅老板故意少倒酒欺瞒客人，会被罚钱。点啤酒时，若不是整瓶给你，也要把酒汁加到杯子画线处，其余空间才盛装泡沫，绝不可半杯酒半杯泡沫倒给客人。我很喜欢这种有刻度的酒杯，可以清楚知道一天喝了多少量的酒。中国（含台湾）绝大部分餐厅的葡萄酒杯都不注明容量，问服务员，他们顶多只以大杯小杯回答。这在我看来是一种服务不佳、不求甚解，而且不负责任的表现，这方面实在有必要向德国、奥地利学习学习！

不同颜色的利口酒酒杯（每人一种颜色才不会混淆）

爱恋葡萄酒

葡萄酒也能变花样

小酒馆

近年来葡萄酒在我国台湾大受欢迎，上自达官显要，下至贩夫走卒，男女老少，莫不以喝葡萄酒为时髦、有水准、有品味的表象。品饮葡萄酒俨然已经成为继买卖股票之后的另一个全民运动了。

前两天，大姨子拿了个流行于她们办公室同事间的洋葱红酒养生偏方，问我是否真有活络筋骨、控制高血压之效，偏方上是以两颗对切开的洋葱与一瓶红酒的比例浸泡三天，取出洋葱后即可饮用。我在欧美居住多年，还未听过这种喝法，可能这是由日本传来的偏方。我虽还没试饮，但活络筋骨，帮助循环，降低血压等功效，似乎只要是葡萄酒都有这种作用。我认为浸泡洋葱只是以其内含的甜味辛辣中和红酒原有的酸涩，使得较易入口而已。要说到养生葡萄酒，国内早已由专家配制生产出多款不同的酒种。比方说以陈酿上等白葡萄酒为基酒，以桂花为香料酿制成的北京桂花陈酒；以人参酒和陈酿白葡萄酒调配而成的吉林人参葡萄酒；以红葡萄酒为基酒，配以丁香，番红花，桂皮等十数种中药材浸渍液调制成的北京丁香葡萄酒等等。养生葡萄酒除风味独特、营养丰富外，还各有不同的疗效，饮用前最好先确定其功效何在，以免补得不得法，效果适得其反。

居住在维也纳时，因为开餐厅的缘故接触比较多，对奥地利人各种喝红白酒的组合方法了解不少，提供一些给读者们尝试看看，或许在尝试的同时又脑力激荡出更新的点子：

（一）白酒加苏打(Weissgespritizt)，比例是一半一半。

（二）红酒加苏打(Rotgespritizt)，比例也是各半。红、白酒添加苏打水，可稀释掉酒精，味道淡些，略带气泡使喝时更爽口，不知不觉会多喝几杯。

（三）红酒加可乐 (Colarot)，红酒和

品饮之乐

可乐各半。用甜香可乐中和红酒的酸涩，使更易于入口。奥地利年轻人满１６岁刚开始合法喝葡萄酒时，常喜欢以这种略甜的红酒入门。中、老年人则很少如此喝。

（四）红酒加橙子汁（Gestaubt），比例各占一半，以橙子汁的香甜中和红酒的酸涩口感，也是年轻人的最爱之一。

（五）白酒加７－ＵＰ，比例各占一半。以清甜汽水中和酸涩白酒，使口感清新振奋，容易入口，喝了还想再喝，往往一杯接一杯欲罢不能。

（六）许杜（Sturm），这只有每年十月才能喝到用葡萄发酵酿的酒精饮料，它不耐久存，要在当月喝掉。没有过滤，呈白浊颜色，酒精度与口味介于葡萄汁和葡萄酒之间，香甜适口，很受当地人喜爱，甚至小孩也可以喝。

（七）莫斯特（Most），不是用葡萄酿制，而是用苹果发酵酿制而成。也是只在每年十月才有，口味介于苹果汁与苹果酒之间，可说是一种含酒精的苹果汁，不耐久存，但清甜爽口，颜色清澄如琥珀，十分受人喜爱。

（八）奥地利烧酒（Gluhwein），这是奥地利人在冬天气候酷寒时最爱的提神热饮。可曾想过红酒也可以热来喝？把红酒放在锅中加温，加上橙子皮、肉桂棒、丁香等香料同煮至沸腾，即可熄火饮用。在德国也很流行。

（九）失恋咖啡（Wine Coffee），把红酒当水放入意大利咖啡壶内煮咖啡，再以蜂蜜调甜度。取名失恋咖啡是因为喝来又酸又苦，简直就是失恋心情的写照。

以上只是奥地利人喝葡萄酒的一些变化，绝大多数当地人还是喝纯的红、白酒。但无论是纯喝还是加料，饮用的都是最普通的日常餐酒，没有人常常喝贵酒，更绝对不会用昂贵的酒来加料饮用。日常餐酒通常口味比较中庸，没有甜度，但也不会太过酸涩，最重要是价钱低廉，一般人才能负担得起经常饮用。

酒庄旧推车变成花架饰物

爱恋葡萄酒

83

流行的葡萄鸡尾酒

用多种红、白葡萄酒创作出的抽象画

欧美人士喝葡萄酒喝了数千年，绝大部分是依照传统方式饮用。但是最近这几年，一些喜欢创新发展的年轻族群，尝试把各种口味的葡萄酒和果汁、苏打、水果等混合，希望创造更多低酒精、爽口宜人的健康新鲜饮料。这种新的饮料被称为葡萄鸡尾酒，愈来愈受人喜爱，颇有与传统鸡尾酒抗衡之势。葡萄鸡尾酒受欢迎，主要原因是它的酒精度低，清甜易入口，不会麻痹味蕾的感觉功能，而且标榜健康诉求，色彩变化丰富，又不需拘泥使用葡萄酒杯，可以选用各种不同造型的花式杯，使饮用葡萄酒更富乐趣。

调制葡萄鸡尾酒最重要的原则，就是不需要使用昂贵的极品佳酿，只要用最普遍的日常餐酒就可以了。因为经过混合调配，喝的人着重的不是单一葡萄酒原味，而是混合后的清新口感，因此使用300元一瓶或30000元一瓶的葡萄酒，对调制葡萄鸡尾酒来说，效果是一样的，比较要注意的是选用的葡萄酒口味是酸、干还是甜。

以下提几种简单易做，也是欧美最流行的葡萄鸡尾酒调配法，供读者们参考尝试。

（一）贝里尼（Bellini）

材料：

1. 意大利桃子汁(3oz)
2. 柠檬汁(1/6茶匙)
3. 冰凉干型口味气泡酒(3oz)
4. 黑浆果汁或红石榴糖浆(1/6茶匙)

做法：（1）将冷藏冰凉的桃子汁倒入香槟杯内。

(2)将柠檬汁加入。

(3)再加入黑浆果汁或红石榴糖浆以调色。

(4)最后注满冰凉的气泡酒。

（二）主教（Bishop）

材料：

1. 柠檬挤汁(1/4个)
2. 橙子挤汁(1/4个)
3. 白糖粉(1茶匙)
4. 布根地白酒(适量)

做法：

(1) 将柠檬汁、橙子汁、糖粉及少

许白酒和冰块同用雪克杯摇匀，过滤倒入圆直杯内。

（2）加入两个冰块，再注满白酒，搅匀即可。

（三）克拉瑞凉饮（Claret Cobbler）

材料：

1．糖粉(1茶匙)

2．苏打水(2oz)

3．波尔多的淡红葡萄酒（CLARET，3oz）

做法：

（1）在高脚红酒杯中，将糖粉溶于苏打水。

（2）注入淡红酒，再加几个冰块搅匀，以水果装饰，附根吸管。

（四）可可马柯（Cocomacoque）

材料：

1．柠檬汁(1/2个)

2．凤梨汁(2oz)

3．橙子汁(2oz)

4．淡兰姆酒(LIGHT RUM，1.5oz)

5．红酒(2oz)

做法：

（1）将柠檬汁、橙子汁、凤梨汁一同摇匀。倒入已放冰块的圆直杯内。

（2）将红酒加入，以凤梨块装饰。

（五）菲诺马丁尼（Fino Martini）

材料：

1．琴酒（Gin，2oz）

2．菲诺雪莉酒（Fino Sherry，2茶匙）

做法：

（1）将琴酒、菲诺莉酒及冰块同放入搅拌杯中搅匀。

（2）过滤倒入鸡尾酒杯内，以柠檬皮卷装饰杯缘。

（六）琴酒珊格瑞（Gin Sangaree）

材料：

1．糖粉(1/2茶匙)

2．水(1茶匙)

3．琴酒(2oz)

4．波特酒(Port，1汤匙)

5．苏打水(适量)

6．荳蔻粉（Nutmeg，少许）

做法：

（1）将糖粉、水、琴酒混匀，倒入已放冰块的圆直杯中。

（2）注入八分满苏打水，搅匀。

（3）用汤匙把波特酒轻放在杯内上

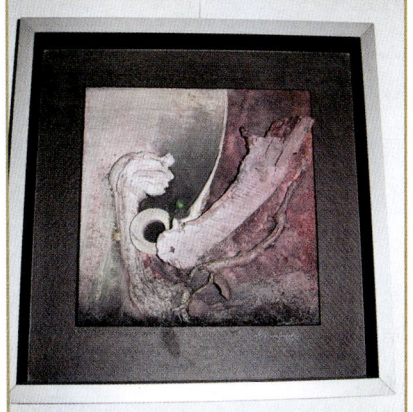

用葡萄酒与枝梗创作的立体抽象画

端，略洒些壹蔻粉即可。

（七）金冻（Golden Frappe）

材料：

1．橙子汁(1杯)

2．柠檬汁(2汤匙)

3．糖(1茶匙)

4．波特酒(1杯)

做法：

用葡萄相关材料作画

（1）将橙子汁、柠檬汁、糖同放在圆直杯内，搅匀。

（2）加入碎冰块及波特酒即可。

（八）炽热牙买加（Jamaica Glow）

材料：

1．琴酒(1oz)

2．淡红酒(1汤匙)

3．橙子汁(1汤匙)

4．牙买加兰姆酒(1茶匙)

做法：

1．将材料全放入雪克杯内加满冰块，摇匀。

2．过滤倒入鸡尾酒杯中。

（九）科尔（Kir）

材料：

1．白酒(3oz)

2．蓝莓糖浆（Creme de Cassis, 1/6茶匙）

做法：

1．短圆杯内加入冰块，再将酒倒入。

2．将蓝莓糖浆倒入杯中，以柠檬皮卷装饰。

（十）红酒柠檬水（Claret Lemonade）

材料：

1．糖粉(2茶匙)

2．柠檬挤汁(1个)

3．淡红酒或红酒(2oz)

做法：

1．在圆直杯中将糖粉和柠檬汁混匀。

2．将冰块及水加入杯中约五分满。

3．最后再倒入酒使飘浮在最上层。

4．以柠檬片及樱桃装饰，附吸管。

（十一）凤梨冻饮（Pineapple Cooler）

材料：

1．凤梨汁(2oz)

2．糖粉(1/2茶匙)

3．苏打水(2oz)

4．白酒(1oz)

做法：

（1）将凤梨汁、糖粉、白酒同放入圆直杯中搅匀。

（2）加入冰块数个。

品饮之乐

(3) 注入苏打水再搅匀。
(4) 放入柠檬皮卷装饰。

(十二)夏洛特女王 (Queen Charlotte)

材料：

1．淡红酒或红酒(2oz)
2．红石榴糖浆(1oz)
3．柠檬苏打(适量)

做法：

(1) 将圆直杯内加数个冰块。
(2) 将酒和糖浆加入杯中。
(3) 以柠檬苏打注入至八分满，搅匀，附吸管。

不一样的三八节

三月八日妇女节虽然不是国定假日，在日历上也不是红日，但一些外国公司对于这一天仍上班的女性依然发给双倍薪水，以感谢她们的辛劳。今年的三月八日正逢礼拜六，外商公司无须上班，本地公司也多仅是上半天班，内人及她的一些同好决定要40年来第一次过一个不一样的妇女节，自己庆祝一下，而我正是她们计划中的最大关键。她们的计划是下午三点钟到我家，跟我学做那别处也有，但口味差我一截的世界著名点心提拉米苏Tiramisu，剩下的时间就喝下午茶聊天。晚餐则包括开胃菜、汤、色拉、两道不同的主菜，跟我边学现吃再配上适当的葡萄酒。既可好好享用一餐在外面绝对吃不到的美食打打牙祭，又可学套本事，以备有客来访（尤其是外国人）时，能表演一手高级又轻松的手艺。自从我不开餐厅之后，与内人较有时间国内外到处品尝考察，长久以来累积了不少心得。现代妇女忙于

麻辣牛排

爱恋葡萄酒

爱恋葡萄酒

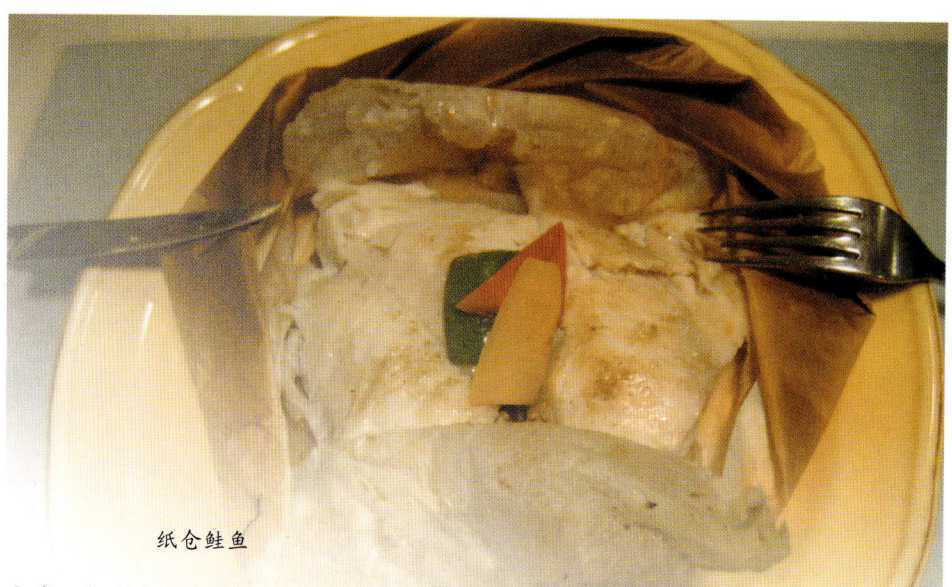

纸仓鲑鱼

上班、打理老公和孩子们之余，居然还有心再多学点实际的西餐烹饪，也就毫不考虑地答应了。我愿意帮她们过一个充实愉快又有意义的40岁三八节。

计划妥当后，积极采购、备齐材料。当天下午六位女士准时到达，我们花了一个半小时把点心做好冷藏起来，距晚餐还有两个小时，大伙边喝咖啡边吃我早上烤的各式饼干，整个客厅洋溢着轻松愉快的气氛。我想这就是吃西餐的好处，主人可和客人同坐聊天。如果是吃中餐，我现在怕不忙得晕头转向，哪还有时间谈话呢？

晚餐的开胃菜是伊朗进口的贝鲁加鱼子酱(Beluga Caviar)，用我现烘烤的奶油小脆饼，上面铺满灰黑色饱满的鱼子酱和洋葱蛋酱，一口一个，鲜甜爽口。女士们为了庆祝她们的节日，开了一瓶冰透的泰廷爵香槟(Taittinger)搭配鱼子酱同饮。接下来大家分工合作，边做蛤蜊巧达汤，边打色拉用的油醋调味汁，边清洗色拉蔬菜，半个小时就大功告成。女士们愉快地品尝着刚才完成的杰作，收拾清洗碗盘的

提拉米苏甜点

品饮之乐

工作就交由小犬代劳。接下来要准备主菜了，主菜有两种，一是麻辣牛排，一是纸包鲑鱼。我们先用羊皮纸(Parchment Paper)把鲑鱼、虾仁、白菇……等包好放入烤箱，利用烘烤的时间来煎牛排，这样两种主菜才能同时上桌。牛排煎好配上特调的麻辣香料粉，再烫些彩椒青花菜作配菜，一盘盘漂亮的西餐就完成了。三位吃牛排的女士开了一瓶法国波尔多区 Ch. Lafon Rochet 1988 年份的红酒佐餐，这支酒果香强劲又不失平顺，是二级酒中的佼佼者。四位吃纸包鲑鱼的女士们则选了法国布根地区布蒙谷地的 Puligny Montrachet 1994 年份的白酒配餐，这支酒具独特复杂的香味，是限量生产的一支代表作。吃完了主菜，大伙已经七分饱，由于边做边吃，现在已是晚上九点钟了。取出下午做好的点心——提拉米苏，撒上可可粉并切块排盘做盘饰。我选了德国摩泽区(Mosel—Saar—Ruwer)的一瓶雷司令葡萄品种酿的 Spätlese 酒来搭配甜点。这瓶酒口感微甜，配甜点是再适合不过了。最后每人再喝一杯解脂去油助消化的浓缩咖啡，在喜悦满足下为今天画上了完美句点。

虽然边做边吃使大家必须跑来跑去，不像在餐厅吃西餐那么优雅闲适，但大伙一致觉得获益良多，了解原来西餐一点也不难，每道菜都是几分钟就烹调好了，自己也能做。这个三月八日有品酒、有聚餐、有学习、有闲谈，我想比别人打牌、逛街、看电影要有意义多了。

饭后喝的甜白酒

爱恋葡萄酒

爱恋葡萄酒

消费之道

消费之道

买酒停看听

多年前我在台湾地区开餐厅的时侯,用餐客人开瓶葡萄酒喝的比例不是很高。这几年喝葡萄酒的风气愈来愈盛,不只是西餐,连吃中餐也讲究搭配葡萄酒。交际应酬时有它,年节送礼也少不了它,市面上包装精美的葡萄酒礼盒,各种各样多得不胜枚举。面对琳琅满目的葡萄酒,朋友们常向我讨教到底应该如何选择?

台湾地区虽然不产葡萄酒,但葡萄酒几乎随处可见。超级市场、百货公司、量贩店、酒类专卖店,甚至卖家电、卖汽车的公司在葡萄酒热潮时也都纷纷辟一角来卖葡萄酒。葡萄酒如果是买给自己喝,倒还无所谓,如果是买了送人,那首先要弄清楚对方喜欢的口味是酸是甜,还是根本不喝葡萄酒,干脆买别的礼物。

买葡萄酒时要注意许多事项,最基本的是要观察卖酒者对酒的贮存方式,如果用强烈灯光直接照射酒瓶,将酒瓶直立放置或横放酒但酒液未浸到木塞,以及存放酒的房间温度过高,都会导致酒质改变。无论在欧洲、美国或中国台湾,我个人若

超市酒架

爱恋葡萄酒

是买普通葡萄酒，有可能到超级市场买。但买值得存放的好酒时，绝不到超市买，一则因为通常超市也不卖太贵的酒，所以想买好酒也买不到。尤其是美国的超市，100元以上的酒就是极贵重的酒了，经常是被用玻璃柜锁着的，不能以开架陈列。再则因为超市的酒，即使符合所有贮存的理想条件，但免不了被每天来来往往的消费者你摸一下，他碰一下，手温和摇晃碰触对酒质也是有损伤的。

另外还要观察酒瓶是否有破损？酒的标签是否完整？如果是就表示厂商运送酒时不小心注意，那么对敏感的葡萄酒可能造成无法弥补的坏影响。此外还需要检查瓶盖是否紧密？有无发霉？有无酒渗出？如果有大量空气进入酒瓶内，会导致酒质变化，更需要对着灯光检查一下酒的透明度与颜色，看看是否混浊？有无杂质？如果买的是陈年红酒，可能在底部会

有沉淀物，那和酒质混浊是不同的，并不表示那瓶酒坏掉了，同样的，若买的是陈年白酒，瓶底略有糖份的结晶物，也不表示酒已变质，这是要分清楚的。

购买葡萄酒先要确定预算，再在价格适当的酒中挑选合宜的。买名牌葡萄酒，年份近的比买年份久远的要便宜，经济许可的话不妨多买些，只要贮存恰当，耐心地等候，价格每年会调涨，算起来比买年份远的要划算。最后，在买葡萄酒时要注意标签字样，确定是否为原产地酒。例如坊间有"加州香槟"、"澳洲香槟"，"香槟"字样写得大大的，"加州"和"澳洲"则像蚊子般小，很容易忽略，如果误以为是法国香槟区产的香槟，价钱可要贵上几倍了。

要想称心地买到合宜的葡萄酒，除了注意以上各项外，更重要的是先对葡萄酒有些基本认识，那么买酒就不只是选购商品，而成为一种鉴赏的艺术了。

年份重要吗？

自1993年台湾地区葡萄酒市场有人推出1961年份的六款法国波尔多地区五大酒庄产的酒，包括Chateau Lafite Rothschild、Chateau Mouton Rothschild、Chateau Latour、Chateau Margaux、Chateau Haut-Brion，受到爱酒人士的抢购，此后法国有名酒庄产的年份酒就逐渐被炒热。为什么大家这么重视年份呢？

所谓年份指的是葡萄收成的那一

消费之道

1982年法国布根地 Romanee-conti 的葡萄酒

年，每一年称为一个年份。累积许多年葡萄收成的统计资料整理在一起，就是葡萄酒的年份表。由年份表上可以看出每一年的气候状况，好的气候就造成好（葡萄）年份。除香槟外，好的葡萄酒都在酒瓶上注明年份。这个"年份"是有标规定而不能乱的，它意味着瓶中的葡萄酒全部或绝大部分由来自哪一年生产的葡萄所酿造。

葡萄酒的好年份是指该年气候良好，阳光充足，使葡萄的成熟度和收成量都理想，当然酿出的酒便能保持独特风格与特性。葡萄酒的坏年份则是指该年气候恶劣，日照不足，葡萄的成熟度和收成量都不理想，而使一般酿出的酒酒精度不够，酸性过高，酒质单薄无个性。好年份产的葡萄一般素质都应该水准之上，但坏年份产的葡萄酒未必都差，仍然会有些好品质酒出现。因为那些著名的酒庄为保持声誉，不惜严格挑选葡萄，只采用完全成熟的来酿酒，而将其余未熟葡萄放弃。这样虽然会使产

爱恋葡萄酒

1992年法国波尔多五大酒庄之一的 Mouton Rothschild 酒庄生产的葡萄酒

1981年法国波尔多 Petrus 酒庄生产的葡萄酒

1978年法国波尔多 Ch. Mouton Rothschild 的葡萄酒

量下跌，成本增加，但酿出的酒品质却能维持一定水准。

好酒庄的好年份葡萄酒，价格飙涨得非常厉害。由于物以稀为贵，好年份的陈年老酒更是接近天价。从前只有美国人抢购，现在东方人也加入炒作，使好年份葡萄酒价格节节上升。炒作的还不仅是陈年老酒，连未来酒也一并炒作，据说已有许多人抢着订购2002年所产，而会在公元2010年上市出售的名酒庄葡萄酒了，每瓶售价由人民币1000元起不等。其实年份对于普通的葡萄酒可说是毫无意义，唯一用途是使一般饮用者知道那是何年生产的酒，几时该喝光，以免过期酒质老化或不堪饮用。

我以为不需要过度迷信年份，因为如果懂得挑选好酒庄，在差年份里也一样可以找到高品质的好酒。而且差年份的酒价比好年份的通常要便宜实惠，对经济能力有限的消费者是更好的选择。另外对没有耐性等候的人来说，差年份的葡萄酒比好年份的更适合，因为好年份的葡萄酒一般需要比较长时间的熟成才能达到高峰，而差年份的葡萄酒就熟成得很快，不需等待太久就可以饮用。所以不需要一窝蜂地追求好年份。

小酒标，大趣味

嗜好人人皆有，但各人的嗜好常不相同。对于喜爱品饮葡萄酒的人来说，常会有一个共同的嗜好，就是收集酒瓶上的标签。收集酒标的方式人人不同，有人以酒的类别区分，如红酒、白酒、玫瑰红酒、波特酒等。有人以酒产国来分，如美国、法国、德国、澳大利亚等。有人以地区分，如波尔多区、莱茵区、纳帕谷区等。还有人专收高级有级别的酒标，有人收不同年份的酒标，有人专收喝过的那瓶酒酒标，也有人只要是酒标都收集，多多益善。

世界上的葡萄酒种类繁多，数也数不清。各个酒厂对自家的酒标（Wine Label）也都挖空心思，设计得美轮美奂。讲究的酒厂每一年都请专人设计，使每年酒标都有不同的造型图案。这更增加了收集者在搜集酒标时的乐趣。酒厂之中最费心于酒标设计的大概要数法国莫顿酒庄（Chateau Mouton Rothschild）了。由1945年起，莫顿酒庄就开始每年邀请不同的名家为其酒标作设计。一些酒标已不仅只是酒标而已，还成为高雅的艺术品。据说若能收集齐莫顿酒庄自1945年至今的全套酒标，目前已值数十万人

消费之道

民币。仅只是1973毕加索为莫顿设计的酒标，就已有数万元的身价了。收集酒标，除了与人共享一同观赏，还能带来经济价值，这可是没想到的事。

我也有收集酒标的嗜好，在闲暇时常常取出收藏的酒标，与同好好友们一同欣赏。大家都觉得欧洲国家的酒标设计大多较传统保守，多半是以酒庄的外形作图案。而美国的酒标签设计就与他们民族性一样，活泼开朗，色彩缤纷。反观"台湾公卖局"出产的各种酒类标签，就太不讲究设计包装了，

各式酒标

实在很可惜。因为酒标是一瓶酒的门面,俗语说"人要衣妆,佛要金装",酒无论品质再好,也是需要在酒标上装饰一下,这样无形中就更提高或强调了原有的品质。去年底到荷兰的一个亲戚家做客,小夫妻俩不生孩子,家里干净得一尘不染。客厅里插上一大盆鲜花,映着米色墙壁,真是优雅极了。这对夫妻很讲究生活情调,平时晚上也喜欢点着蜡烛对饮一杯红酒。他们把收藏的酒给我欣赏。我一看收藏得很杂,各国的酒都有。询问之下才知道他们爱喝点红酒,但却一点不懂酒,因此买酒的根据是看哪个酒标设计漂亮新颖惹人喜爱就买那瓶。爱美是人的尤其是女人的天性,我相信看外表买酒的人其实很多。那么酒标就不只是记录资料的标签,也不只是高雅的艺术品,更是促销的工具之一了。

我曾经把一些新的、尚未用过平整的酒标小心贴在纸上,再做一个精巧木框,像幅画般地框起来,送给我一个开西餐厅的朋友,让他开心不已。所费不多,却表达了心意。我曾在法国见到一张以莫顿酒庄历年葡萄酒酒标印制的海报,因为都是名家画作,色彩鲜艳真像一幅大画,每张要卖数百元人民币。我觉得用买的只是影印品,没啥了不起,倒不如自己收集自己制作,还来得更有意义。尤其送给同样喜欢的人,更显得情义深重。以后喝过的酒瓶可别随手丢弃浪费了资源,把酒标留下还有好多用途呢!

点酒有一套

中国进口不同国家的不同葡萄酒,至少有数百种之多,如果到餐厅用餐,该如何点酒才恰当呢?这可是一门大学问,因为从在餐厅点酒,就可看出一个人的品味、素养和水准。

到餐厅用餐,如果只是两三人,酒量又不是很好,那么不必花脑筋,只要点用餐厅供应的杯酒,也就是所谓的House Wine佐餐就好了。一杯不够,还可再点一杯,不会浪费也没有剩酒的问题。餐厅的杯酒一般至少有红酒和白酒两类,点用那一类取决于主菜。基本的原则是红肉(牛、羊、鸭等)配红酒,白肉(鸡、猪、兔、小牛、海鲜)配白酒。再不就是依此规则,点用375ml小瓶葡萄酒也可以。

到正式西餐厅应酬,点酒通常是由主人决定的,若主人不懂酒,可能会请在座懂酒的客人代点。无论是主人或客人点酒,

消费之道

以下的规则可以作为参考：

（一）先请服务员取来餐厅酒单阅读。好餐厅的酒单通常涵盖各个产区，因此看来密密麻麻。如果实在不了解，可以请餐厅懂酒的经理或服务员（在国外有专门的酒侍"Sommelier"）推荐。在请人推荐前，可先技巧地告知预算，比方说"请帮我推荐中等价位的酒"，"请帮我介绍一瓶德国普通的酒"，或"请帮我挑选上好的白葡萄酒"等等。

（二）葡萄酒通常是在点完菜后才决定，尚未点菜千万别急着点酒。点的餐中如果有开胃菜，可询问在座客人是否要喝点开胃酒搭配，例如吃鱼子酱可以搭配冰香槟或小杯冰伏特加。开胃酒不一定要开整瓶，喝的人数不多，可以论杯计。也有少数人喜欢在用餐前先喝杯鸡尾酒，个人的习惯自无不可，但鸡尾酒皆由烈酒调制，易麻痹味蕾，就品尝不出食物美味，因此主人不宜推荐饮用。

（三）依基本原则点酒，即红酒配红肉，白酒配白肉。葡萄酒口味应选较中性或较清淡的，以合于一般大众口味者为宜。如果座中客的主菜有海鲜

换瓶后，酒侍给点酒客人试酒

也有牛排，则需红酒、白酒各选一瓶，各人喝各人适当的酒，不够再开第二瓶。不常喝葡萄酒的人，较易接受略甜的口味，如果座上客是葡萄酒老饕，就可选饮较干涩的。

（四）食用甜点后，视客人喜好再点饮饭后甜酒。饭后甜酒点击率最高的通常都是水果酿的烈酒，酒精含量高但只以高脚小杯盛装，不需整瓶开，以杯论即可。

爱恋葡萄酒

（五）点好的红、白葡萄酒送来之后，点酒人要仔细检视酒庄、酒名及年份是否正确。若是点1987年份的酒，送来的虽是同样酒却是1989年的，就要在开瓶前立即提出更换。

（六）餐厅服务员开瓶后，会把木塞交给点酒人请求检视。此时要看木塞是否有发霉现象。若有，表示餐厅贮酒不当，酒质很可能已变坏。若木塞干燥甚至已断裂，表示此酒被直立放置可能酒瓶已渗入了空气，氧化酒质。木塞潮湿则表示贮存方式正确，采横躺式放置。另外还要嗅闻软木塞，应该是酒香满溢，而非一股霉臭味。

（七）餐厅服务员会先倒一点儿(约一盎司)，即1/5杯刚开瓶葡萄酒给点酒人试饮。点酒人根据品酒原则品尝，也就是看颜色，摇晃杯子，闻香味，再喝一口，回味欣赏。举杯时以手指捏着杯腿，不是像饮白兰地般以掌握杯，以免影响酒温。若酒质无误，则点头示可。若酒味变质败坏，试酒后立即告知服务员，请求换瓶再开或另行挑选别种酒。

（八）若点选的是陈年佳酿，那么在开瓶之后，需先经换瓶、呼吸、透氧的步骤，才由点酒人试酒。

（九）点酒人试酒无误，点头示意后，服务员依照女士优先原则，由右至左一一斟酒，最后才给点酒者斟酒。若点酒人不是主人，则主人为最后一人。

（十）斟酒后尚有余酒的酒瓶，应放在客人看得到、拿得到的地方，使座上客能欣赏检视酒标字样。

酒侍给客人验酒

消费之道

简易葡萄酒单（好的酒单必注明酒的种类、酒庄、产区、生产国、年份、价格）

酒单

到餐厅吃饭点酒，一定是根据菜谱酒单上的说明，挑选喜欢或适当的餐和酒享用，因此酒单菜谱可以说是餐厅经营上的灵魂，如果标示说明不清，会使客人无所适从，不知如何选择。

餐饮业者设计葡萄酒单，可以先用种类区分，把葡萄酒分类为红酒类、白酒类、玫瑰红酒类及气泡酒类。然后再用产地区分，标明是法国、美国、德国，还是澳大利亚……生产，甚至更细注明是法国波尔多还是布根地，或是其他地区生产的葡萄酒。分类清楚，再一一注明每一种酒的酒名、酒庄或酒商、年份、价格，才算是一份设计完整的酒单。更体贴的餐厅还可以把每瓶酒的口味、特色加以说明介绍，使客人更容易选择到适当口味的酒配餐饮用。

餐厅在初次设计酒单时，红、白酒的比例大约可以各占40%，玫瑰红酒和气泡酒则各占10%。中价位酒，亦即人民币一百元至300元之间的酒大约占60%，而低价位(低于100元)及高价位(高于300元)酒可分别占20%，红白酒的口味选择，应涵盖由甜至酸至干，由清淡至浓郁全有，才足够客人挑选。每天卖掉的酒都应作记录，一段时间后，掌握住消费群的层次、对酒的喜好、甚至价格的取向，再调整原有酒单内容，使之更能符合客人需求。

从客人的角度来说，来到一家陌生餐厅，想要点用一瓶价格、口味各方面都满意的葡萄酒，除了参阅酒单上明确提供的说明及资料，还可由其他较不明显的事项加以观察了解。比方说，看餐厅使用的酒杯，就可大略得知其葡萄酒的品质，一家在乎酒杯的餐厅当然更会在乎自身贮存的葡萄酒。酒单上如果都不能注明葡萄酒的年份，表示餐厅偷懒不负责任，随时可以换一瓶唬人。同一种酒不同年份有时价差很大，餐厅有责任一一详列清楚。酒单愈清楚、周详、完整，表示餐厅有内行专门人才在负责，因此对他们提供的建议及对酒类的贮存管理，可以比较放心。

如果想要点用昂贵佳酿或陈年好酒，可以要求参观餐厅酒窖，先确知餐厅的贮酒无误，才不致花大笔钱点用了贮存不当，早已变味的葡萄酒。在餐厅酒单上，15年以上的酒就可算是老酒，一般人认为老酒就是品质的代表，事实上老酒卖年岁重于卖品质，如果已经变味，餐厅通常也不愿退换，只得自己损失。因此如果不是确定餐厅有合宜的贮酒管理，最好不要冒险点用陈年佳酿。酒单上的酒庄酒愈多，表示该餐厅葡萄酒的品质愈佳。如果酒单上同一酒庄列上多种酒，表示这是一份"懒酒单"，餐厅根本不愿费心去进酒，设计酒单，或是只在大力倾销与自己有关系酒庄的酒。

这一两年来，餐厅饭店流行以配套方式，将整组套餐从开胃菜到甜点，规划搭配适合的葡萄酒。这对消费者而言是一大福音，除了不需自己伤脑筋点餐配酒外，也不用开上一整瓶酒，喝不完浪费，而且还可以一次品尝到多种不同葡萄酒的口味。这倒是一种很符合餐厅及消费者双方经济效益的方式，值得大力推广。

餐厅的酒贵吗？

无论是欧洲、亚洲、美洲、非洲，全世界的人都知道到超市买酒比到餐厅喝同样的酒要便宜许多。为什么到餐厅喝酒价格会比较高呢？若不是餐饮业者就不理解这个道理，因此常有行外人以此指责餐厅赚取暴利。其实全不是那么回事。

姑且先不论在欧、美许多国家，餐厅要卖酒必须先费力取得执照许可并缴交重税，增加成本自然转嫁在所售卖的酒

上这个原因。以中国的大陆、台湾而言，餐厅卖酒不需另外申请执照，也不需额外缴交高额的酒税。但餐厅买酒的价格与一般私人买酒价格差异微小，同时往往需要现金付款，经营多年的老店也顶多是月底结账付款。餐厅进酒又不是一瓶两瓶，比较像样的西餐厅如果按规矩依不同国家、不同产区、不同等级、不同种类的酒各选一种，每种两瓶，总结算起来，动辄就是数百瓶以上。进口酒在大陆和台湾地区的售价又高，因此西餐厅在酒类方面积压的资金少则数万元，多则数十万是常有的事。这么多的酒需要地方存放，会占用宝贵店面的空间，就该分摊店面租金。西餐厅的酒流通得不一定很快，可能一放好几年才卖掉。积压的资金是否应算利息？贮存这些酒需要特制酒架，甚至冷藏控温酒库，为了卖酒的设备投资又是一笔大钱。再来餐厅为了营造用餐情调，提高品饮乐趣，还需要投注大笔钱，精心挑选高雅美观、造型独特、能搭配浪漫气氛的水晶玻璃酒杯、盛酒器、雕花冰筒及昂贵开瓶器具等。餐厅为了让客人称心满意，需要对服务人员施以额外训练，使服务员对酒类有所认识了解，而当客人点酒时，能给予适当建议与说明。点好了酒，还需提供专业服务，从冰酒、开瓶、试酒、斟酒，并随时留意给客人添酒……使用过的酒杯还要小心清洗擦拭，妥善放置，以免破损，一旦有缺

品酒时喝不完的剩酒可倒入专用壶内，再试下一种酒

爱恋葡萄酒

爱恋葡萄酒

口,又需花钱购买新杯。

从表面上看起来,一瓶酒买来100元,餐厅要卖200元,似乎赚了不少钱。可是当你了解餐饮业者为了卖酒付出这么多金钱心血,我认为西餐厅卖酒的价钱还真是一点也不贵。人需要被鼓励,用心经营的好餐厅也需要被肯定。肯定它最好的方式是不时去用餐点酒,照顾它的生意,随时指正其缺点。我在台北市开西餐厅时,就有许多这样的客人,让我每天在疲累之余,心里着实感觉温暖。尤其其中有一位中德混血的林先生,1年365天,几乎天天来照顾。吃得满意时他绝不吝夸奖,会大声对我说"转告厨师做得实在太美味啦!",好让附近的客人们都听到。有一次不小心在他餐盘边发现一根头发,他就用德文告诉我要注意,以后小心不要再发生。用德文讲免得邻座听懂。这么好的客人,使你在经营餐厅时,会要求自己要维持水准,一直进步,否则就会对不起关爱你的客人。

开瓶费

酒瓶图案(磁铁)

经济不景气,各行各业都受影响。为了吸引更多的客人上门,大家莫不各出奇招,餐饮业也不例外。除了在食物口味及外观上力求改进,有的店推出摸彩抽奖;有的店用餐到一定金额送进口葡萄酒一瓶;加拿大的中国餐馆是点四个菜就送一只活蟹,料理方式任选;美国有些餐厅活虾买一磅送一磅,物美又价廉;澳大利亚许多餐厅则在门口挂上BYO的标志,也就是BRING YOUR OWN,欢迎客人来餐厅用餐自带酒来,不收开瓶费。

餐饮餐饮,进餐与品饮是不可分的。澳大利亚的餐厅因为申请酒牌不易,因此许多店只能卖吃的而不能卖酒精饮料。为免让客人用餐时无酒扫

消费之道

兴，同时也为了招揽更多的客人，因而鼓励客人自带酒且免收开瓶费。这是促销的一种手段，但有人因此以为餐厅收开瓶费是不合理的现象，我却不以为然。

所谓开瓶费，应该说是开瓶服务费。在中国的大陆和台湾的餐厅无论中、西、大、小，全都可以卖酒。小餐厅或中国餐馆一般以卖烈酒及啤酒为主，客人如果自己带来店里没卖的酒，习惯上这类店多不另收开瓶费。因为不额外收费，客人也没得挑剔，因此常见中国餐馆里有人用一元一个的小杯喝ＸＯ，或是用纸杯喝葡萄酒。开瓶那当然是自己的事啦，服务员可不服务这些事。因为长久以来，许多人都习惯了这种自动自发自助的情况，一旦到了西餐厅，自带葡萄酒也是必须要被服务的，就十分不习惯，觉得没必要，尤其舍不得被加收开瓶服务费。

俗语说："天下没有白吃的午餐"，到西餐厅点用葡萄酒，由于业者在价格上赚

捧酒陶人装饰品

取了利润，因此理当付出相对的服务。包括适当冷藏酒、放妥杯子、开瓶、给点酒人试酒、给客人一一斟酒、随时添酒、换杯等。客人如果是自行带酒去西餐厅，餐厅服务员一样要从头到尾做这些开瓶服务，绝不是像中国餐馆里扔两个纸杯，一切自助了事。那么对于为您开瓶所做的服务、花费的时间、使用的器具，酌收一点开瓶服务费，难道是不应该的吗？

爱恋葡萄酒

103

爱恋葡萄酒

原葡萄酒橡木桶盖，锯下作装饰

甚至客人是上帝。"客人永远是对的"，在这种观念下，客人被膨胀了，店家被贬低了。客人往往对餐厅提出许多要求，包括可否免收开瓶费，却忘了关心一下对方的付出。我认为到餐厅享受美食佳酿，是件愉快开心的事。开心之余，不要斤斤计较区区的开瓶服务费，让为您服务的人员及餐厅也因您的到来而更开心吧！

但餐厅收开瓶费，应该事先标明于菜单上，并在为自行带酒的客人开瓶前要再次说明。让客人事前知道，就不会事后发生纠纷。而且客人也可以再衡量一下是否选择饮用餐厅内卖的葡萄酒更划算？

在欧洲开餐厅是老板最大，对表现不佳的客人，老板有权请他出去，即使付费，也不接待。因此客人绝大多数都是规规矩矩的，不敢违犯店里的规定。在中国大陆和台湾的观念则是客人为大，以客为尊，客人是衣食父母，

古老榨葡萄汁器具

葡萄酒吧要你痛快

这几年来，喝葡萄酒变为流行时尚，葡萄酒吧也就如雨后春笋般地一家一家冒了出来。这些葡萄酒吧装潢得各有味道，风格不一。在经营手法上，有的纯品饮，

消费之道

其他什么也没有；有的与花艺结合，营造一个花天酒地的空间；有的强调现场音乐演出；有的组合佳酿美食，推出整套餐饮。形形色色不一而足，经营手法虽然不相同，但每一家都竭尽心力，各具巧思，想要为消费者创造一个安静不嘈杂、优雅而适合品饮葡萄酒的场所。

葡萄酒吧，顾名思义就是专门卖葡萄酒不卖其他烈酒或啤酒的酒馆。由于最主要的产品就是葡萄酒，因此我国台湾的各家葡萄酒吧都卯足了劲儿，把不同国家、产区、年份、口味、种类、价位的葡萄酒尽量收集齐全，务期使每一位上门的客人都能选到自己满意的酒种。

中南部地方我不敢说，站在台北市街头，方圆十里之内，想吃世界各国佳肴美食，想喝世界各地名酒佳酿大概都不会让人失望。甚至仅是一家葡萄酒吧，就能满足多方面的需求。

欧洲的葡萄酒吧情况和中国台湾比较不一样。以装潢来讲，欧洲人倾向喜欢传统木头质感古朴大方的味道，灯光尤其要朦胧，甚至只点着蜡烛增加气氛。欧洲人在用餐或品饮时，重视场所气氛往往胜过品味餐饮本身。一般而言，欧洲人的体质或许是自小耳濡目染的缘故吧，比亚洲人能够适应酒精饮料。他们可以边聊天一杯接一杯地喝两三个小时，直到肚子饿了，才点餐佐酒享用。他们喝酒聊天就只是喝酒聊天，从不搭配花生米、鱿鱼丝什么

小酒馆　　　　　　　　　　　　酒庄餐厅

爱恋葡萄酒

爱恋葡萄酒

酒庄餐厅的大门都精心布置

贩售自酿葡萄酒的酒庄大门

的下酒小菜。但用餐时很少会换一家店吃饭。欧洲的葡萄酒吧一定有卖吃的，通常是酒吧里供应什么，消费者就吃什么。葡萄酒吧如果不供餐，收入会减少许多。

欧洲的葡萄酒吧常常不只有座位，还会有站位。除了意大利的一些店外，欧洲的酒吧或咖啡店无论站位坐位都是一样价钱，可是许多欧洲人宁可空着许多座位不坐，站着喝酒聊天一两个小时也不累。他们这种习惯我到今天还不太能接受，因为我每次站不到半小时就觉得腿麻腰酸，也确定他们平日这样训练而具备的耐力，确实是比我们强。

欧洲的葡萄酒吧常常是社区交谊中心，下了班喝一杯，相识与不相识的，杯酒下肚全是朋友。高谈阔论也行，玩扑克较劲也好，常常一伙人你请喝一轮，他请喝一轮，最后老板请喝一轮，却已赚了不知多少轮。热热闹闹地从黄昏到深夜，松弛了，也快乐了，这才一个个回家睡觉，喝了这么多，却没见几个醉卧街头的。

欧洲的葡萄酒吧和欧洲人的生活是连在一起的，我国台湾的葡萄酒吧则至今还没有那么普及。我想价钱也是一个重要因素，在欧洲的葡萄酒吧里喝一杯1/8升(125ml)的葡萄酒，大约只要十几元人民币。但在房屋租金高昂的台北市葡萄酒吧里，这种价格绝无可能。想到一进入任一家葡萄酒吧门里，要喝得爽快舒畅出来，若没有身怀数百元人民币是不行的，无形中也就制止了许多想要踏入的脚步。

消费之道

追求高品质的饮酒文化

走过世界许多国家，深入餐饮这许多年，深深体会葡萄美酒和美食精馔是跟着文明走的。人类愈文明，愈讲究生活品质，佳酿美食就也愈细致发达。反之，在一个不够文明的地方，人们日日在为如何填饱肚子烦恼，哪还顾得了什么吃得好、吃得精致营养呢？

我们有幸生活在现代社会里，生活上早已不愁吃穿，物质生活甚至走在有些国家的前面。只要我们想，就可以很容易地喝到全世界的葡萄酒、咖啡，也可以轻易地遍尝各国美食，接受世界各地传来的资讯，而且是最新最好的，这些都是居住在一些经济困苦国家所不可能达成的，即使是在科技先进的美国，由于幅员辽阔，忽然想吃个德国猪脚，喝瓶丽丝琳白酒，也往往不可能达成。

葡萄酒在许多方面增添了我们的生活乐趣，提高了生活品质，它的确是一种增进健康的酒精饮料，但它绝不是能据以治病的万灵丹。葡萄酒应该生活化地由普通价钱与合自己口味的喝起，不需要勉强自

爱恋葡萄酒

小镇每年一次的葡萄酒节，镇民在户外品饮庆祝

爱恋葡萄酒

酒庄餐厅，夏天客人喜欢在户外用餐

己吃药般地喝不合口味的酒。把葡萄酒普及化、生活化，轻轻啜饮品尝，而不是大口吞咽，生活会变得更细致平和，也更美好。

打开报纸，每天都有抢劫、绑票、偷窃、贪污的事件发生，是不是这个社会病了，而且病得很严重？但是到底病在哪里？要怎么医呢？以我在国外居住多年的体验来分析，社会病在贪婪，人人都想要钱，大家拼命用各种手段各种方式赚钱，泯灭了道德、放弃了伦理都没关系，就是要赚钱。但是无论赚多少钱都嫌钱还不够，导致笑贫不笑娼、掳人

欧洲夏日好天气，人们偏爱在院中品饮用餐

消费之道

勒索的现象司空见惯,黑金政治的事件触目可见,反而规规距距、一丝不苟的人变成傻瓜。人们由贪婪演变成自私,再由自私变得冷酷无情。

这一切的一切都写在我们的脸上,我在维也纳居住时,常觉得那儿才真正是礼仪之邦,多数人脸上都是平和安详之气,没有人打架,连吵架都很稀少。他们很知足,用心地过每一天的日子,家里收拾得干干净净,衣服穿戴得整整齐齐。他们也需要上班赚钱过日子,但绝少人变为钱的奴隶。多数人下班后喝喝葡萄酒、咖啡,街坊邻居聚在酒馆里吃吃聊聊,有时听听歌剧、欣赏音乐会,日子平淡却很充实。反观我们的同胞,暴戾之气、贪婪自私满街都可以看到,国民的气质在不知不觉中变得十分低俗,却还沾沾自喜我们比许多外国人有钱。很多同胞到奥地利旅游,喜爱当地的山川湖泊美景,羡慕他们环境的清洁干净,殊不知这都是奥地利人民牺牲享受、享受牺牲的成果,人家是有付出的。

我喜欢葡萄酒、喜欢咖啡、喜欢西餐、喜欢一切优雅平和的事物。然而这不是崇洋,也不是做作,而是希望借着经常接触这些,来提升自我的生活品质、改善不良气质。如果经由品饮葡萄酒,真的变化人们的气质于无形,那么喝葡萄酒就更有意义价值了。

在酒庄的葡萄藤下喝葡萄酒,别有一番风味

爱恋葡萄酒

爱恋葡萄酒

典藏之美

爱恋葡萄酒

典藏之美

藏酒的学问

喜欢品饮葡萄酒的人，多半也会喜欢存酒。因为存酒之后，才能更深入更有趣地品尝不同年份的葡萄酒。但是买回了好酒，并不是把它丢在那儿就可以了，葡萄酒的收藏存放，就像照顾小婴儿一样需要细心看护，妥善照顾，才能相得益彰。

存放葡萄酒需要恒常维持在摄氏10度到14度之间的温度，以及在70%到75%之间适中的湿度，湿度过高，木塞容易发霉，使酒间接受影响。存放地点一定要空气洁净，没有异味，否则木塞会吸收空气中的味道，甚至传导到酒里，而影响了美酒的风味。即使是放在冰箱的白酒，也要注意不要和鱼虾等味道重的食物放在一起，以免沾染了腥膻味。存放地点的光线不能太亮，尤其不要接近热源，对葡萄酒而言那都是致命伤。记得三、五年前葡萄酒还不是那么普遍，超市虽有贩卖，但对葡萄酒的知识一般还很贫乏。常看到直立在木柜上接受投影灯直射待售的葡萄酒，反射着晶莹的炫目光彩，令来往顾客忍不住驻足取来把玩一下。那时我常劝朋友，千万不要在超市买那些葡萄酒，试想每天长时间在炽热灯光照射下，被无数有温度的

存放在酒窖中的老葡萄酒，被有助发酵的珍贵霉菌覆盖

爱恋葡萄酒

爱恋葡萄酒

精心雕刻的贮酒木桶盖

酒窖内酒并横躺放置

酒窖内的霉菌很珍贵,新建酒庄往往还从老酒窖内移植一些霉菌,以创造更有利发酵的环境

手抚触过,又是直立放置的酒,还能喝吗?好在这几年状况已大幅改善,否则真是糟蹋了那些好酒。存放葡萄酒的地方务须稳固安静,不要在电梯旁边,以免天天振动不止。当然也不要每天没事就去转动着玩,过度振动也会影响酒的光泽与风味。葡萄酒一定要横躺平放,让酒液能浸润着木塞。要不然木塞会过度干燥紧缩,除了可能出现缝隙使氧气乘虚进入瓶中,另外在开启瓶塞时,干燥的木塞也容易中途断裂,使木塞碎屑掉落酒中,徒增饮用时的麻烦与不悦。

住在欧洲及美国东部等地的人家,几乎都有地窖,而这些地方的地窖恰好多半都符合存放葡萄酒的必要条件,因此他们可以买回酒来随意放在地下室贮存。但是在中国的大陆、台湾,不但很少有地窖,温度、湿度又都不适宜,家中收藏好酒就需付出相当的代价。目前有厂商制作像冰箱大小的贮酒库,可以横躺存放几十瓶酒,里面分层控温、控湿,完全创造了一个适宜存放葡萄酒的理想环境。只是动辄数万元的售价,可不是一般人承担得了的。我的方法是把藏酒的事交给酒商们去操心,我只管每次买几瓶就好了,喝完再去买。可能买年份酒会稍贵一点,但省却了多少烦琐事啊!

典藏之美

剩酒怎么保存

近十几年间，我在欧洲、美国、中国台湾陆续经营过中、西餐厅及高级法式餐厅。在餐厅里客人点酒配餐时，经常出现一个情况，就是客人想喝某种酒，可是这种酒餐厅不零杯卖，要就是开整瓶。可是人少喝不完一整瓶，剩下的怎么办呢？丢掉可惜，但葡萄酒开瓶后又会氧化变味，不能放久。理想中的美酒佐餐，有时还真是左右为难。

现在科技进步，当年的困扰今日早已不成为问题了。首先，酒庄就很聪明地在把酒装瓶时，分装成0.75升和0.375升，也就是一般市面上可见到的大瓶和小瓶葡萄酒。人数多或酒量好，就喝大瓶酒，如果只有一两人或酒量差些的，就喝小瓶酒。以欧洲人的酒量而言，小瓶酒是供应一个人单独小酌时饮用的。美国现在又推出一种0.5升的中瓶酒，是专为两人同饮设计的。

有了大中小瓶的区别，就解决了部分剩酒的问题。但是如果仍然喝不完而剩下半瓶葡萄酒时，我都是用"酒质保存气"（Wine Preserver）来处理。它是有点像喷发胶一样的喷气铝罐，附有一根细长的塑料管，拿在手上感觉像空罐，因为里面存放的是氮气，因此非常轻。客人有剩酒时，我只要把塑料管伸入酒瓶内，将罐内的氮气喷四次入酒瓶，氮气比重比氧气重，喷时就会沉入瓶中，而相对把氧气赶出瓶外。只要立刻用塞子把酒瓶塞住，就阻绝了氧气与酒液的接触，酒液不氧化，

把开瓶未喝完的葡萄酒抽真空，也是保存剩酒的一种方法

酒质保存气瓶

爱恋葡萄酒

味道自然不会变质。对我来说，这真是一个简单实用又了不起的发明，本来我很不愿意在店里卖杯酒，因为开瓶后没卖完就需要存放，我总觉得对下一位来点杯酒的客人不公平，因为剩酒总是略逊一些，但这下就不成问题了。喷过氮气的酒瓶要维持直立，不要横躺或摇晃。欧美天气凉爽，喷氮气的酒瓶室温放置即可，而温度高的地方，无论红白剩酒最好都放在冰箱内冷藏，约可保存七至十天不变质。若是红酒，在续喝之前要早些取出，打开瓶盖，使自然回温到14-18℃

再饮，白酒则可直接饮用。

有了酒质保存气瓶之后，不只是我受益，连带也蓬勃了葡萄酒吧的生意，客人上门不再受制于开整瓶酒，能随意小饮不同的酒了。葡萄酒现在可以像烈酒一样存酒在餐厅吧台，而且比烈酒还好的是，客人一定在十天之内就会回来再度享用完这瓶美酒。

当然，如果有剩酒又无法这般处理，还有一个不会浪费掉这些酒的方法，就是用葡萄酒做菜。万一真的把剩酒忘记而放了一段长时间，它会酸化，则可以当红（白）酒醋使用。

酒标说些什么

大家都说葡萄酒很复杂难懂，的确，葡萄酒由栽种、品种混合、酿制、陈年，无一不是学问，要从头到尾通盘了解，以世界之大，酒庄之多，产品种类之多样，几乎是不可能的事。何况消费者到底只是消费品饮的一般大众，轻松享受最是重要，种葡萄、酿酒的细节不需要太深入了解。

消费者关心的是买的酒是不是物有所值？是不是合自己口味？贮存的年限有多久？适饮温度是多少？消费者关心的这些问题，有一些必须由书本上得到解答，也有一些可以直接由酒瓶标签上获得答案。可是问题来了，一般市场上看到的酒，琳琅满目，种类繁多，有从意大利、法国、美国进口的，也有从德国、西班牙、智利进口的，各国葡萄酒分别以该国文字标示说明那瓶酒的口味、葡萄品种、酒精含量、产地、等级等等。我们一般人连看英文都不一定看得懂，更甭说法文、德文了……看不懂就不了解，不了解就很难喜欢，消费者如此，甚至连专卖店贩售葡萄酒的人也有同样的问题。一瓶德国产的精选干甜

典藏之美

酒标上到底提供了什么资讯

特级良质酒(Trockenbeerenauslese)，德文念法直译过来是"特罗肯贝伦奥斯雷色"，全中国能念的出来又懂意思的人没有几个，那么买酒卖酒的时候要如何说明这瓶酒，又怎能让别人懂呢？

有人认为既然老外想做中国人的生意，就该入境随俗，把标签全改成中文字体，不就一目了然了吗？乍一听似乎蛮有道理，但深入一想，许多名词是国际通用的，如果全翻成中文，大家是了解意思了，可是和国际人士交谈时就一窍不通了，谁都不知道对方在说什么。因此我认为酒瓶标签应维持原文，以各国文字图案造形表现说明皆可，但酒瓶背后则是进口商的责任，应该明确清楚地把该瓶酒有关资讯以中文标明，使消费者一目了然，还可与正面原文标签相对照，增加知识。目前坊间有一些葡萄酒进口商的确有做这个在酒瓶背后以中文标签说明的工作，但都太过简单，

爱恋葡萄酒

115

流于形式,其真正目的不在简介该瓶酒,而是在广告进口商名称,地址,以达到二度促销的目的。我深切盼望进口商在卖酒赚钱之余,能多花些心思,对每瓶酒有更详尽的资讯,以中文标签贴于酒瓶背面,使消费者在购买前能对该瓶酒有所了解,才不会买了不合口味,喝了还是什么都不知道。

一些实在念不出洋文名称的中国香港朋友,为了能区别酒种不同,就创意地以音或义为一些葡萄酒取了花名代号,例如,Bolinger 叫做"煲凉茶",Montrachet 成为"蒙查查",Mateus Rosé 就是"码头老鼠",Riesling 称为"雷司令"等。通俗化的名称,容易上口又容易记,自家人说说倒也是买卖葡萄酒时方便沟通的方式之一。为了帮助读者们了解各国不同酒标的内容,用中外文对照,以供参考。

I.酿酒葡萄采收年份

J.表已经过一年橡木桶、两年瓶中贮存

西班牙酒标解读

A.酒厂名,西班牙最著名的酒厂之一

B.酒名(注)

C.葡萄品种

D.酒厂自行生产装瓶

E.生产者的名称及地址

F.酒产区名称

G.酒度

H.容量

注:Torres 家族在 Penedes 产区生产不同酒名的葡萄酒,其中有两款品质最佳,皆同酒名,为 Gran Cononas Reserva,只是另一支为黑色标签。本支酒 Cabernet Sauvignon 葡萄品种占70%,口味浓郁均衡,可在瓶中贮存十年,另一款黑色标签的 Cabernet Sauvignon 占90%,品质更佳,是西班牙最好的酒,曾在酒展中赢得大奖,打败法国名酒如CH.Latour……但售价则便宜多了,可在瓶中贮存25年。

西班牙酒标用语

1.Abocado~中等甜度

2.Anejado Por~由……陈年

3.Vino Blanco~白葡萄酒

4.Bodega~酒庄、酒窖,或是葡萄酒公司的部分名称。

5.Aloque~红、白葡萄混合酿的酒

6.Brut~非常干到干型口味

7. Cava～用香槟法酿制的气泡酒

8. Clarete～介于浅红和深玫瑰红之间的酒

9. Con Crianza, Crianza～经橡木桶贮存的葡萄酒，红酒至少一年以上，白酒和玫瑰红酒至少六个月以上的贮存。

10. Consejo Regulador Stamp～保证该瓶酒的标签注明产区是正确的

11. Cosechero～年份酒

12. Criado Por～由……混合；由……熟成；由……栽种。

13. Dulce～甜味

14. Denominacion de Origin～法律判定的法定产区

15. Doble Pasta～指葡萄酒在发酵时，用两倍量的葡萄皮浸汁，使酒汁颜色深浓不透明，可单独装瓶贩售，也可整桶卖以混入其他较淡颜色的酒。

16. Elaborado Por～由……制造

17. Embotellado Por～由……装瓶

18. Embotellado de Origin～酒庄装瓶

19. Espumoso～用任何方式制造的气泡酒

20. Generoso～强化酒或饭后酒

21. Gran Reserva～最佳年份的酒，可存放更长久。

22. Negro～西班牙口语，强调酒色深浓且强度够劲。

23. Nuevo～新鲜果香的新酒

24. Reserva～好年份最好的酒称之，若是红酒需经三年以上的贮存熟成，白酒和玫瑰红酒需经两年以上贮存熟成，其中红酒需至少一年橡木桶贮存，白酒和玫瑰红酒至少在橡木桶中贮存六个月以上，在西班牙最佳产区RIOJA，只有7%的葡萄酒是Reserva酒。

25. Rosado～酒的种类属干性玫瑰红酒

26. Seco～干型酒

27. Semi－Seco～中等干口味

28. Sin Crianza～未经橡木桶贮存熟成的葡萄酒

29. Tintillo～淡红酒，和Clarete类似

30. Vino Tinto～红酒

31. Viejo～陈年，但非法定的

32. Vina或Vinedo～葡萄园或品牌名

33. Vino de Aguja～半气泡酒，亦即在瓶中第二次发酵产生气泡的葡萄酒，也称为Petillant Wine。

34. Vino de Cosecha Propria～由私人庄园生产的葡萄酒

35. Vino de Mesa～日常餐酒

36. Vino de Lagrima～用来压榨葡萄酿制的酒，通常是甜的。

37. Vino de Pasto～普通清淡的葡萄酒

38. Vino de la Tierra～地区葡萄酒

法国香槟酒标解读

A．表以特级葡萄园在好年份时酿造的

B．法国香槟区产的香槟酒(注一)

C．酒商名称(注二)

D．产区名称

E．容量

F．酒度

G．"干"型口味

H．生产者名称地址

I．表示大香槟商，每一生产者都有一许可号码(注三)。

注一：

气泡型态

(1) Champagne, Mousseux～瓶中5～6个大气压，致气泡强有力。

(2) Cremant, 又称Creaming Champagne～瓶中3.6个大气压，气泡柔和。

(3) Mousse～只有非常细小的微气泡，且扩展升腾非常慢。

注二：

Pol Roger酒商于1849年设立的，英国首相丘吉尔非常喜爱，丘吉尔去逝时该酒商在其所有的香槟酒上加上一条黑边带以示哀悼，日后更推出冠上丘吉尔名字的高品质香槟酒Pol Roger Sir Winston Churchill，另一款香槟酒Reserve Special PRBrut品质也很好。

注三：

Matriculation number～许可号码，每一位生产者都有一个许可号码，号码前有两个英文字母，那是表示其状态，例如：

(1) NM (Negociant-Manipulant)～表示是大香槟商，但由地区内的葡萄园购买葡萄。

(2) CM (Cooperative-Manipulant)～合作社，由很多小酒农集资经营，产品品质普通，价钱大众化。

(3) RM (Recoltant-Manipulant)～私人酒农，自己种植、酿制、销售自家生产的香槟。

(4) MA (Margue-Auxiliare)～餐厅饭店以自己名字作招牌，由酒农代为酿制的香槟，代号的号

典藏之美

码是各家餐厅或饭店的编号。

智利、阿根廷酒标解读

A．最佳品质年份酒

B．酒庄名称

C．于1880年设立此酒庄

D．酿酒葡萄采收的年份

E．葡萄品种

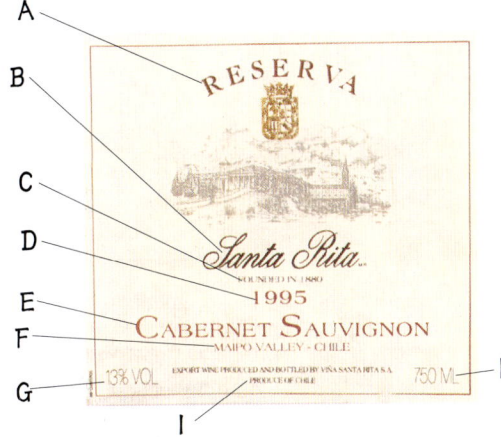

F．位于智利中央谷地最北边的梅波谷地(Maipo Valley)酒区，是智利最小但最著名的酒产区，也是世界公认最佳酒产区之一。

G．酒度

H．容量

I．说明此酒完全由酒庄自行生产，装瓶及外销。

智利、阿根廷酒标用语

1．Vina～葡萄园

2．Industria Argentina～阿根廷生产的

3．Producido y Fraccionado por～由……生产和装瓶

4．Vino Fino Tinto～即英文Fine Red Wine，优质红酒的意思，在智利的酒标上常用Fino Vino(良质酒)或Grand Vino来表示其酒质优良，但并非官方认可的字样，不具任何法律效力，完全是自行使用。

美国酒标解读

A．酒厂名称

B．酿酒葡萄采收的年份

C．葡萄品种

D．产地名称

E．酒度

美国酒标用语

1．Bottle Fermented～不一定指香槟法制造，但确是在一个瓶中作第二次发酵，然后用压力除渣、过滤，再重新包装。

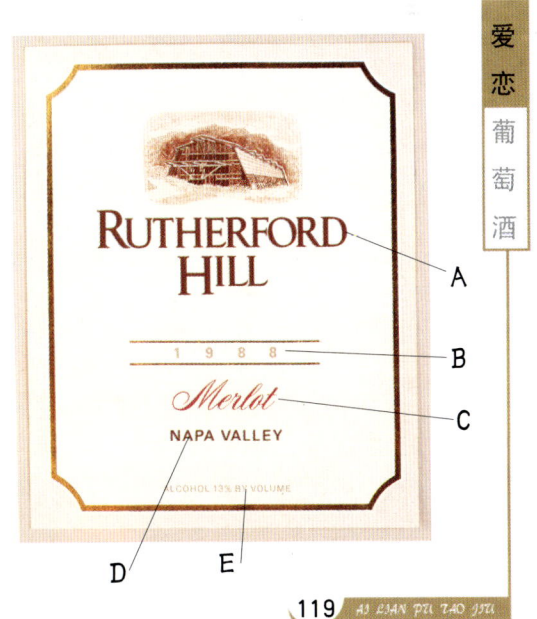

2. Carbonated Wine～用打气法将二氧化碳打入葡萄酒中，造成气泡，如同可乐里的气泡一般。

3. Sparkling Wine～气泡酒，若未加以说明，则无法确知是以香槟法、打气法、还是其他方法制造的气泡酒。

4. Crackling Wine～也是气泡酒的一种，只是泡泡较少些。

5. Dessert Wine～餐后酒，指酒精度介于14％－24％之间的葡萄酒，美国的雪莉酒必须至少含17％以上的酒精，美国的马德拉、波特酒、安吉利卡(Angelica)、穆斯卡提(Muscatel)，则一定要至少有18％以上的酒精度，若上述的酒中酒精度介于14％－18％之间，则应在酒名前加注淡酒(Light)字样。

6. Natural Wine～不加葡萄白兰地或酒精强化的葡萄酒，可说是天然的。

7. Champagne～指不超过一加仑容量，且在瓶中二次发酵制造的气泡酒。

8. Table Wine, LightWine～酒精度低于14％的葡萄酒。

德国酒标解读

A．NAHE～葡萄酒产区名称

B．1992～酿酒葡萄采收年份

C．Riesling～葡萄品种，表示该酒至少使用85％的雷司令葡萄酿制的。

D．Spätlese～是采用晚收成葡萄酿的酒

E．Halbtrocken～半干口味

F．windesheimer Fels～葡萄来自的庄园

G．Qualitatswein mit Pradikat～葡萄酒是属特级良质酒，简称Qmp，比QbA等级高。

H．A．P．Nr．778210601093～政府检定号码，即Amtliche Prufungsnummer。

I．11.0%Vol～酒度

J．0．75L～容量0．75升，即750毫升。

K．Gutsabfullung～酒庄装瓶

L．Weingut～葡萄酒庄

M．装瓶者及其地址

德国酒标用语

1．Abfüller～装瓶者

2．Erzeuger-Abfullung～表示同

典藏之美

一葡萄种植者或一群合作社的葡萄种植者，负责了从葡萄种植、酒的酿造，直至装瓶。

3．Halbtrocken～半干

4．QbA～特区良质酒，即Qualitatswein bestimmter anbaugebiete

5．Rotwein～红酒

6．Sekt～气泡酒

7．Suss～甜

8．Tafelwein～日常餐酒

9．Trocken～干，英文DRY之意

10．Weisswein～白酒

11．Winzergenossenschaft～合作社

奥地利酒标解读

A．Fürst Bismarck～酒名

B．Pöttelsdorfer～酒庄名称

C．Blaufrankisch～葡萄品种名，表至少85％采用此葡萄品种酿制的酒。

D．1994～葡萄采收的年份

E．Neusiedlersee-Hügelland～酒产区名称

F．Qualitätswein～酒的分级制，奥地利葡萄酒的分级和德国一样，是以酒中糖份含量来区分的，但比德国葡萄酒还多一级。依序由含糖量最少至最多可分为十级：

(1) Tafelwein(每千克未充分发酵酒中含13克天然糖，简称13KMW)

(2) Landwein(13KMW)

(3) Qualitätswein(15KMW)

(4) Kabinett(17KMW)

(5) Spatlese(19KMW)

(6) Auslese(21KMW)

(7) Beerenauslese(25KMW)

(8) Eiswein(25KMW)

(9) Ausbruch(27KMW)

(10) Trockenbeerenauslese (30KMW)

G．LE 3254／96～国家检定号码

H．Alc.13％V0l～酒度，即该瓶酒内酒精含量的百分比。

I．Trocken 酒的口味是干型(即英文的Dry)，亦即每升酒中含糖量为4－9克；若是半甜型(Halbtrocken)，则

爱恋葡萄酒

酒中含糖量为9—18克；甜型(Suss)则酒中含糖量为18克以上。

J．Abfüller～装瓶者及其地址

K．Österreich～奥地利(Austria)的德文写法

L．e0.751～容量0.75升，即750毫升。

澳大利亚酒标解读

A．MAGILL CELLARS～酒庄名

B．CHARDONNAY～葡萄品种，澳大利亚酒通常是用单一品种酿酒，若是使用两种以上葡萄酿酒，则使用比例最高的品种名称先写，再写次高的，最后才是使用葡萄品种最少的名称，全部都会注明在酒标上。

C．1992～酿酒葡萄采收年份

D．750ml～容量750毫升

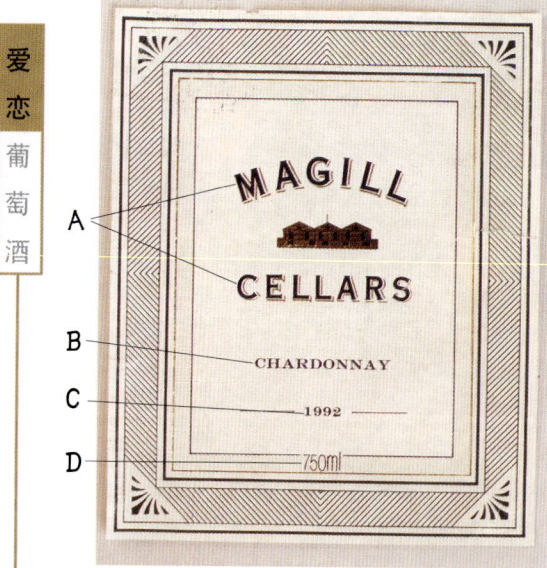

澳大利亚酒标用语

1．Auslese～与德国酒术语同义，以迟摘葡萄酿的甜葡萄酒，可能有一些贵族霉特色。

2．Beerenauslese～同上，更甜，更具有贵族霉特色。

3．Bin Number，Code，Private Bin，Reserve Bin～指同一酒庄生产的各类葡萄酒中品质较好的，但此字样并无法律规定。

4．Certified Appellation wine～在极少数澳大利亚酒中有保证产区的，目前新南威尔斯的酒有此保证。

5．Show Reserve～表示曾在澳大利亚本国葡萄酒竞赛中夺魁，酒标上若注明此字样，就可视为优良品质的保证，因为澳大利亚酒类竞赛的主办单位非常专业，不乱给奖，而且规定用Show Reserve字样的酒和得奖的酒必需是同一木桶内取出的。

6．Spätlese～与德国术语同义，以迟摘葡萄酿的半甜葡萄酒，几乎没有贵族霉特色。

7．Wood Matured～表示该酒曾经过木桶贮存熟成，虽没有法律规定，但若使用此字样，通常表示是经新橡木桶贮存，而非旧桶。

8．12.5%vol～酒精含量通常会注明在酒标上，澳大利亚酒酒精含量

高的，通常是用传统方法酿制，酒精含量低且清淡的酒，几乎无例外是以现代人工酵母酿制。

意大利酒标解读

A. Barone Ricasoli～生产者名称

B. 1995～葡萄采收年份

C. Chianti Classico～酒名也是产区名

D. Denominazione Di Orgine Controllata E Garantita～即D.O.C.G.表此酒经试饮管制委员保证其品质更佳，超过D.O.C.。

E. Imbottigliato Da S.P.A. Barone Ricasoli～表示由Barone Ricasoli装瓶。

F. 75CLE～容量0.75升，即750毫升。

G. 12.5%Vol～酒度，即该瓶酒内酒精含量的百分比。

意大利酒标用语

1. Abboccato～微甜

2. Amaro～苦或非常干(DRY)

3. Amabile～略甜，比Abboccato再甜一些。

4. Asciutto～非常非常干(DRY)

5. Auslese～虽是德文名称，但在Alto Adige地区以特选葡萄酒精酿的酒可用此名称。

6. Azienda, Azienda agricola, Azienda agraria, Azienda Vitivinicola～皆表示是私人酒庄。

7. Bianco～白色或白酒

8. Cantina Sociale, Cooperativa～表合作社酒庄

9. Casa Vinicola～葡萄酒公司

10. Cascina～北意大利名称，表农庄或酒庄。

11. Cerasuolo～樱桃红，形容玫瑰红酒的生动颜色。

12. Chiaretto～介于非常浅的红和玫瑰红之间的颜色

13. Classico～D.O.C.区域的最佳部分

14. Consorzio～一群控制并发展葡萄酒的制造者

15. Dolce～非常甜

16．Fattoria～生产者，酒庄。

17．Fermentazione Naturale～在桶中或瓶中以天然方法生产的气泡酒

18．Fiore～原意是花朵，常用作葡萄酒的部分名称，另一意是表较佳品质，表示酿酒所采用的是第一次压榨出来的葡萄汁。

19．Frizzantino～微少气泡的气泡酒

20．Frizzante～半气泡酒和Petillant意思相当

23．Metodo Champenois～法国香槟的意大利文，和Metodo Classico，Spumante Classico意思一样。

24．Passito～用半干葡萄酿造的浓烈且通常是甜味的酒

25．Pastoso～中等甜度

26．Ramato～指一种黄铜颜色的酒，它是用表皮略软化的Pinot Grigio葡萄酿的。

27．Recioto～用Passito葡萄酿的浓烈甜味葡萄酒

28．Rapasso～用Recioto葡萄酒再发酵做的酒

29．Riserva、Riserva Speciale～依据法令规定贮存熟成年限存放的D.O.C.酒，Speciale表示更老。

30．Rosato～玫瑰红酒

31．Rosso～红酒

32．Secco～口味干

33．Semi-Secco～中等甜度

34．Spumante～十足的气泡酒

35．Stravecchio～根据D.O.C.法规，表示非常陈年的酒。

36．superiore～酒精度较高的D.O.C.酒，或品质较佳的酒。

37．Uvaggio～用多种葡萄品种混合酿制的酒

38．Vecchio～陈年的

39．Vin Santo 或 Vino Santo～用Passito葡萄酿造数年，贮存在顶上开盖的木桶内制作的传统甜白葡萄酒，有时也有干口味的。

40．Vino Novello～新酒，如同法国布根地薄酒莱新酒。

41．Vino da Pasto～普通葡萄酒

42．Nero～暗红色

43．Vino Cotto～用加热法浓缩糖份，提高酒精度酿制的葡萄酒。

44．Tenementi～持有产权

意大利的好酒

Brunello Di Montalcino(DOCG)　　　　　　　　　　　　Tuscany

Carmignano(DOC)　　　　Tuscany

Chianti(DOC)　　　　Tuscany

Rosso Di Montalcino(DOC)　　　　　　　　　　　　Tuscany

Vino Nobile Di Montepulciano (DOCG)　　　　Tuscany

典藏之美

Asti Spumante(DOC)	Piedmont
Barbaresco	Piedmont
Barbera d'Alba	Piedmont
Caramino(VT)	Piedmont
Cortese Di Gavi(DOC)	Piedmont
Gattinara(DOC)	Piedmont
Chemme(DOC)	Piedmont
Moscato D'Asti(DOC)	Piedmont
Nebbiolo D'Alba(DOC)	Piedmont
Lison Pramaggiore(DOC)	Veneto
Soave(DOC)	Veneto
Bardolino(DOC)	Veneto
Valpolicella(DOC)	Veneto
Valpantena(DOC)	Veneto

南非酒标解读

A．酒产区是 Stellenbosch

B．酒庄的标记

C．私人酒庄名称

D．酿酒葡萄采收年份

E．葡萄品种

F．私人酒庄生产的酒

G．Bergkelder 公司的标记

H．说明该瓶酒由 Meerlust 私人酒庄生产酿造，却是由 Stellenbosch 酒区的 Bergkelder 公司贮存、装瓶、销售 Bergkelder 公司在 Stellenbosch 酒区共有19个会员葡萄酒庄，全由她贮存、装瓶、销售。

I．容量0.75升，即750毫升

J．酒度

K．由南非生产及装瓶

南非酒标用语

1. Edel Laat-0eS～相当于英文"Noble Late Harvest"，意指所采用的酿酒葡萄是晚采收且部分已受贵族霉感染。这种酒绝不能添加额外酒精强化，对酒精浓度没有最低限制，但规定每升酒中糖分含量至少要有50克。

2. Edelkeur～贵族霉

3. Fortified or Ligueur Wine～南非规定这类酒的酒精含量应在16.5%～22%。

4. Gebottel in～由……装瓶

5. Gekweek en Gemaak op～由……栽种和酿造。

6．Geproduser en Gebottel in die Republiek van Sud-Africa～由南非共和国生产和装瓶。

7．Jerepigo～是一种非常甜的利口酒，每升酒中糖份含量高达至少160克。

8．Laat-Oes～晚收成葡萄，即英文"Late Harvest"。

9．Moskonfyt～浓缩葡萄汁

10．Oesjaar～年份

11．Semi-Soet～"半甜"口味的酒

12．Spesiale Laat-Oes～精选晚摘葡萄，即英文"Special Late Harvest"。

匈牙利酒标解读

A．匈牙利(德文)

B．酿酒葡萄采收年份

C．特凯(匈牙利文)

D．正常采收期

E．甜味(德文)

F．容量

G．酒度

H．甜味(英文)

I．甜味(匈牙利文)

匈牙利酒标用语

1．Asztali Bor～日常餐酒

2．Aszu～迟摘甜葡萄

3．Borkulonlegessege Szologaz-dasaganak～以地区命名的葡萄园特产酒。

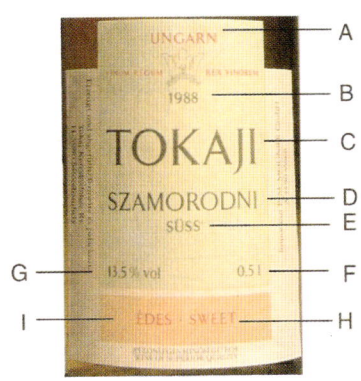

4．Edes～甜

5．Feher～白(葡萄酒)

6．Habzo～气泡酒

7．Kimert Bor～普通葡萄酒

8．Magyar Allami Pincegazdasag～匈牙利国有酒窖

9．Minosegi Bor～最优良品质葡萄酒

10．Palackozott～瓶装

11．Szamorodni～正常采收期(多指特凯白酒未采用迟摘甜葡萄酿造，而使酿造出的酒质呈干型口味)。

12．Szaraz～干型口味

13．Tokaji～英文Tokay，特凯白酒，是酒名，也是产区名，相当于德国的Auslese。

14．Voros～红(葡萄酒)

葡萄牙酒标解读

A．特选陈年葡萄酒

典藏之美

B．年份

C．酒厂名

D．酒产区

E．简称ＤＯＣ，是最高级，相当于法国的ＡＯＣ等级

F．红酒

G．装瓶者及地址

H．酒度

I．容量

J．葡萄牙产区

葡萄牙酒标用语

1．Adamado～甜型口味

2．Adega～酒窖

3．Aperitivo～开胃酒

4．Branco～白酒

5．Bruto～即法文Brut之意，形容干型口味的气泡酒。

6．Casta～葡萄品种

7．Casta Predominante～表酿酒用的主要葡萄品种

8．Clarete～波尔多风格的

9．Claro～新酒

10．Colheita～即年份(Vintage)之意，通常后面会接实际年份的数字。

11．Carvalho～橡木

12．Doce～甜

13．Engarrafado～由……装瓶

14．Espumante～气泡酒

15．Garrafeira～特选陈年的年份酒，只能用于有年份的葡萄酒，酒中的酒精含量应比　最低标准高出０.５％，而且红酒至少要有三年的贮存陈年，其中一年是瓶中贮存，白酒需有一年以上贮存陈年，且其中半年是瓶中贮存。

16．Generoso～指酒精高且通常是甜型口味的开胃酒或气泡酒

17．Licoroso～强化酒

18．Maduro～成熟的

19．Quinta～由私人葡萄园或酒庄产制的葡萄酒

20．Reserva～最佳品质年份酒，酒可以来自特定地区，也可以是数区的混合。

21．Rosado～玫瑰红酒

22．Seco～干型口味，英文DRY之意

23．Selo de Origem～表示保证是特定产区生产的

24．Tinto～红酒

25．Velho～陈年，虽无法律规定，但只要用Velho这个字，就表示红酒至少有

爱恋葡萄酒

三年的陈年，白酒有两年的陈年。

26.Vinha～葡萄园

法国布根地酒标解读

A.产区名称

B.该瓶酒属夜之丘区（Cote de Nuits)Geverey—Chambertin 村庄的

Charmes-Chambertin 特等葡萄园酿制生产的红酒

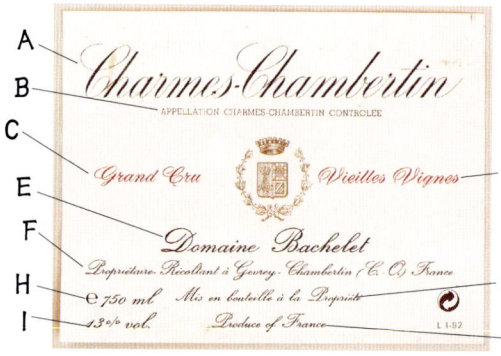

C.特等葡萄园

D.采用老葡萄树生产的葡萄来酿制该瓶酒

E.生产者的 Bachelet 独立酒厂

F.生产者地址

G.生产者装瓶

H.容量，750毫升，即0.75升。

I.酒度

J.外销酒规定标明"法国生产"字样

法国波尔多酒标解读

A.Produce of France～法国生产，法令规定外销酒一定要在酒标上标明。

B.Chateau Leleu～酒庄名称

C.Bordeaux Superieur～指波尔多地区生产的酒，质比ＡＯＣ波尔多优良些，最低酒精度红酒为１０.５度以上，白酒１１.５度以上。

D.Appelation Bordeaux Superieur Controlee～由波尔多区内生产的优良葡萄酒

E.1994～葡萄采收的年份

F.Marie Claude et Claude Riviere～生产者姓名

G.生产者地址

H.12.5%Vol～酒度

I.750ｍl～容量，750毫升，即0.75升。

J.Mis en Bouteille au Chateau～在酒庄中装瓶

法国酒标用语

1.Barrique～贮酒木桶，每个约可容纳２２５升的葡萄酒，亦即可装０.７５升的酒约300瓶。

2.Blanc de Blanc～用白葡萄酿出的白酒

3.Blanc de Noirs～用红葡萄酿出的白酒

4.Brut～香槟中"干"的口味，含糖２％以下。

典藏之美

5.Cave Cooperative～政府支持的酿酒合作社

6.Clairet～很淡颜色的红酒，快速发酵且不宜存放，应立即饮用的酒。

7.Cuve～酒瓶

8.Demi Sec～香槟"很甜"的口味，含糖量4%～6%。

9.Demijohn～波尔多区的一种大酒瓶，约2.5升。

10.Domaine～独立酒厂

11.Doux～香槟中"最甜"的口味，含糖量在6%以上。

12.Extra-Dry～香槟中"较不甜"的口味，含糖量1.5%—2.5%。

13.Methode Champenoise～香槟法，指在瓶中二度发酵的方法。

14.Millesime～制造年份

15.Mis en Bouteille au Chateau～酒庄装瓶

16.Mis en Bouteille Dans Nos Chais～指酒商装瓶的葡萄酒

17.Mousseux～气泡酒（香槟以外）

18.Negociant～指向农民购买葡萄或葡萄酒，经加工装瓶出售的葡萄酒商，英文称"Shipper"。

19.Petillant～半(弱)气泡酒

20.Proprietaire Recoltant～自行栽种、生产、酿造的葡萄。

21.Rose～玫瑰红酒

22.Sec～香槟中"较甜"口味，含糖量在2%—4%。

23.Vin～葡萄酒

24.Vin Blanc～白酒

25.Vin de Paille～用放在麦杆上晾干之葡萄酿成的白酒

26.Vin Doux Naturel～发酵中途添加酒精使发酵停止的甜酒

27.Vin Gris～用红葡萄压汁酿的白酒

28.Vin Jaune～黄色的酒

29.Vin Nouveau～新酒，尤指薄酒莱这类需年轻饮用的酒。

30.Vin Rouge红酒

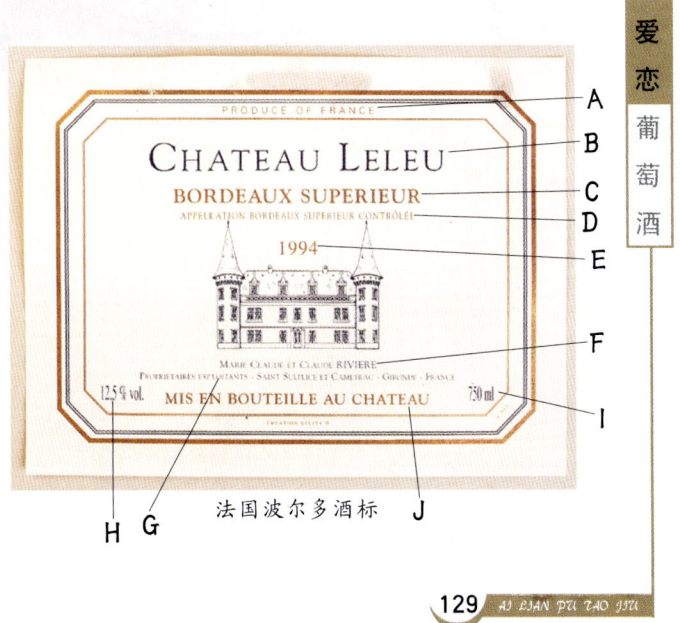

法国波尔多酒标

爱恋葡萄酒

典藏之美

欣赏酒瓶

大家都知道欧洲人是比较传统保守的，这可以由他们的建筑、服饰、生活习惯等各方面表现出来。显现在葡萄酒方面，而让我们都随时能看到的，就是盛装葡萄酒用的瓶子。虽然各酒产国并没有规定酒瓶的外形，但习惯成自然，久而久之，各产区使用其独特造型的酒瓶，使人只要一看瓶子就立刻知道是哪里生产的酒了。

以德国而言，大部分德国酒的酒瓶是传统细长流线型像天鹅脖子般的瓶子，其中摩泽尔（Mosel）酒区的瓶子是绿色的，而莱茵地区（Rheine）的酒瓶则是棕色的。另外在法朗肯（Franken）地区

故意做成不规则形状的酒瓶

以及巴登（Baden）的部分地区则是使用扁平大肚绿色酒瓶来盛装葡萄酒。这种酒瓶有个专有名称是"巴克斯波以透"（Bocksbeutel）。

法国的阿尔萨斯酒区（Alsace）由于第一次世界大战前属于德国领土，承袭使用德国惯用的细长颈流线型瓶

不同酒瓶的造型

布根地酒瓶　　波尔多酒瓶

爱恋葡萄酒

爱恋葡萄酒

不同色彩与造型的酒瓶

子。波尔多地区(Bordeaux)的酒瓶设计有如男士般有宽阔圆壮的肩膀；而布根地地区(Burgundy)的酒瓶则圆浑修长有如淑女的身材。比较特别的是法国香槟所使用的瓶子，它比一般葡萄酒的酒瓶要厚重许多，空瓶净重就有900克，而一般葡萄酒的空瓶重量只有500克左右。香槟酒瓶设计得特别厚实坚固，是因为香槟酒自然产生气泡及压力，如果是用普通的葡萄酒瓶盛装，在运送途中只要碰撞，瓶子挡受不住压力就会爆裂破掉。

欧洲人传统保守性格的唯一例外就是意大利人。表现在服装设计、皮件皮饰甚至酒瓶造型上，意大利人都常以独特创新与众不同而出名。比如姬雁蒂(Chianti)是装在包着稻草的大肚圆瓶(Flasco)中；另外还有许多流线造型的葡萄酒瓶多得不可尽数。

美国人崇尚自由民主，对酒瓶设计也随各个酒庄自行决定，因此没有一定的规则可循。但部分酒庄这两年为使倒酒时酒液不易滴流，而设计加宽了瓶口部位的圈形，倒也充分展现他们改进革新、追求完美的性格。

无论哪一个国家，使用哪一种形式的葡萄酒瓶，瓶子的颜色非绿即棕，或是呈深颜色，因为深色可以减缓瓶内葡萄酒的熟成过程。若是用浅色瓶子盛装，葡萄

设计独特的酒瓶造型

爱恋葡萄酒

典藏之美

酒熟成迅速，可能还来不及喝就已经变质腐坏了。比较好的葡萄酒，常盛装在瓶底中央凹进去的瓶中，那是为了有助于把贮存时自然产生的沉淀物留在瓶底四周而设计的。小小酒瓶，不注意还真不知道也挺有学问的呢！

欧美人士爱惜物资，也注重环保，因此常常在倒完酒后，不丢弃酒瓶，反而动脑筋废物利用。我在维也纳的一家餐厅看过他们把空酒瓶当花瓶插花用。在德国慕尼黑的一间酒馆里，看到他们把空酒瓶当烛台用，烛泪厚厚地滴落在瓶口四周，也满有一番古意的。在美国纳帕谷地的许多餐厅，则是把空酒瓶内装油，再塞上一个灯芯塞子，自制成浪漫的酒瓶油灯。在台湾我也见到几家餐厅布置清爽简单，白墙壁除挂了三两幅画外，就以客人开过的空酒瓶为装饰，五颜六色，高低参差，倒也挺美观有趣，或许还可增进来客开酒的欲望呢！谁说空酒瓶没有用？

幻想中的酒瓶

一直以来葡萄酒都是以玻璃瓶盛装，再以软木塞封口。传统的这种包装花费成本不轻，加上玻璃瓶及木塞价格日渐上涨，占了葡萄酒总成本不小的比例。欧美人士常饮用的清淡餐酒一向以价格低廉为号召，又不需长时间贮存，如果要负担昂贵包装不但不划算，也根本负担不起，因此许多平价餐酒早已改用成本较低的新包装了。

最早改换包装的是欧洲的日常餐酒。它们仍然用玻璃瓶盛装，但瓶盖则改成旋转式铝盖。它的好处在于方便简易，

酒庄建筑外墙也颇有品味

爱恋葡萄酒

爱恋葡萄酒

酒庄门外在展示贩售的样酒（空瓶）

无论郊游旅行身在何处，只要旋扭打开即可饮用。缺点是旋转瓶盖易松脱漏气，酒质不能长久保持。

科技更进步，除了有罐装汽水、罐装啤酒，商人们也动脑筋创造了罐装易拉罐葡萄酒。它的好处也是携带方便，开罐简易，密闭真空酒质也得以保持长久。但存放太久酒质中容易有金属味，就会减低饮用的乐趣与口感。澳大利亚酒商前几年大胆尝试把平价餐酒盛装在铝箔纸盒内，也就是与盒装牛奶类似的保鲜纸盒。另外还有三至五升装的则密封在塑料袋内，再放在硬纸盒中，附加一个塑料龙头倒酒。这些包装经济实惠也美观无污染，保鲜能力约为半年。对于不需长期存放的

夏天欧洲人喜欢在窗外种花美化建筑

典藏之美

平价餐酒，这些包装都足够了。

　　我个人幻想中的酒瓶，却不是以减低成本为目标作设计，我是以实用性及收藏性作考虑。我希望有朝一日葡萄酒也能像烈酒一样推出小瓶的样品酒。如果各家酒庄都有自己的小样品酒，对我们品酒而言，除了降低买大瓶酒的花费，减少凑人同饮的麻烦，也不会万一喝不完，造成浪费或使酒质变质。尤其是顶级酒庄如天价般的葡萄酒，动辄一瓶上万元，有几个人品尝得起，又能品尝多少种呢？变成小样品酒，因为量少自然价格降低，谁都买得起，也能在相同预算下多品尝好多种不同酒庄的酒，岂不是让人更快乐？再以收藏的眼光来说，样品酒小巧可爱，又不占空间，原来贮存百瓶酒的场地用来贮存样品葡萄酒至少可存放千瓶。出门在外放一瓶在口袋随时可以品尝；要与朋友拂尘

共赏讨论品饮心得也尽可把玩于手。对于我的葡萄酒教学，小样品酒也十分方便，每个学生除讲义外，发给一套各式各样具代表性的样品葡萄酒，谈到哪儿品到哪儿，活的教学，学生立刻可以体会出不同品种、不同酒质、不同等级葡萄酒的差异何在。我左思右想，样品葡萄酒有百利而无一害，只不知何时才能见其问世？

精心设计的酒庄标志

爱恋葡萄酒

爱恋葡萄酒

美酒的声音

欧皮兹在自酿的酒瓶上签名

我喜欢优美的音乐，不管是肖邦还是莫扎特，不论是国乐还是西洋交响乐，只要是优美的音乐我都喜欢。但是有一次，这辈子至今也仅只这一次，我真正欣赏了最美妙的音乐——大自然寂静的天籁。

那是25年前，有一次坐船去中国香港附近的离岛，岛上有个庙，由小码头走到庙里，要翻山越岭走不少路才能到达。清晨的山里雾气弥漫，放眼看不出五公尺外的东西，金色微曦不时穿透枝丫映在脸上。走得气喘吁吁随意坐在林中空旷处一块大石上，一旦停步静下心来，四处杳无人烟，毫无声响，晨雾围绕，空气清新，我倾耳细听无声，一心直想着Listen to nothing，顿时心中一片平和安宁。过了好一会儿，连呼吸都不敢大声，生怕打破那份宁静。雾渐渐散去，小鸟开始在枝头跳跃，风吹树摇，远处小狗吠叫，刚才那份宁静再也寻不回了。但享受过的寂静大自然天籁一直藏在心怀。

有这种运气的人不止我一个，奥地利的欧皮兹也有类似的经验。有一个夜晚，他独自一人在住宅底下凉爽

贝多芬纪念酒的酒标

典藏之美

欧皮兹的酒窖

的小酒窖里工作，四处寂静，只有橡木桶里葡萄汁发酵噗噗冒气泡汩汩流动的声响。在美酒释放气体迸散悦耳音符的包围下，他忽然体会到祖父常说"葡萄借着发酵过程陈述自己的一生，如果气泡韵律不规则，一定是有些葡萄在枝藤上就坏了，或在收成时受到损伤。"此后他细心留意，发现美酒佳酿发出的声音和音调，因使用的葡萄种类和发酵的程度而异。刚开始发酵时，气泡形成缓慢，发酵够久了，就会出现接连不断的密集的噼里啪啦声。不同葡萄也有各自独特的声音：琼瑶浆葡萄声音缓慢单调，欧皮兹一号精选干甜葡萄特级良质酒（Opitz One Trockenbeerenauslese）会发出"欧普斯、欧普斯"的声音。

欧皮兹在寂静中体会到这最美妙的音乐，他决定要跟更多人分享美酒之歌，于是在酒窖里录下了十多种发酵葡萄酒发出的声音，也同时为四桶酒、六桶酒录音，组合为四重奏、六重奏，制作成光盘。没想到他的光盘一推出，就引起广泛回响，供不应求。有一家温泉浴室用它作为水疗浴池的背景音乐，有一个丹麦舞团用它来编排芭蕾舞；更有许多人喜欢边品饮佳酿，边欣赏美酒乐曲，使人在欢畅中达到浑然忘我的境界。欧皮兹的巧思把葡萄释放的微醺音符，化为乐曲，自娱娱人不亦快哉。

欧皮兹可爱的家

爱恋葡萄酒

爱恋葡萄酒

酒标收集法

我也和许多喜欢品饮葡萄酒的人一样，有收集喝过葡萄酒酒标的习惯，因为唯有喝过的空瓶，才能把酒标取下。多年来各种各样的酒标也收集得不少。六年前去美国加州纳帕谷地葡萄酒产区参观游览，发现各家酒庄都可免费赠送当年剩下全新尚未使用的酒标。五颜六色、平平整整的，让人看了爱不释手，这一口气又让我的酒标收藏增加了许多。不过近两年再去纳帕谷地，可能因为收集酒标的人太多，供不应求，各家酒庄已不再赠送，而是以订定价钱一套套的方式出售。

怎么将标签从瓶子上面取下来？

酒庄用来粘贴酒标所用的胶水各不相同，有些黏性很强，有些黏度较弱。喝完的空酒瓶要取下酒标时，一般只要浸泡在冷水内一段时间，酒标纸就会自动脱落，偶尔遇到浸泡好半天还拿不下来

酒标

的酒标，千万不要没耐性用撕的，只会损伤酒标。最好是再把酒瓶浸在温热水中，过一段时间酒标纸一定会脱落下来。

刚取下的湿酒标先用纸巾轻吸掉水分，再压平以印刷面朝下的方式放置，它会自然风干平整。若是没有压平风干，酒标纸在干燥后会卷曲甚至起皱褶。如果急着要弄干酒标，可以把它趁湿贴在温热的烤箱或意式咖啡机外，或是用吹风机吹，酒标很快就会干了。另外要注意的是浸泡酒瓶前最好先把瓶内残酒冲洗干净，以免浸泡时剩余的酒万一混入水中，可能污染了辛苦取下的酒标。

有条不紊便于欣赏零散的酒标，大小尺寸不一，堆叠放置会弄得一团混乱。好朋友送我一本酒标收集本，印刷得精美漂亮，还有皮面封套，里面每一页可以粘贴一张酒标。A4的内页，每张纸上半部空白，以便粘贴酒标，下半部则以填空格的方式注明酒庄、产区，生产国，酒的种类、年份、购买价格，购买地点，购买日期、品饮地点、品饮日期，共同品酒者姓名、酒的颜色，以及酒的质地、香味、口感、整体结论等，再以分隔纸区分红酒类，白酒类，玫瑰红酒类及开胃酒类。所有内页全是三孔活页，因此要取用，增页，找资料

典藏之美

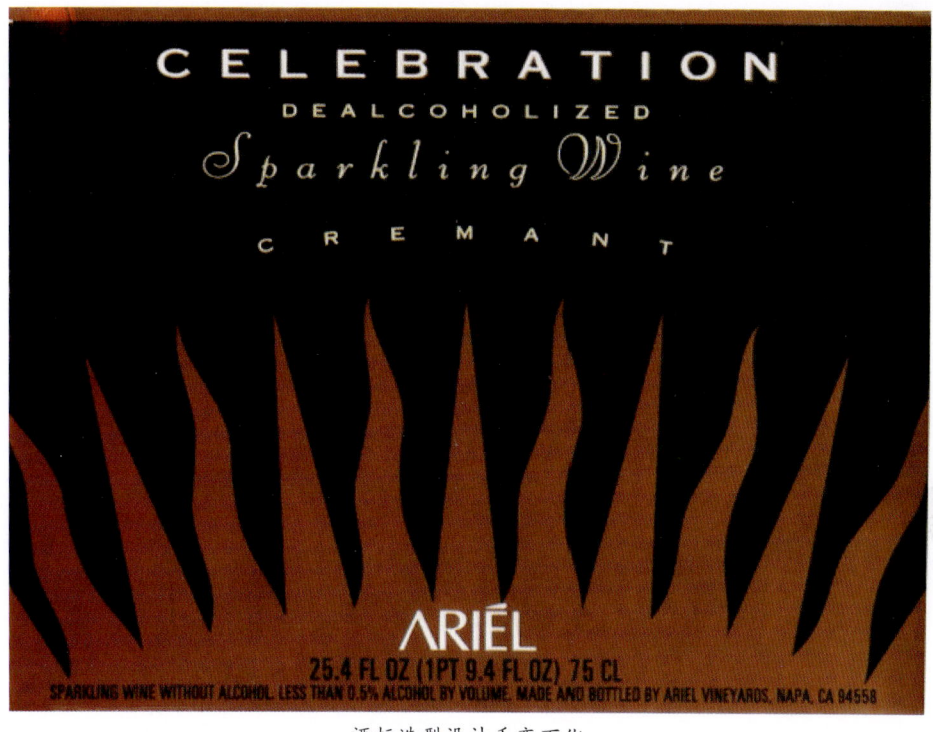

酒标造型设计千变万化

都很方便省时。要与好友共享时,翻阅细数,绝无遗漏。如果不敷使用,可以预留一张空白,直接影印,当然也可以自己设计或改成中文书写。

我有些朋友比我还讲究,特别用计算机绘图、彩色影印,把记录簿的内页设计得十分雅致美观。甚至还有人嫌用胶套罩着还不够好,特地把每一张记录都作了护贝,使它绝没有脱胶遗失或灰尘脏污的可能。说起来好像挺麻烦,其实真的去做,却一点也不难。没做过品酒记录、酒标收集的可能会嫌烦,但是一旦做了,你就会乐此不疲,欲罢不能,看着日渐增厚的记录本,觉得愈来愈有成就了。

附注:

在美国和日本,有一种更新式的酒标贴纸,看来像有黏性的护贝胶膜。把它平整地贴在干燥清洁的酒标上,用汤匙背刮平,使胶膜和酒标完全密合,再小心把胶膜揭开撕起,标签表层的图样就可以一并粘附取下来,但如果粘贴胶膜时,中间留有气泡,就会使取下的酒标看起来像癞痢头,反而损及美观,甚至毁坏了得来不易的珍贵标签,所以使用时一定要小心。

爱恋葡萄酒

爱恋葡萄酒

醇酒之乡

爱恋葡萄酒

醇酒之乡

法国酒的等级

在我国台湾大家都知道葡萄酒有益健康，葡萄酒是流行的风潮，亲朋好友之间送礼，早已舍弃进口XO白兰地改换成葡萄酒了。但是一到酒品专卖店，那么多的瓶子，上面全是外国文字，不要说英文看不懂，有些还是德文、法文、西班牙文，简直像天书一样，只能随店员胡乱介绍，也不知到底是不是物有所值。许多朋友都来问我，希望了解酒的分类，免得像上次小王一样花许多钱买葡萄酒送礼，自以为已用大钱表示了心意，而受礼的行家一看只不过是法国级数很普通的酒，结果枉费心思、金钱，别人也不领情，真是可惜。爱小酌两杯的国人朋友，对于五粮液、剑南春、茅台的等级和价格，必定有相当了解，对于葡萄酒若能也略知一二，逢到收、送礼或与外国友人共餐同饮时，就知道如何选择了。

法国的葡萄酒，无论红酒、白酒，由差至好可分为四种等级：

（一）日常餐酒（Vins De Table），这是占法国葡萄酒75%产量的酒，也是法国人一般日常当饮料喝得最多的酒。它不限制年份、葡萄品种、产地、包装。若是出口只要注明"法国产制"即可。

（二）地区餐酒(Vins De Pays)，不限制年份、葡萄品种，但限制产区且不得混合酒。通常在Vins De Pays字样后会紧接列出产区名。

（三）优良地区餐酒(Vins De Limites De Qualite Superieure)，缩写为V.D.Q.S.，它的限制条件和下面将提到第一级AOC的限制条件差不多，但执行较为宽松。

（四）法定产区酒(Appelation Dorigine Controlee)，简称AOC的酒。这

法国VIN DE PAYS地区餐酒，年份、葡萄品种等各不相同。

爱恋葡萄酒

法定产区酒，现值约人民币3万元

是法国第一级的酒，酒瓶标签上在Appelation和Controlee 二字之间会注明该酒产区的名称，产区越小酒质愈佳，产区愈大酒质愈差些，且价格也便宜些。举例而言，大家都知道山东烟台出产的富士苹果是最好的，品质优良，清香适口。如果买的是山东出产的富士苹果，则可能混掺了山东省其他地区出产的苹果，结果就不那么精纯。

凡属于AOC的酒，必须符合AOC的规定，其中规定的范围很广泛，从土壤成分、葡萄品种、种植方法、酿制过程、酒精含量、木桶贮存期等全有详尽规定。违反规定会被重罚，产品会被降级或贬而仅能供作蒸馏白兰地酒之用。严格管制的目的在于保障消费者权益，确保酒的产区与质量相符。因此我们在购买法国酒时，只要酒标上有注明AOC字样，就可以知道该瓶酒有一定的品质标准，买时可以先安下一半的心。目前在中国市面上见到的法国酒，几乎各种等级都可买到了。

法国的酒产区

法国，几乎已经成为"浪漫"这个名词的同义字。一提到法国，就想到凡尔赛皇宫，一说到巴黎，高耸的铁塔立即浮现眼前，法国不仅只是环境优美，文化艺术品味高，它的科技水准更是不容忽视。法国农民充分利用他们所拥有的知识、技术、土地、气候、品味，发展出另一种足以傲视世界的葡萄酒文化。

法国的葡萄酒产量不是世界最多的，但它所产葡萄酒的总体品质却是世界最佳的。法国的全国总面积是54.7万多平方公里，约为我国台湾的15倍，境内有高山、河流、丘陵、平原，地形复杂多变，不同地区适宜不同酿酒葡萄的栽植，因此酿出的葡萄酒风格也各具特色。

法国阿尔萨斯区白酒

醇酒之乡

法国的葡萄酒产区有12个,最佳产区首推波尔多区(Bordeaux),波尔多产红酒与干、甜白酒,品质不但是称誉法国,也深受世界饮家们的推崇。

布根地酒区(Burgundy)红、白葡萄酒都有生产,产品品质相当出色。

法国东南部隆河流域两岸是历史悠久的隆河谷地(Rhone Valley)酒产区,本区气候温暖,产品品质稳定,价格合理,深受大众喜爱。

最靠法国北部,也是离巴黎最近的酒产区是香槟区(Champagne),生产独一无二的香槟酒。世上出产的气泡酒唯有由香槟区生产的才能称为香槟酒。

法国东北部是阿尔萨斯(Alsace)酒产

法.AOC.MEDOC　　法.香槟区

区,阿尔萨斯隔着莱茵河与德国为邻。

由法国中部流入大西洋的卢瓦尔河及其谷地(Loire Valley)是另一个葡萄酒产区。由于河流长达1000公里,流域内可分为四个风格各异的酒区,红、白酒皆有生产。

法国南部沿地中海一带是普罗旺斯(Provence)酒产区。这里除红、白酒外,也生产许多玫瑰红酒。产品品质普通,适宜日常饮用。

法国南部沿地中海另一个酒区是兰格多克和鲁西雍(Languedoc-Roussillon),酒产量占全国40%。生产红、白酒与玫瑰红酒。早期生产日常餐酒,近年来力求进步,有些水准不错的酒,价格平实。

法国隆河谷地　　法.布根地.宝蒙丘
　　　　　　　　PULIGNY-MONTRACHET

爱恋葡萄酒

法国的西南区(South-West)葡萄酒产地，居于波尔多下方，葡萄园分散，产品风格特性各异。红、白酒及玫瑰红酒皆有生产，适合搭配当地浓郁口味的菜肴。

法国东部的侏罗区(Jura)可不是电影侏罗纪公园的恐龙产区，而是葡萄酒产区。区内葡萄园多位于面东的向阳斜坡，生产红、白酒及气泡酒。由于种植面积小，产量不大。

法国东部阿尔卑斯山区的萨瓦酒区(Savoie)，以生产白酒较多，另有少量红酒、玫瑰红酒和气泡酒，种植面积小，产量亦不大，多供当地消费。

位于普罗旺斯南方的科西嘉岛(Corsica)地势险峻，地理环境特殊，大部分生产红酒，也有少数白酒和玫瑰红酒，产品多供本地消费，绝少外销。

法国波尔多酒区

波尔多(Bordeaux)，它不只是地理课本上的死板地名，它是活生生存在，位于法国西南方，是吉隆特河(Gironde)、加伦河(Garonne)和多尔多涅河(Dordogne)流域的著名酒产区。波尔多所产多数为红酒，少数是白酒，无论红、白酒，品质都是蜚声国际，盛名远播。波尔多一地所产AOC等级的葡萄酒占全法国AOC酒1/4的产量。

波尔多地区一共有50多个生产高品质葡萄酒的AOC法定产区。它所产的酒如此受人喜爱的最主要原因是，波尔多享有得天独厚的地理环境。它有最适中的阳光，雨水和气温，使葡萄能充分圆满成长；同时由于区内不同的土壤成份和区域微形气候(Micro Climate)，使葡萄摄取多种元素，而致酿出的葡萄酒酒质复杂多元化，风格独树一帜。

波尔多区所有生产和外销的酒，都要经过法国国家产区管制单位I.N.A.O.(Institut National Des Appelations Do'gigine)这个单位管制。出口的酒要经过检验测试，如果品质不够，喝来不像波尔多酒，就不可以出口。因此品质可靠成为波尔多酒的另一特点。

许多年前法国的酒庄只管种植葡萄和酿酒，酿好了酒便卖给酒商，由酒商来进行木桶储存和装瓶。这种合作方式使酒庄减低经营成本，及早回收现金；而酒商也因生意量大，可以压低成本。大量存酒可以保证货源充足，又不需花脑筋管种植葡萄等事务，因此双方互惠合作多年。后来因少数不法酒商趁机把一些劣酒混入高品质酒中谋取暴利，于是在公元1942年由波

醇酒之乡

尔多区的莫顿酒庄（Ch.Mouton-Rothschild）发起"酒庄装瓶"的方式，将木桶贮存酒和装瓶密封的工作全由酒庄一手完成，然后才卖给代理商，以确保该酒庄出产酒的品质。因此只要酒标上印有Mis en Bouteilles au Chateau或au Domaine的字样，表示该瓶酒的整个酿制过程、木桶贮存、装瓶等手续全是在该酒庄内进行的，品质一定可靠。

波尔多区的大大小小酒庄共有九千多个，虽然法文都称作是Chateau，直译是"城堡"的意思，但可不一定全是城堡。有些的确和我们想象中宏伟石墙甚至有护城河的城堡一样，但多数不是那样，许多只是普通农舍而已。但无论房子如何，酒庄一定被葡萄园围绕，风景雅致优美，且有地窖贮存，使品质维持一贯的水准。

波尔多区的葡萄酒绝少使用单一葡萄品种酿制，通常是混合多种品种葡萄酿制而成。因此各酒庄最困难决定的问题就是葡萄品种的混合比例。不同葡萄有不同的基本特性，加上日照、气候每年改变，更使葡萄风味变化万千。决定每种葡萄所占比例，需要经验丰富的酒庄主人作判断。这不仅是最困难的决定，也是调制美酒的最高艺术。

春天刚发芽的葡萄藤

法国波尔多的红酒

法国波尔多地区生产的红葡萄酒占波尔多葡萄酒总产量的85%，用来混合酿制的葡萄品种主要有三种：

（一）赤霞珠（Cabernet Sauvignon）单宁重，赋予酒质厚实架构及熟成潜力。

（二）梅乐（Merlot）

给酒带来甜度，使新酒即能柔和宜人。

是圣塔美莉翁（St.Emilion）和波美后（Pomerol）的主要品种。

（三）品丽珠（Cabernet Franc）

它的特性介于上两种葡萄之间，强调酒中的果香并给酒带来复杂性。

波尔多的50多个AOC葡萄酒产区，其中有5个最杰出的，分别是：（1）梅多区（Medoc）只生产红酒，其中又有四个重要村庄次产区：圣茱莉安（St.Julien）、玛歌（Margaux）、利斯塔克（Listrac）、慕里（Moulis）。

（2）葛拉夫（Graves），生产红酒和干白酒。

（3）圣塔美莉翁（St.Emilion），只生产红酒。

（4）波美后（Pomerol），只生产红酒。

（5）苏代区（Sauternes），只生产甜白酒。

圣塔美莉翁和波美后两区的葡萄酒70%是梅乐葡萄品种，酿出的酒质丰满浓郁，平易近人，成熟得较快。而梅多区和葛拉夫则以赤霞珠葡萄品种为主来酿酒。酒质浓厚，单宁重，新酒喝来极为苦涩，但是贮存后酒质会变得温和、而且生命力极强，瓶内熟成可达十数年甚至上百年之久。

波尔多酒产区共有9000多个大小酒庄，没人能够记得全部，也实在弄不清其

法.波尔多.波美后区.　法.波尔多.圣塔美
CH.LAFLEUR.1982.　莉翁.FIGEAC.1982.

法.波尔多.玛歌区.CH.
PALMER.1985.第四级酒庄

醇酒之乡

法. 波尔多. 圣莱莉安区. CH. DUCRU BEAUCAILLOU. 1989. 第二级酒庄

法. 波尔多. 葛拉夫区. CH. LA MISSON HAUT BRION. 1982

产品优劣及价格差距。尤其对我们而言，法文名字又臭又长，连念都念不出，在选购时如何才能买到物有所值，恰到好处的酒呢？

公元1855年，法国政府为便于在巴黎的世界博览会上推广波尔多葡萄酒，就把梅多区的酒庄定了一个等级划分系统，依制作水准和售价高低将61个顶级酒庄(Grand Cru Classe)划分为五个等级。公元1973年再予以略加调整。

法国葡萄酒没有全国统一的分级标准，各个小区域各自为政，自行排列小区域内的等级。对购买法国酒的人而言，的确带来许多困扰，但也相对带来选购的乐趣。酒的价格和等级有密切关系，以梅多区61家酒庄分成五个等级为例，1等酒比2等酒贵25%，五等酒为2等酒的半价，因此若2等酒1瓶是1000元，则1等酒卖1250元，五等酒是500元，三、四等酒则介于500与1000元之间，约670元和850元左右。

法国波尔多的白酒

波尔多区的白酒产在两个地方，一是葛拉夫，一是在苏代区。葛拉夫的白酒以白苏维翁(Sauvignon Blanc)和塞米伦(Semillon)两种葡萄为主，所生产的白酒占葛拉夫葡萄酒总产量的40%。购买时选购好年份的酒庄酒，品质绝对保证。葛拉夫所产的白酒多为不甜的干白酒，和苏代区虽用一样的葡萄酿酒，但苏代区生产的全是甜白酒。

苏代区由于地理形势特殊，上午常笼罩着晨雾，而下午则阳光普照，气候晴朗。这种潮湿气候最适合一种学名叫Botrytis-Cinerea的霉菌生长。当成熟的葡萄感染到这种霉菌，菌丝会穿入葡萄内将水分吸干，使葡萄干扁、颜色变深棕色，像葡萄干似的垂挂着。此时葡萄内的糖份被浓缩，甜度极高，采用这种葡萄酿酒就

爱恋葡萄酒

爱恋葡萄酒

法.苏代区.CUVEE DU BONTEMPS.1988

法.波尔多.葛拉夫区.CUVEE DE LA COMMANDARIE DU BONTEMPS BLANC.1993

可酿出有独特香味的白酒。

一般霉菌多让人觉得讨厌，唯有这种霉菌让葡萄果农期待但深怕受伤害。怎么说呢？由于这种霉菌对葡萄特殊作用才能酿成珍贵少有的甜白酒，因此他们称这种霉菌为贵族霉(Noble Rot)，以示其珍贵。但这种贵族霉若一直处于极潮湿的环境内，会变成灰霉病，而使葡萄烂掉，就全部损失不能酿酒了。因此在葡萄成熟期，上午潮湿下午晴朗的气候对贵族霉葡萄是极重要的。

同一个葡萄园内，同一串葡萄上的每一颗葡萄感染贵族霉的程度都不一致，因此采收时需耗用大批人力，以手工拣选的方式将一颗颗适当感染的干扁贵族霉葡萄取下，一串葡萄可能需要十几次的拣选才能完成采摘，整个葡萄园可能要耗费两个月才能采收完毕。这种延迟收成冒险很大，如果下起大雨使普通霉菌迅速滋长，则葡萄腐烂全年收成就化为乌有了。

由于葡萄内糖份含量极高，发酵的时候糖份经酵母作用转化为酒精，当酒精度高到16%时，酵母菌被抑制不再作用，剩余未发酵的糖份就被留下来而使酿好的酒成为甜味白酒。贵族霉甜白酒的生命力非常强，经过一段长时期的瓶内熟成存放，酒质会愈加完美，颜色也会变得橙黄。

苏代区生产的甜白酒，最抢手、售价最高的首推迪琴酒庄(Chateau au Dyquem)酿的白酒。迪琴对产品的质量要求极高，一般都说，假如一棵葡萄树生产的葡萄酿一瓶酒，迪琴则是一棵葡萄树酿一杯酒。迪琴的甜白酒若贮存得宜，酒龄可高达百年以上，其售价常在每瓶人民币三五千元以上，还不易买到呢！

由于生产贵族霉甜白酒需要特殊的地理环境与气候，世界各酒产国及产区许多曾尝试过但都极少成功的。目前除波尔多的苏代区外，德国的莱茵区(RHINE)和摩泽尔区，匈牙利的特凯区(TOKAY)，以及澳大利亚和奥地利均有生产。

醇酒之乡

法国波尔多酒庄分级制度

1855年对波尔多葡萄酒可说是非常重要的一年。因为法国政府把当时梅多区2000多家酒庄，依制作水准和价格高低划分等级。先选出61家顶级酒庄，也就是品质最好、价格最高的。这61家顶级酒庄又分为五等，第一等在当时评定有四家，分别位于玛歌地区（Margaux）的玛歌酒庄（ChateauMargaux）、位于波依雅克（Pauillac）的拉菲酒庄（Chateau Lafite-Rothschild）、勒图酒庄（Chateau Latour）和位于葛拉夫区的奥比昂酒庄

法. 五大顶级酒庄酒合照

（Chateau Haut-Brion）。奥比昂酒庄是唯一不属于梅多区的酒庄，但因其产品特性与梅多区类似，且品质特佳，因此也被同时列名。

这个等级

法. 圣塔美莉翁区.CH.CHEVAL 和 CH.BELAIR. 的红酒

分类沿用至今已151年了，唯有在1973年时，二等中排行首位的莫顿酒庄，由于长期以来一直维持并改进其产品品质，还聘请有名艺术家为其酒瓶标签添上姿彩，更成立了醇酒博物馆，因此得以被法国政府正式提升为第一等，这五家酒庄就是中国的朋友们知之甚详的五个第一等顶级酒庄。

1855年波尔多酒庄被划分等级时，圣塔美莉翁和波美后二区的酒庄并未被涵盖在内一同比较，因而不能获得评等。直到1955年，圣塔美莉翁区才被正式划分评等，选出14间品质最特出的一级酒庄，其中两家为A等，其余为B等。两家A等酒庄分别是薛佛

爱恋葡萄酒

布朗酒庄(Chateau Cheval-Blanc)和奥松酒庄(Chateau Ausone),它们是全区最可靠的酒庄,

法.波尔多.波美后区. 法.波尔多.波美后区.
CH.BEAUSEJOUR.1993 CH.PETRUS.1981

出众的品质都能保持稳定水准。

波美后区的酒庄到目前还未被分级,但其红酒品质卓越,受到全球各地的喜爱。由于产区小,酒厂规模不大,在供不应求情况下,价格一直居高不下。尤其是区内的佩珠酒庄(Chateau Petrus),特别注重老树的保养,酒园许多葡萄树都已逾40年树龄了。他们把树视为单独个体,无论浇水、翻土、采收,每一步骤都用人工一棵棵树地悉心照顾,加上适合的土壤,精良的酿酒技术,使得酿出的红酒浓郁芳香、圆浑柔和、有深度、稠度与高密度果香。

它95%用梅乐葡萄酿制,成熟快,但也能存放熟成许多年。有人说佩珠红酒是波尔多酒王,也有人说佩珠红酒像天鹅绒。无论如何,它是世界最昂贵的酒之一。伦敦拍卖会80年代的资料1961年份的五大酒庄中,玛歌、莫顿、勒图、拉菲红酒成交价每箱约在1700到2300英镑之间(约人民币2300-3150元),苏代区迪琴酒庄(Chateau Dyquem)的甜白酒成交价是每箱1250英镑(约人民币1700元),而同年份佩珠酒庄的红酒则以每箱8100英镑成交(约人民币11000元),由此可见一斑。

法.波尔多.波美后区.CH.LA FLEUR.1982

法.波尔多.波美后区.LE PIN.1982

法国波尔多五大酒庄

许多人想要了解五大酒庄在国际红酒市场上为何能一直居于领导地位?要了解原因首先必须对五大酒庄加以认识。

(一)拉菲酒庄(Ch.Lafite-Rothschild)

拉菲酒庄生产的红酒有红酒之后的称誉。它的酒园位于波依雅克

醇酒之乡

法.波尔多.波依雅克区.CH.LAFITE ROTHSCHILD.1975.五大顶级酒庄之一

法.波尔多.波依雅克区.CH.LAFITE ROTHSCHILD.1982

(Pauillac)最高的山丘，但有一小部分葡萄园属圣塔斯台夫区(St. Estephe)，由于已属拉菲家族拥有数百年，而被允许使用波依雅克的管制。拉菲酒庄由家族中的艾瑞克男爵(Baron Eric)以传统方式悉心照顾。在1970年中期作了一个改变，减少酒在木桶中的贮存期。目前所有红酒全用百分之百新橡木桶贮存，贮存期18到24个月。

拉菲酒庄红酒年产量25000箱，酿酒葡萄采用70%赤霞珠，12%品丽珠，15%梅乐(Merlot)，2%的小维尔多葡萄。最佳饮用时期为适当存放25到50年之间。

拉菲酒庄的酒有丰盈的稠度，完美的平衡，与复杂精致的口感，果香显着可口，回韵持续，具成熟单宁和橡木气息。

勒图酒庄（Ch. Latour）

勒图酒庄自1964年起开始使用可控温的不锈钢槽发酵葡萄，当时曾被法国人指责为"将第一等酒变为奶制品"，但此举并未损及酒质，勒图酒庄的酒是所有一等酒庄中品质最稳定的，甚至在不佳年份也有超水准的表现。它的酒全是在百分之百全新橡木桶中贮存20到24个月才装瓶。如果说拉菲酒庄的酒是优雅秀丽的典范，则勒图酒庄的酒就是豪放厚重的代表。勒图红酒颜色墨深，充分反映出酒质极度集中的味道和深邃的结构，香味不特别显著，酸甜及单宁平衡度极好，回韵甘美。

勒图酒庄红酒年产量16000箱，酿酒葡萄采用80%赤霞珠，10%品丽珠，10%梅乐。最佳年份不分，每年都是最佳年份。最佳饮用时期为适当存放30到60年之间。

法.波尔多.波依雅克区.CH.LATOUR.1970.五大顶级酒庄之一

法.波尔多.CH.LATOUR.1928

爱恋葡萄酒

爱恋葡萄酒

奥比昂酒庄（Ch. Haut-Brion）

法. 波尔多. 葛拉夫区. CH. HAUT-BRION.1994.五大顶级酒庄之一

法. 波尔多. CH. HAUT-BRION.1982

奥比昂酒庄建于14世纪，它的拥有者一直都是政经名人。公元1935年由美国银行家Glarence Dillon接手，自1962年起由他的儿子Douglas Dillon，也是前美国驻巴黎大使经营管理。奥比昂酒庄红、白酒皆有生产，红酒在不锈钢桶中发酵再放在百分之百全新橡木桶中贮存24到27个月，白酒则发酵贮存全在橡木桶内进行。

CHATEAU HAUT-BRION奥比昂酒庄的白酒直到1960年才上榜为特等等级，红酒自然长久以来都广受世界抢购与好评。奥比昂的红酒柔顺、有风格、浓郁丰盈、口感稠密，有像巧克力又似紫罗兰的香味。喝奥比昂红酒，要先给它充分的呼吸；饮用最好是选已贮存一段长时间的酒，太年轻的在韵味、内涵和深度方面都不如成熟的酒。

奥比昂酒庄红酒年产量12000箱，白酒年产800箱。红酒选用的葡萄55%赤霞珠，20%品丽珠、25%梅乐。最佳饮用时期为适当贮存10到40年之间。

玛歌酒庄（Ch. Margaux）

玛歌酒庄，有人称它是梅多区皇冠上的宝石，可见其产品品质之特出。但酒庄曾有一段时间陷入低潮，1977年由经营食物连锁店的Andre Mentzelopoulos家族收购整修，目前由其女儿女婿经营管理。自1978年以后，玛歌酒庄重生，产品品质稳定成长，重新放出宝石的光芒。玛歌红酒香气复杂，身段柔和，像天鹅绒般的酒质导出它的深度。顺势而下时有高雅持久复杂的回韵，并带出成熟单宁和橡木烟熏的香气。

法. 波尔多. 玛歌区. 玛歌酒庄. 1994.五大顶级酒庄之一

醇酒之乡

玛歌酒庄红酒年产量25000箱，选用的酿酒葡萄75%赤霞珠，5%品丽珠和小维尔多，20%梅乐。最佳饮用时期为适当贮存15到50年之间。

莫顿酒庄（Ch．Mouton—Rothschild ）

法．波尔多．波依雅克区．CH.MOUTON ROTHSCHILD.不同年份的各款红酒

唯一于1855年酒庄分级时被列为顶级二等第一名，但于1973年终于被提升而列名一等的酒庄。自1926年由PHILIPPE接掌管理，这位男爵一直努力改善酒园和酒质，由于他热爱艺术，便邀请现代派艺术家为其酒瓶标签作画。1973年酒庄获升等，同年的标签画是由毕加索画的，毕加索也于同年与世长辞。这位男爵与友人还创办了莫顿葡萄酒博物馆（MOUTON WINE MUSEUM），里面放满了与葡萄酒有关的艺术品、古董酒架、酒具、以及波尔多著名酒园各年份的酒瓶等。莫顿酒庄的红酒全用百分之百新橡木桶贮存22到24个月才装瓶。它的红酒有出色果香，令人齿颊留芳，口感均衡调和，甜度恰到好处，潜藏的特质使酒更具香草甚至薄荷味。

莫顿酒庄红酒年产量20000箱，酿酒葡萄采用85%赤霞珠，10%品丽珠、5%梅乐。最佳饮用时期为适当存放20到60年之间。

五大葡萄酒庄的红酒在全世界极受欢迎，在供不应求的情况下价格上涨迅速，使得不只是酒友，连投资者也纷纷抢购。

法．莫顿酒庄．1991．

爱恋葡萄酒

法国波尔多五大酒庄的副酒

法. PAUILLAC. CARRUADES DE LAFITE 为 CH. LAFITE-ROTHSCHILD 的副酒

法. LES FORTS DE LATOUR 为 CH. LATOUR 的副酒

法. MARGAUX 出. SEGLA. 1993 为 CH. RAUZAN-SEGLA 的副酒

第一次听到副酒（Second Wine）这个名称是十多年前在奥地利的时候。当时一位住在美国的老朋友，先到法国度假旅游两周，再到维也纳来看我时，带来的一瓶1989年(Carruades De Lafite)，乍一听Second Wine，立即想到Second Hand，家具物品有二手旧货，怎么连酒也有二手货呢？百思不得其解，连忙向带酒来的朋友请教。

原来法国波尔多地区的许多著名酒庄，对于长久以来好不容易建立起的名声非常爱惜，为了继续维持酒庄的良好声誉，因此对自身产品的品质要求极高，务必至少维持在以往一样的水准。维持水准不只是口头说说而已，从酿酒葡萄的选种、栽种、灌溉、收成，每一细节，无不小心翼翼加以注意。再加上精良的酿制技术，这才生产出相似水准的产品。如果这其中出了任何状况，葡萄酒酒质未达水准，知名酒庄不愿以自身已出名的正牌酒名称出售，怕毁了既有名誉，就以酒庄第二支酒也就是副酒的名义出售。

另有一种情况是酒庄葡萄园新种植的葡萄树，四年后可开始结果，但新枝葡萄鲜嫩，没有老树葡萄的沉韵，知名酒庄一般喜欢选用果粒小、果串少，果肉蕴含较好风味和香气的老树葡萄酿制正牌酒。像波美后(Pomerol)区的佩珠酒庄就用许多已40年树龄的老葡萄树果实酿酒，而新枝葡萄丢弃太可惜，于是采摘来酿制副酒出售。这种副酒除了葡萄果粒风味略差一点点外，其余酿制技术、设备仍属一流，因此副牌产品品质虽未达正牌水准，但也相差不远。

当然也有些顶级酒庄是不生产副酒的，遇有年份差，葡萄品质不佳时，就减少酒产量，仅选取合格葡萄酿酒，而将不合标准葡萄卖给价位品级较低的其他酒厂。如波依雅克区的莫顿酒庄就不生产副酒。

醇酒之乡

用老藤葡萄酿酒，虽然风味一流，但是由于老树藤的葡萄产量少，相对成本高，使知名酒庄的正牌酒价位居高不下。再加上供不应求，人为炒作，波尔多顶级酒庄的红酒，动辄就要卖到每瓶人民币2000元以上。这对喜爱品酒的人来说实在是负担不起，因此许多内行人就转而以仅1/3或1/4的价格改采买名厂副酒。副酒的酒质不错，价钱又便宜许多，对品饮者而言倒是顾到面子，也有了里子。除了买副酒外，识货行家还喜欢挑战冒险，在千百种佳酿里寻找物美价廉甚至物超所值的美酒，这更增添了买酒品饮的乐趣。

法国MEDOC 中级酒（CRU BOURGEOIS）两瓶合照

法国布根地酒区

爱看电影的朋友对"麻雀变凤凰"片中女主角朱丽亚萝勃丝吃田螺时，用夹子一夹田螺整颗飞到隔壁桌上的镜头，想必印象深刻。那颗飞掉的火焗田螺，不是别处的，正好就是布根地的特产。布根地的田螺之所以有名，是因为那儿淡颜色壳的田螺，长在葡萄园里，专吃葡萄藤的嫩枝新芽，个头壮硕肥大，味道鲜甜丰美，再用布根地出产的葡萄酒、香料一同烹调焗烤，滋味美妙，令人欲罢不能。能发明这道菜，真多亏了布根地的葡萄农们，为了驱除"害虫"，免得葡萄藤嫩芽被吃光，结不了果更酿不了酒，群起捕捉田螺这才创造出闻名于世的布根地焗田螺。

布根地的葡萄酒产区共有五个，分

法.布根地.宝蒙丘.
CHASSAGNE-MONTRACHET.1994

法.布根地.CHABLIS.1995

法.布根地.
MONTRACHET.1982

爱恋葡萄酒

爱恋葡萄酒

法.布根地.宝蒙丘.VOLNAY 1993.
法.布根地.金山丘.ROMANEE-CONTI.1959.
法.布根地.金山丘.RICHEBOURG.1978
法.布根地.宝蒙丘.POMMARD.1993
法.布根地.宝蒙丘.CORTON CHARLEMAGNE 1990

别是金山丘(Cote Dor)，又分为北部的夜之丘(Cote De Nuit)和南部的宝蒙丘(Cote De Beaune)、夏隆内(Cote Chalonnaise)、马康内(Maconnais)、薄酒莱(Beaujolais)、夏布利(Chablis)。布根地葡萄园位于法国东部由第戎市(Dijon)南部向南延伸直到里昂市(Lyon)以北，是一狭长的条状地区。布根地的葡萄种植面积只有波尔多的一半大，年产量约2.5亿公升的葡萄酒，其中薄酒莱红酒占了一半以上的产量。

布根地的葡萄种植与酿酒历史，在公元前就已开始。中世纪时，普遍设立的教会为布根地葡萄酒发展作了最大贡献。教会修士们累积多年经验，将各个葡萄园的自然条件加以分析研究，奠定了日后布根地建立全国最详尽分级系统的基础。布根地的AOC分级共分五级：

（一）布根地地区性AOC：是最普通级的，分布范围广，对葡萄生产的条件规范少，所产为清淡简单的葡萄酒，酒瓶上仅标明布根地。

（二）小区域性AOC：亦即标明各个产酒区的名称于酒标上，如：Bourgonge, Cote Chalonnaise, 或直接标示，"Beaujolais", "Macon"。

（三）村庄级AOC (Village Wine)：由于葡萄园的品质不以村庄为界，因此同一个村庄AOC可能涵盖数个村庄的范围。酒标上会直接注明村庄名，如薄酒莱的摩根(MORGON)等。

（四）一等葡萄园 (Premier Cru)：由村庄级AOC中挑选比较优秀的成为一等葡萄园。酒标上可直接注明葡萄园名称。

（五）特等葡萄园 (GRAND CRU)：

醇酒之乡

各方面条件都达极致的葡萄园。

只有在夏布利、夜之丘、宝蒙丘三区内有被列为特等的葡萄园。

19世纪时法国政府规定要把地产平分给所有子女，代代相承的结果，使布根地葡萄园的产权被分为许多小块，也就是说一个葡萄园可能分属好几个酒农。19世纪中叶，区内大部分葡萄园受到蚜虫病害，几乎全数被摧毁，之后只在优良条件葡萄园重新被种植，确保了布根地葡萄酒的品质。

布根地酒区绝大多数葡萄酒都是单一葡萄品种酿制而成，不同品种不相混合。不像波尔多区全部是混合不同品种葡萄酿制而成。在布根地酒区由于一个葡萄园可能属于几个酒农，大家各酿各的酒，因此一个农庄常会同时生产几个不同牌子的葡萄酒；或是酒农只种葡萄不酿酒，而把生产的葡萄卖给大酒商，由大酒商分别收购葡萄，统一酿酒。这使得品质不一，选购较困难。唯有彻底了解区内村庄才行。

法国布根地红酒

布根地酒区内最具代表性的红酒产区是有金山丘之称的一条带状坡地。这条带状坡地非常狭窄，宽度不到一里。称为金山丘是因为秋收时整个山坡上的葡萄园都是一片金黄，且山坡朝东向阳，迎着金色阳光的照射。金山丘可分为南北两区，南部称宝蒙丘(Cote De Beaune)，以白酒闻名于世，北部叫夜之丘(Cote De Nuit)，盛产红酒，是全世界黑比诺红酒的最佳产区。布根地夜之丘的红酒，与波尔多(Bordeaux)的红酒一向并列为世界红酒的领导者。

布根地的气候条件不如波尔多区理想，由于地处偏北，已接近葡萄种植的极限，阳光不足，雨季时黑比诺葡萄又容易受霉菌侵蚀毁坏，因此布根地红酒对年份极敏感，只有在阳光充足雨量少的好年份才有高水准的表现。直到80年代发明了可以有效控制霉菌的药物，才能在潮湿气候下减低损失，使"坏年份"依然有漂亮的佳酿出现。布根地金山丘内生产红酒的24个特级葡萄园，有23个位于夜之丘酒区内。这其中著名的红酒有两

法. 布根地红酒.

爱恋葡萄酒

爱恋葡萄酒

法.布根地.ALOXE-CORTON.1993　法.布根地.DOMAINE REMOSSENT.GRANDS-ECHEZEAUX.1959.

法.布根地.GEVREY-CHAMBERTIN.1995

15到40年间饮用。

布根地其他红酒产区包括宝蒙丘生产部分优质黑比诺红酒，夏隆内生产部分黑比诺红酒，马康内生产少部分佳美红酒，以及薄酒莱区生产由佳美葡萄酿制的薄酒莱酒。

布根地酒区酿的红酒以黑比诺和佳美两种葡萄品种为主。酿酒时每一品种分开酿制，彼此不相混合。用黑比诺葡萄酿出的酒，单宁含量比赤霞珠酿的酒少，但果香丰富、口感均衡、酸度与结构适中，如果酿制得法，生命力也相当可观，一般可存放10至30年。佳美葡萄酿的酒多是果香浓郁的新酒或清淡的红酒，口感柔和不涩，单宁含量低，适合在酒还年轻时饮用，不耐久放。

种，一种是吉夫瑞香贝丹（Gevrey-Chambertin）所产的香贝丹（Chambertin）红酒，颜色深、单宁强，香味丰富，醇厚强劲，需五至十年的熟成期才能充分引发特性；相传是拿破仑的最爱，但是由于前一晚用餐时没喝它，次日滑铁卢之役就战败了。另一种是柔玛内康堤（Romanee-Conti）酒庄生产的柔玛内康堤（Romanee-Conti）红酒，它至今仍是世界最昂贵的酒。口味浓香，口感丰厚，酒质一流，高雅且年年如一，最适宜贮存

布根地地区北部以生产黑比诺红酒为主，南部则以生产佳美红酒为主。南北两地气候、土质、自然条件、葡萄品种、酿制方法、产品酒质有很大的不同，但受世界各国欢迎喜爱的程度却很一致。

法国布根地白酒

法国布根地地区生产的葡萄酒，其中80%是红酒，20%是白酒。白葡萄酒的产量虽不及红酒，但品质之好也一样为世界所公认。布根地生产的白酒全是不甜的干（Dry）白酒，酿酒使用的葡萄有两种，一种是莎当妮，另一种是艾利幻蝶（Aligote），但几乎所有上好的布根地白酒都是以莎当妮葡萄酿制而成。这种葡萄充满特性，使

醇酒之乡

法. 布根地. 马康内区.POUILLY-FUISSE.1995 白酒

酒质带有浓郁芬芳，口感圆润厚实。艾利勾蝶葡萄栽种量极小，酿制的是要趁年轻时饮用，富果香、酸度高的白酒。这种葡萄只有布根地有种植。

布根地白酒和红酒的分级法相同，区内白酒特级葡萄园（Grand Cru）共有17个。布根地的上好白酒虽采用同一种葡萄品种，但因葡萄园地形方位，日照角度和土壤性质不同，而生产出各地不同风味的干白酒。以下分区逐一加以介绍：

（一）夏布利（Chablis）

夏布利酒区是布根地最北的葡萄酒产区，全区仅生产白酒。夏布利白酒色泽微带青绿，果香中含有矿石气息，由于地理偏北，气候寒冷，使葡萄内酸度较高，酒质略酸涩口感清新。但经过适度贮存，夏布利白酒熟成得性格复杂，体态丰满。美食家认为夏布利白酒是生蚝的最佳搭配，因此又把它称为"蚝酒"（Oyster Wine）。

夏布利的酒可分为四级，最好的称为夏布利特级葡萄园（Grand Cru），全区共有七个；其次是一级葡萄园（Premier Cru）；第三级是夏布利（Chablis），表示由夏布利区任何地方的莎当妮葡萄酿的白酒；第四级是小夏布利（Petit Chablis），是最普通的日常餐酒，产于外围地区。

特级葡萄园酒大约在适当贮存5至15年间是最佳饮用期。买夏布利酒除注意年份外，最要注意的是选择可靠的酒商，Domaine Laroche在夏布利酒园中就居于执牛耳的地位，有人说它是夏布利中的劳斯莱斯，品质绝对可靠。

（二）宝蒙丘（Cote De Beaune）

区内产红酒85%，白酒15%。白酒产量虽少，却为世界公认一流品质。宝蒙丘酒区内酒质最完美无暇的葡萄酒是蒙却榭（Montrachet）酒，最著名的两个村庄普里尼—蒙却榭（Puligny-Montrachet）和夏莎尼—蒙却榭（Chassagne-Montrachet），共拥有五个特等葡萄园。宝蒙丘的白酒香气浓厚、圆浑高雅，生命力强，熟成后色泽金黄晶莹，酒味和谐复杂，余韵回绕。最佳饮用时期是适当贮存3至8年内。与蒙却榭酒名并称的还

法. 布根地国当查理曼白酒.

爱恋葡萄酒

有国当—查理曼白酒(Corton-Charlemagne)，酒质强横独特、果香馥郁、生命力强。

(三) 夜之丘 (Cote De Nuit)

夜之丘酒区生产红酒占该区总产量90%，白酒仅占10%。由于品质普通，甚少外销，不多介绍。

(四) 夏隆内 (Cote Chalonnaise)

夏隆内的白酒生产量占该区总产量20%。夏隆内白酒属清新型，个性不强，酒质单纯和谐，不能存放超过三年，趁年轻喝掉最好。由于价格合理，虽名气不大，亦颇受欢迎。

(五) 马康内 (Maconnais)

马康内酒区生产的红、白酒产量各占一半。由于地处偏南，气候较温暖，白酒酒质圆熟干烈，但有些酒深度略差，一般而言不耐久存。区内最著名的酒是普依利富诗(Pouilly-Fusse)，由于供不应求，价格节节上涨。

(六) 薄酒莱 (Beaujolais)

薄酒莱区绝大部分生产红酒，白酒产量仅占1%。由于没有外销仅供当地消费，故不多加介绍。

法国布根地薄酒莱葡萄酒

由于宣传得法，大家对薄酒莱葡萄酒都有印象，晓得是不能存放，要趁新鲜喝的酒，因此每年11月第3个礼拜四零时起一推出，台北市街头到处可看到它的踪影。但薄酒莱有好几种酒，知道的人就不多了。我在三月上旬去附近的一家酒类专卖店想要买两瓶乡村薄酒莱酒(Beaujolais Villages)，店员小姐斜着眼回我说："薄酒莱早卖完了，放到现在还能喝吗？"似乎十分瞧不起我问这种外行话，真不知究竟谁是外行？

醇酒之乡

薄酒莱葡萄酒产于法国布根地地区的最南端,称作薄酒莱酒区的地方。只要是在薄酒莱酒区生产的用佳美品种葡萄酿的酒都是薄酒莱葡萄酒。依品质等级来分,则薄酒莱红葡萄酒可分为三种:

(一)一般薄酒莱酒,产于薄酒莱酒区南部,酒味清淡、新鲜,保存期限约1至2年,适合饮用的温度是摄氏12到14度。

(二)乡村薄酒莱酒,产于薄酒莱酒区北部。北部的花岗岩土质较适合佳美葡萄生长,因此酿出的红酒酒质颇佳。北部酒区共有35个村庄,酿出的红酒彼此混合调配皆可称乡村薄酒莱酒。但其中10个村庄生产的薄酒莱酒品质特别好,它们不和其他村庄的酒混合,因此生产出的酒在酒标上会特别注明村庄名而不注明乡村薄酒莱酒,以表示其特别的品级。这10个村庄名如下:(1)布鲁依(Brouilly),(2)布鲁依谷地(Cote De Brouilly),(3)桑纳(Chenas),(4)企罗宝(Chiroubles),(5)弗洛希(Fleurie),(6)茱莉安那(Julienas),(7)摩根(Morgon),(8)穆林阿旺(Moulin-a-Vent),(9)圣塔摩(Saint-Amour),(10)雷格涅(Regnie)。乡村薄酒莱红酒的酒质较丰满,色呈深宝石红,浓郁果香,柔顺爽口,适合酒温在摄氏15度时饮用。保存期限约四五年,最

法.布根地.各种BEAUJOLAIS乡村酒

爱恋葡萄酒

爱恋葡萄酒

法. 布根地. 十大乡村薄酒莱酒的其中五瓶合照

长可至10年。

（三）薄酒莱新酒，产于薄酒莱酒区南部，由于酿酒时把整粒葡萄未经压榨直接放入酒槽发酵，因此酿出的酒酒质柔顺，富果香，单宁不明显。但因缺乏特性来维持其生命力，因此薄酒莱新酒的寿命大约只有半年。适合饮用的酒温是摄氏12到14度。

薄酒莱新酒的酿造有两个目的，第一是为了让大众当样品尝试以了解生产中一般薄酒莱酒的品质和口味。第二是因为由采收到装瓶，只经过短短的几天，就可把酒卖出回收现金，实在划算。薄酒莱新酒酒精含量不得超过13％，每年全世界供应量是500万箱，销售期为二个星期。经由酒商的大力宣传推广，现在于每年11月第3个星期四全球同步推出该年的薄酒莱新酒，没有把握住机会抢购尝新好像就落伍了、逊毙了。其实佳美(Gamay)葡萄并不是什么贵族品种，酿出的葡萄酒一般酒质较简单，缺乏特性。由于含糖量不高，酿制时，常常加

薄酒莱新酒

醇酒之乡

糖来提高酒精度。但它酿出的酒富果香，清新不涩，柔顺爽口，颇得一般人喜欢。法国酒商把用佳美葡萄酿出不耐存放的薄酒莱新酒，以强力宣传将其缺点转变为让大家抢着尝新的优点，再美化包装其原有的优点，造成一股每年11月全球期待的风潮，这种促销手法真值得我们多学习。

薄酒莱新酒　酒标

法国隆河谷地

隆河谷地顾名思义是沿着隆河两岸山谷的地带。是法国第三大葡萄酒产区，位于法国东南方里昂市(Lyon)以南到亚维农市(Avignon)之间的地方。由于地理和地质条件不同，可明显区分为南、北两部分。北部山势陡峭，葡萄园都位于向阳山坡的梯田，气候温和、阳光充足、雨量稳定，生产的葡萄酒红、白皆有。南部气候属地中海型，阳光充足，气候温和干燥，但有时有暴雨或干旱；生产的葡萄酒有红、白和玫瑰红酒。南部地势和缓，葡萄园耕作、采收都比北部方便。

北隆河谷地重要酒产区有四处分别是：

（一）罗迪丘(Cote Rotie)，此处有两个山坡生产名贵的罗迪红酒，分别被称为棕色山坡(Cote Brune)和金色山坡(Cote Blonde)，前者产品年轻时柔顺，熟成后丰满，而后者年轻时柔和细腻，熟成后反较平实，酒厂一般混合两地口味使口感更均衡。罗迪红酒多数用希哈(Syrah)葡萄酿酒，为使酒质更细致，传统上会加入少许维欧格尼(Viognier)葡萄，使酒质浓香丰厚、色泽深沉、酒精度高、单宁强，经过八至十

法.隆河谷地红酒.COTE-ROTIE.1994

法.隆河谷地红酒 COTE ROTIE.1985

法.南隆河谷地,教皇新城堡酒.1995

(Cornas),圣佩雷生产酒精度较低的白气泡酒；科纳斯生产以希哈葡萄酿的红酒。此红酒颜色深似墨水，单宁涩重，粗犷雄壮，需经七、八年熟成使酒质柔化才适合饮用。

南隆河谷地重要酒产区如下：

（一）教皇新城堡(Chateauneuf-Du-Pape)，距亚维农25公里的地方，生产同名的红、白酒，年产红酒100万箱，而白酒仅10000箱。为改变酒质，此地红酒最多可混合13种葡萄汁酿酒，多数习惯以六七个品种混合酿制。教皇新城堡红酒颜色深浓，口味圆润厚重，酒精度强，香味芬芳。熟成快，但也耐贮存，适饮期为存放5年后。上好年份的酒可存放至30年。教皇新城堡酒种类很多，价格差异颇大。价差的主要原因在于混入高品质葡萄品种比例之多少。最常使用的酿酒葡萄为希哈葡萄、歌海娜(Grenache)，及仙梭(Cinsaut)葡萄。教皇新城堡酒中有一款在中国台湾也常见得到的，就是瓶身歪扭俗称"歪脖子"的红酒。许多人叫不出这款酒名，

年贮存，潜质发挥出来，具独特香气。

（二）艾美塔基(Hermitage)，此地红、白酒均产，葡萄园存在于狭窄的梯田上。红酒使用希哈(Syrah)葡萄酿制，颜色暗红、单宁强劲、酒香浓郁，需要长期熟成使酒质柔化似天鹅绒。可存放数十年，适饮期为贮存10年以后。白酒采用马珊(Marsanne)和胡珊(Rousanne)葡萄酿制，口感丰厚、花香浓郁，可耐久存，适饮期为贮存10年之后。

（三）克罗兹艾美塔基(Crozes-Hermitage)，位于艾美塔基四周，酒质略次，但成熟快，较易入口，口感清淡。

（四）圣沛雷(St. Peray)和科纳斯

法.隆河谷地.MUSCAT.BEAUMES-DE-VENISE.甜味

醇酒之乡

酒窖内从木桶吸取酒试饮用的抽取器

以"歪脖子"来称呼倒是过目不忘。

（二）塔佛（Tavel）和利瑞克（Lirac），塔佛只生产玫瑰红酒（Rose），采用歌海娜（Grenache）和仙梭（Cinsaut）葡萄为主酿酒。酒味不甜，口感浓厚，酒精度强。利瑞克区内红、白、玫瑰红酒皆有生产，但以红酒为主，酒味与教皇新城堡酒类似，唯酒精度低些；白酒较少，口感圆厚。玫瑰红酒与塔佛齐名。一般而言，玫瑰红酒不耐久放，贮存期限为四年，适饮期为存放两年。

（三）吉公达斯（Gigondas），以红酒出名，酒质类似教皇新城堡酒。单宁强，酒精重，富果香及香料味。耐久存。

（四）拉斯透（Rasteau）和宝蒙威尼斯（Beaumes-De-Venise），拉斯透生产以歌海娜（Grenache）葡萄为主的天然甜味红酒，而宝蒙威尼斯则生产玫瑰香（Muscat）甜白酒。由于宝蒙威尼斯天气温和，所产甜白酒香甜不腻颇受喜爱，但产量不大，欧洲以外几乎见不到。

法.南隆河谷地.吉公达斯红酒，1995

法.隆河谷地.塔佛玫瑰红酒.1995

爱恋葡萄酒

法国香槟区之旅

1995年和内子再度赴法国旅游,其中抽出一天时间由当地友人开车带我们去那闻名已久的香槟区一探究竟。由巴黎开车向北行,约两个多小时车程就到达了香槟区。香槟区的法文名称Champagne,原意是白垩土平原,因为整个地区都是最适合种植葡萄的石灰质白垩土,因此以之为地区名,我们翻译为香槟区,而称该区生产的气泡酒为香槟酒。香槟酒有两个重要小镇,兰斯(Rheims)和亚班内(Epernay),它们也是自18世纪以来的香槟酒商聚集中心。我们穿过一行行排列整齐的葡萄园,顺着风景优美洁净的香槟大道驶入亚班内。香槟大道的路两旁,耸立着一幢幢设计各异、风格独特的房子,分属于各个不同酒商。我们一路好像点名似的,波罗杰(Polroger)、波林杰(Bollinger)、可鲁格(Krug)、莫耶香登(Moet & Chandon)以前只在书上或酒瓶上看到的酒商名字,现在一一出现在眼前,觉得很兴奋,有点异地会老友,他乡遇故知的熟悉感。

我们在亚班内镇里,找了一家看来温暖舒适的精致餐厅,享用当地的美食佳酿犒赏一下辛苦奔波的五脏。香槟区食物的特色,就是在烹调的食物里加入

葡萄园一景

醇酒之乡

大量香槟。香槟酒价昂，如果不是在产区，其他地方一定舍不得用香槟入菜，通常只以红、白酒入菜。我点了一客香槟烹比目鱼，内子点的是香槟烩鸡肉，好友小朱则点了牛肉料理。用香槟做菜，时间掌握很重要，酒入锅中，若烹煮太久水分蒸发，食物会显得过酸且汽泡全无；若烹煮不够香味尚未散发，酒精气独重，就影响了食物原味。只有时间掌握恰到好处，才能使香槟和食物达到最完美的平衡，甚至还可见到汤汁内布满了颗颗晶亮的小汽泡。来这儿观光，又尝到乡土佳肴，使我们除了满意还满怀感谢。下午我们赶场般分别参观了 Pommery et Greno、Tattinger、Mumm 三家香槟制造厂，在地底二三十米的酒窖里，看到一列列斜躺着的香槟酒，想想古时候到地窖参观，必须戴上铁面罩，才能保护脸部不被高比例爆破的瓶子炸伤。幸亏现在科技发达，酒瓶厚重足可承受瓶内压力，才免除爆裂伤人的危险。恒温凉爽的巨大酒窖里，不知存放着多少香槟，不时见到有转瓶工人动作迅速地双手转动瓶子，乒乓回响，十分有趣。

最后我们还参观了兰斯镇内一座13世纪就存在的天主教堂，端庄精巧又雅致，法国曾有37个国王在此举行加冕典礼。匆匆一天的行程，很快到达尾声。驱车返回巴黎途中，一路上除了满足，心还沉醉在地窖中城墙似一列列美得冒泡的香槟酒里。

法国香槟

法国香槟

法国香槟区酿制香槟酒使用三种葡萄：黑比诺红葡萄，使香槟质地较浓纯厚重；比诺曼妮（Pinot Meunier）红葡萄，使香槟质地淡爽；莎当妮白葡萄，使香槟质地淡雅可口。由于以莎当妮葡萄酿出的香槟酒颜色较白，有百分之百完全以莎当妮葡萄酿的高尚口味香槟，在酒瓶标签上会注明纯白香槟酒（Blanc De Blancs）的字样，若是以红葡萄酿成的香槟酒，则酒瓶上会注明以红葡萄酿的白香槟（Blanc De Noir）。

由于香槟区是法国最北的酒区，日照时间短，葡萄生长季节也跟着缩短，采收的葡萄比其他地区生产的要酸，使香槟成为一种高酸性的气泡酒。这种酸性不仅给香槟带来了新鲜气息，也带来了长寿。香槟是一种气泡酒，可以想见它是以汽泡出名。这晶莹剔透的小汽泡，其实就是碳

爱恋葡萄酒

酒窖内成排罗列的香槟酒

生产的酒充其量只能称为气泡酒。虽然也曾见过一些"加州香槟"、"澳大利亚香槟"(California Champagne, Australia Champagne)，但都不是真的，只是借用"香槟"大名，希望引起消费者的青睐，与正牌香槟不可相提并论。

正统香槟除了无年份香槟、年份香槟，还有一种豪华级香槟(Ｌｕｘｕｒｙ Champagne)。所谓豪华级香槟就是由顶级葡萄园内最好的葡萄酿制，且一定要使用第一次压榨的葡萄汁，花更多时间在瓶中陈年熟成，且只在好年份的年内生产。豪华级香槟需要特殊又长期的照料，加上产量少需求大，价格自然昂贵。如果不仅是豪华级又是粉红香槟，那就更加不同凡响了。洋人认为粉红色代表浪漫，中国人则认为粉红代表喜气，

酸汽泡（CO_2），可别瞧不起这个二氧化碳，它是评价香槟酒好坏的标准之一；汽泡愈小愈多，又能维持长久，这瓶香槟的品质就愈好。

香槟的汽泡是如此珍贵，可是用香槟法生产耗时费事成本又高，因此许多国家的酒商纷纷动脑筋改用其他方法快速生产气泡酒。有的人将酒放在大桶里进行二次发酵，大量生产气泡酒再分装，但需标明是大量发酵；有的酒虽标明"在瓶中发酵"，但并不表示是香槟法制造的；有的酒更简便，直接以压力把二氧化碳打入各个酒瓶内以产生小汽泡。不同酒庄各显神通，但

法.年份香槟　　法.粉红香槟

醇酒之乡

因此在结婚、寿宴、乔迁甚至升官的时候，常以送粉红香槟来表达祝贺之意。喝香槟是一种嗅觉、味觉和视觉上的高级享受，如果开瓶前用力摇一摇，把香槟当喷泉，我虽然不会一跃而上将你手中的香槟夺下，但我一定要规劝你，先替自己及欣赏你表演的现场观众购买保险。浪费事小，万一发生意外则事大。香槟酒瓶使用上等软木塞外加铁丝封线绑紧，可不只是为了美观！

法国阿尔萨斯酒区

阿尔萨斯位于法国东北部，隔着一条莱茵河与德国的巴登(Baden)酒区接壤。阿尔萨斯地理位置重要，自古为兵家必争，历史上曾数度分别属于法国和德国。由于佛日山脉(Vosges)阻隔，阿尔萨斯无论在人文或地理上，与法国较疏远，反而与德国较类似。一般建筑物的白墙木屋，窗台种花，都跟德国很像，甚至连吃的东西，如香肠、火腿、德国猪脚也和德国类似。

德国对阿尔萨斯的影响，由葡萄酒中也可窥知一二。阿尔萨斯以生产白酒为主，采用的葡萄品种是德国最常见的；装酒的酒瓶和德国一样用颈部修长形状的。有人说阿尔萨斯的酒是德国材料用法国方式酿造；也有人说它是非法非德，自成一格。的确是如此，阿尔萨斯生产的绝大多数是不甜的白酒，仅在特佳年份才会生产一些贵腐甜白酒。阿尔萨斯白酒的酒质比德国酒丰厚，酒精度在11%至12%之间，德国白酒多仅含酒精8%至9%。

阿尔萨斯白酒只使用单一葡萄酿一种酒，以保持不同品种的特性。酒瓶标签上一定会注明该瓶酒采用的葡萄品种名称。阿尔萨斯的酿酒葡萄有十余种，其中有五种被视为"贵族品种"：

（一）雷司令（Riesling），被公认是最好的白葡萄之一。酒质优雅细致，爽口和谐，酸度均衡，有时带有杏果蜂蜜味。储酒年限在3至10年。

（二）琼瑶浆（Gew-urztraminer），Gewurz的意思是香料，顾名思义，以这种葡萄酿的酒常带有香料的清香味，有时还夹杂着醉人果香。酸度不高，口感圆润强劲。储酒年限在5至20年。

（三）玫瑰香（Mu-scat），酿的酒凝聚茉莉、玫瑰花香，酸度

法.阿尔萨斯白酒.琼瑶浆葡萄.1994

法.阿尔萨斯.白比诺白酒.1995　　法.阿尔萨斯.雷司令白酒.1994

至六年。

（四）灰比诺（Pinot Gris），酿的酒酸度低，但酒精含量高，香味浓郁，口感丰厚，酒色金黄，入口有奶油的回韵，储酒年限在３至１２年。

（五）西万尼（Sylvaner），是在阿尔萨斯种植最普遍的的葡萄，酒质清淡轻快，果香普通，酸度略高，属大众化产品，适合趁新鲜饮用。储存年限在１至５年。

阿尔萨斯的酒一般而言物有所值，售价合理。由于本区果农拥有的葡萄园面积不大，自行酿酒不够经济，长久以来都习惯于将葡萄卖给酒商，由酒商酿制、装瓶及销售。因此选购阿尔萨斯葡萄酒前，首先要确定喜欢的葡萄品种口味，再挑选可信赖的酒商，就可放心购买。目前在中国大陆、台湾市面上买得到的阿尔萨斯白酒，已由进口商先行过滤，消费者应可安心选购。

低，口感圆润。有人认为玫瑰香白酒闻起来比喝的口感还棒，储酒年限三

法国卢瓦尔河河谷

卢瓦尔河是法国最长也最有名的一条河流。发源于里昂西南部的山区，蜿蜒穿过法国中部，最后在南特（Nantes）附近出海流入大西洋。卢瓦尔河流域素有法国花园的美称，我和内人慕名已久，数年前赴法国旅游，就在巴黎参加了卢瓦尔河城堡及葡萄园之旅，果然名不虚传。

卢瓦尔河水流一点也不似想象的湍急澎湃，河面不顶宽，水流平和可行船，映着河边树木倒影，由高处望一片平缓土地，除了小村庄聚集，其余就是整齐的葡萄园了。区内城堡林立，行车不多久就可见又一城堡。有的矗立山顶，有的依山傍水，有的地势险峻居高临下，有的位在平原中央四周挖起护城河，穿越吊桥才能进入城堡。石墙高塔，卡通或电影画面的城

醇酒之乡

法．卢瓦尔河酒区．
SANCERRE．1994

堡，一一出现在我们眼前。由城堡窗户向外远望，可看到当年领地内的葡萄园，我想象着酒农们呈献上当年最好的佳酿美酒，贵族们围坐餐桌前享宴品酒的欢乐景象，如今都已不再，只留下了城堡可供回忆，还有年年生产的葡萄美酒可供品尝。

卢瓦尔河酒区生产的葡萄酒有四类，第一类是上游桑塞河（Sancerre）和普依利富玫（Pouilly-Fume）两个酒村所产全球知名，以长相思（Sauvignon Blanc）葡萄酿的不甜白酒。桑塞河的白酒温和、圆厚，酸度均衡，适合在装瓶两至三年内饮用。普依利富玫白酒比较复杂，花香强、深度佳，有时有烟熏味，适合在装瓶三至五年内饮用。

第二类是中游都兰（Touraine）地方，有四个法定酒区较出名，其浓（Chinon）和布桂（Bourgueil），出产卢瓦尔河酒区最佳的品丽珠红酒，酒质浓厚圆润，花香浓郁，年轻时就柔和顺口，适合在装瓶两年左右饮用。沃雷（Vouvray）和蒙特路易（Montlouis）酒区生产白桑侬（Chenin Blanc）白酒，口味由贵族霉甜白酒、半甜白酒到干白酒全有。酒质酸度高，均衡甜酒腻人口感以维持清新爽口。装瓶一至两年内适合饮用，贵族霉甜白酒可存放50年。

第三类是安佐（Anjou）地区生产的白桑侬贵腐甜白酒。安佐的甜白酒可与波尔多区的苏代白酒并称，但安佐白酒较清淡些，由于酸度高可均衡腻人甜味，花、果香味浓郁，可贮存数十年。

第四类是位于卢瓦尔河下游的穆斯卡岱（Muscadet）和南特区生产穆斯卡岱葡萄酿的不甜白酒。这种葡萄是由布根地传入的，因此有人称这种葡萄为"布根地的甜瓜"（Melon De Bourgogne）。穆斯卡岱白酒酒质清淡酸度高，适合在年轻时饮用，不耐久存。有些酒厂在葡萄发酵完后，让渣滓和酒汁继续浸泡在一起，数个月

法．卢瓦尔河酒区．
POUILLY FUME．1993

爱恋葡萄酒

后才过滤装瓶。用这种方式制作的穆斯卡岱较浓郁厚实些，同时会在酒瓶标签上注明Sur Lie字样。穆斯卡岱白酒适合在装瓶一至两年内饮用。

卢瓦尔河由上游到海口长达1000公里，流经的葡萄产区距离很远，地质不同葡萄特性互异，使酿出的葡萄酒也各有不同风格。除了上述四类酒较知名外，卢瓦尔河酒区也生产其他红酒、玫瑰红酒、气泡酒等。可能由于距巴黎较近的缘故，巴黎大大小小餐厅都可见到卢瓦尔河酒区的葡萄酒。

德国酒的等级

一般都认为，德国人就是迅速确实有效率精准的表率。这不只表现在他们的日常生活中，由他们对葡萄酒的规范管理也可充分表露出来。

为了要简化德国葡萄酒，德国政府于1971年介入并通过一项葡萄酒法规，除了对葡萄园面积有所规定外，对全国生产的葡萄酒也做了明确的品质等级分类。只要了解分级系统，就很容易能选购到合口味且货真价实的德国葡萄酒。

（一）日常餐酒（Tafelwein）：是等级最低的葡萄酒，各种生产规定最少，是清淡简单的酒，价格便宜，被当地人视作饮料最常饮用的，相当于法国的Vins De Table。

（二）特区日常餐酒（Landwein）：也是日常餐酒的一种，但限定要由全国17个指定产区生产且可标示在酒瓶标签上，品质比日常餐酒略高，相当于法国的Vins De Pays。

（三）特区良质酒（Qualitatswëin Bestimmer Anbaugebiete）：简称QBA。这个等级的酒必须由德国11个特定产区所生产，使用规定的葡萄品种酿制，葡萄须达到一定熟度，以确保能表现出该产区葡萄酒的形态和传统口味。法律规定可以采用"加糖增酒精法"酿制葡萄酒。

（四）特级良质酒（Qualitatswëin Mit

德国白酒.KABINETT

德国白酒　　德国白酒.SPATLESE

醇酒之乡

德国白酒，RIESLING, SPÄTLESE

Prädikat)：简称QMP，这是德国最高等级的葡萄酒，绝对禁止人工添加糖份，也是一般在中国大陆、台湾市面上常能看到的德国酒。特级良质酒依葡萄内糖份含量的多少，又可分为六个等级，也各有不同的名称，会标明在酒瓶标签上，包括：

1．一般特级良质酒(Kabinett)：由一般正常成熟的葡萄酿制而成，口味清淡，酒精度至少7％以上。

2．晚收成特级良质酒（Spätlese）：用比正常成熟度晚七天采收的葡萄酿制。因为葡萄得到额外阳光的照射，使酿制出的酒风味较浓。

3．选串特级良质酒(Auslese)：特别挑选比Spätlese更晚摘，糖份含量更高的葡萄串酿制而成。偶尔会有部分葡萄已受贵族霉(Noble Rot)感染。

4．精选甜葡萄特级良质酒（Beeren-auslese)：简称BA，是精心挑选特别成熟或已受贵族霉侵袭的特甜葡萄，由葡萄串上摘取切离下来酿制的酒。

5．精选干甜葡萄特级良质酒（Trock-enbeerenauslese)：简称TBA，全部采用已受贵族霉侵袭，水分蒸发，萎缩像葡萄干的葡萄酿出的酒，最浓郁香甜。

6．冰酒（Eiswein)，是在结冰状况下采摘完全成熟葡萄酿出的甜酒，非常稀罕少有。

奥地利是德国的兄弟之邦，对于葡萄酒的分类也与德国类似，只是对最低糖份含量的规定比德国要严格且高一些。而且在BA和TBA两个等级之间多了一个Ausbruch级。

德国白酒，EISWEIN

德国白酒，AUSLESE

德国的葡萄酒

一提到德国的酒，大家立刻想到围坐长桌，人手一大杯的德国啤酒。其实德国不但生产高品质啤酒，也出产绝佳品质的葡萄酒。

有人说德国是葡萄酒生产的最北极限，这话说得一点也不错。德国的葡萄酒产区多位于西南部莱茵河及其支流的附近，大约介于北纬47至52度之

爱恋葡萄酒

173

爱恋葡萄酒

德国莱茵河葡萄园

间,而适合酿酒用葡萄的生长地带是在南、北纬30到50度之间。德国北部由于纬度高,气候寒冷,没有足够的阳光使葡萄成熟,种植不出优良品质的酿酒葡萄,因此葡萄酒产区都位于较温暖的西南部。

德国葡萄酒产区集中在西南部河流附近,是因为河流可以调节气候,反射热,使昼夜温差不至于太大,而且秋天时由河流水汽腾升形成的雾气能保护葡萄,使晨霜不至伤害到葡萄。德国共有11个主要葡萄酒产区,莱茵河岸的葡萄酒产区有6个,分别是巴登(Baden)、莱茵佛兹(Rheinpfalz)、黑芝雪博格斯托色(Hessische Bergstrasse)、莱茵黑森(Rheinhessen)、莱茵高(Rheingau)和中莱茵(Mittelrhein)。位于莱茵河支流附近的葡萄酒产区共有5个,分别是阿尔(Ahr)、纳赫(Nahe)、摩泽尔—萨尔—鲁伟尔(Mosel-Saar-Ruwer)、法兰肯(Franken)和乌登山(Wurttemberg)。11个葡萄酒产区中,有4个是最重要的,值得我们多加了解。

醇酒之乡

（一）莱茵高：莱茵高地区北面有山，阻挡了北方来的冷风，南界是莱茵河可调节气候，同时葡萄园都朝南，可以享受充足的阳光照射，是一个得天独厚的酒产区。莱茵高较好的葡萄园，全部种植雷司令葡萄，是全德种植雷司令比例最高的地区，约占81％。莱茵高生产的白酒，品质优良，世界知名，也生产极少量清淡红酒。

（二）摩泽尔—萨尔—鲁伟尔：好长一串名字，其实是三条河流的名称，葡萄产区就在这几条河流两岸地势陡峭的山坡上，可以简称为摩泽尔区。本区山势斜度极大，有的地方倾斜度高达70°，这种地区不能使用任何机器工具，栽种和采收葡萄，完全要靠人力，使摩泽尔区成为全德国耕作费用最高的地区。葡萄园为吸收每一丝阳光，多位于朝南的斜坡上，由于土层薄，雨后土壤容易松脱滑落，不时还需耗用大量人力把泥土再运回山坡上。种植的葡萄也是以雷司令为最多，生产的酒绝大部分是白酒。

（三）莱茵黑森：是德国面积最大的酒产区，种植的葡萄以米勒(Muller Thurgau)为最普遍。本区生产称为"圣母之乳"(Liebfraumilch)的白酒，清新爽口，略带甜味，酒精度低，清淡顺口，深受世界各地喜爱，占德国出口葡萄酒50％的量。

德国白酒，QUALI-TÄTSWEIN，莱茵黑森区　　德国白酒，RIESLING，SPATLESE，摩泽尔区

（四）莱茵佛兹：是德国葡萄酒产量最大的酒区，可分为南北两部分，南部以栽种米勒葡萄为主，北部则以雷司令为主要葡萄品种。

莱茵高、莱茵黑森和莱茵佛兹三个酒区合称为莱茵区。莱茵区因为与摩泽尔区在地形、气候、土质等方面差距极大，因此两区生产的葡萄酒有很大的不同。光是看瓶子颜色，莱茵区用棕色瓶子，摩泽尔区用绿色瓶子，就可由外表来分辨。而莱茵区的酒较浓郁、芳香；摩泽尔区的酒酸度较高，含天然汽泡，酒精度比较低，清淡爽口。

爱恋葡萄酒

爱恋葡萄酒

德国白酒

德国地处偏北的纬度，气候寒冷，一年里找不出几个阳光普照晴朗温暖的日子。难怪大夏天里只要一碰上这种暖和艳阳天，当地人都纷纷脱了衣服跑到户外晒太阳去，实在是夏日温暖的阳光太珍贵了。

秋阳下的德国白酒

夏日阳光不只人们喜爱，连酿酒葡萄也迫切地需要它。德国因为纬度偏北，夏天日照不足以让红葡萄充分生长成熟，相对也就酿不出丰满充实的红酒，而仅有少数清淡型红酒。但是德国的气候、地形、日照却适合白葡萄的成长，不同地区因而各自生产出不同风味的白葡萄酒。德国ＱＢＡ级白酒采用的葡萄，碰到日照不够，含糖量不足的情况下，法令规定在发酵前可以在葡萄汁中加入甜菜糖或蔗糖，以便提高发酵的酒精度。这个过程就是"加糖增酒精法"。所加的糖量是有严格规定的，只正好够将酒精提升到最低要求酒精度。在发酵过程中全部糖都被用完，也就是说糖被酵母全部转变成酒精和二氧化碳。在中国台湾常能见到的ＱＭＰ酒，德国政府管制就严格得多，为了要使酒质丰富，甜酸和谐，葡萄一定要充分成熟，甚至延迟收成，感染贵族霉以达到要求的效果。

中国台湾市面上见到的德国酒多为ＱＭＰ的，但有一支ＱＢＡ级的德国白酒也极受大众喜爱，尤其是初入门喝酒的人，接受程度极高，这酒就是所谓"圣母之乳"的清淡白酒。自1990年起圣母之乳的酿酒葡萄品种，70％以上必须使用如雷

醇酒之乡

司令等的上好葡萄。雷司令也是德国种植最普遍的葡萄品种，它的好处在于它是一种可在条件较差(如土壤贫瘠、水分稀少)情况下生存的葡萄，具有抗霜力，较晚成熟，酿的干白酒酸度够，使酒带有刺激和活力的新鲜风味，丰富、细致、适久存。用雷司令葡萄迟摘和经过贵腐酿制成的甜白酒，甜酸均衡，香味浓郁生命力强，可贮存数十年，仍能发挥酒质的精华，酒味变得更复杂和谐。

一般而言大多数法国白酒是干型口味，而德国白酒口味则由微甜至甜不等。德国白酒的清淡微甜口感，很受我国台湾女士们的喜爱。尤其夏季酷热，食欲较差，喝杯冰凉清甜的德国白酒，增加食欲又消暑。何况夏天吃的菜肴偏向清淡口味，选择酒精度较低的轻淡型白酒，不但搭配食物适合，而且

德国白酒，SPARKLING WEIN

德国白酒，LIEBFRAUMILCH，QUALITATWEIN

也不会对人体造成负担和不舒适感。再加上德国白酒价格合宜，QBA级的圣母之乳市价才人民币几十元，常喝也不会造成经济负担，值得一试。

冰酒

十几年前我在台北市开餐厅的时候，有位经营建筑业的客人王董事长，特别偏好冰酒(Ice Wine)。无论是吃鱼、吃肉、开胃菜、主菜，一律以冰酒佐餐。也有许多女性朋友，非常喜欢饭后喝一杯冰酒或以冰酒搭配点心饮用。冰酒拥有一个族群特别喜爱它的清甜甘美。可是到底什么是冰酒呢？

冰酒并不是结了冰的酒，而是用结冰葡萄酿成的酒。在德国酒的分级上，它是介于精选甜葡萄特级良质酒(BA)和精选干甜葡萄特级良质酒(TBA)之间，但因产量稀少，酿制困难，价格常比(TBA)还昂贵。冰酒的特色在于它的生产方式，世界上有无数种类的葡萄酒，没有一种的酿造方法与冰酒相同。

爱恋葡萄酒

加拿大冰酒　　　德国冰酒

酿制冰酒是可遇而不可求的，要碰到气候恰好适当的时机，才能酿制。当葡萄完全成熟还留在树上没有采摘下来，却忽然遇到夜半时分气温骤降至零度以下，葡萄内的一部分水分结成冰，而另一部分葡萄内的水分因含有大量糖份，阻止了结冰的形成，仍然是液体状态。这时候立即摘取葡萄榨汁，流出来的是仍呈液体状态、糖份含量极高的汁液，结冰的水分仍然是小冰块形式留在葡萄里。用这些高糖份的葡萄汁去酿酒，酿成的酒就是冰酒。

酿制冰酒除了要有气候配合，还要像新闻记者般地抢时效。有些酒厂会指派巡夜员，细心观察有无葡萄结冰现象发生，如果有，就要立刻通知大伙连夜采收压榨，免得天亮太阳出来，葡萄退冰就烂掉不能用了。酿制冰酒要兢兢业业，可绝对不能偷懒睡大觉的。由于酿制冰酒成本大，风险高，售价自然也不低。冰酒和一般红白酒不同，由于珍贵稀少，没有大瓶装的，通常都是用375ml的酒瓶盛装，售价一般至少是三五百元人民币以上。有些动歪脑筋的酒商为了获取暴利，就采用一种新的投机方法去生产冰酒，也就是把成熟葡萄放在冷冻库中使其结冰，再用同样方法压榨酿制。但是用这种人为方法制造的冰酒和用正统方法酿制的冰酒，味道上总是有些差别，行家一喝便知。

高品质的冰酒，除了酒精度和甜度均高外，也要有适宜的酸度，味道才能均衡和谐。如果酸性不足，就像喝甜糖水般，腻人又无趣。喝冰酒前，一定要先把冰酒冷藏到约摄氏七

奥地利冰酒

178

醇酒之乡

度时再饮用，才能充分领略其清香馥郁，齿颊留香的口感。目前世界上除德国、加拿大外，奥地利也有生产绝佳品质的冰酒。德、奥两国的品管严格，又有政府监督，可以安心采买。

购买加拿大冰酒则须特别注意酒标，无论酒标印制得多漂亮，如果上面只写了"Ice Wine"二字，那就仅只是合法采用DIY(Do It Yourself)方式，买葡萄汁附加橡木屑、酵母菌和糖，在家或委托他人酿制的加糖冰酒，成本很低（每瓶约人民币十几元），价钱不高，也无保存价值，喝来只有甜味而已；如果酒标上像一般葡萄酒有注名年份、酒庄名称、酒精度、甚至葡萄品种等数据，才真正是酒庄出产的冰酒，也才值得花高价购买，当然喝起来必然清香馥郁、甜中带酸、口感均衡、绝不腻口。

德国莱茵河之旅

待在都市里，无论是多美的都市，时间久了都想换个环境亲近一下山川流水。我们住在维也纳时就是这样，周末夫妇俩常开车穿梭于多瑙河畔大大小小的村庄小镇。决定离开奥地利返"台"（台湾地区）定居前，趁着还有些空闲时间，决定做一次

德国莱茵河之旅

爱恋葡萄酒

莱茵河葡萄酒产区的风光迷人

莱茵河之旅。把欧洲两大名河都游过了,再回中国台湾,也不虚欧洲数年的一行。

莱茵河源于瑞士,流经德、法两国,最后进入荷兰再注入北海。莱茵河全长2000多公里,我们因为时间关系,只能选择莱茵观光最精采的部分——梅因斯(Mainz)到科布兰兹(Koblenz)的90公里所谓罗曼蒂克莱茵(Romantische Rhein)地带乘船一游,再开车沿摩泽尔河(Mosel)逛逛。这两处都是德国葡萄酒的精华产区。

莱茵河从一过梅因斯后,由原来东、西流向忽然转而穿越丛山向北流去,水流也由平缓忽而变得湍急不已。由梅因斯搭乘观光船,温暖阳光遍洒大地,船舱内几乎空无一人,大家都跑到最上层甲板上,或站或坐欣赏风景。莱茵的景象和多瑙河很类似,两岸沿着山坡种满了葡萄树,山顶上不时可见到古堡、废墟,青翠河岸边

木雕:品饮的贵族

醇酒之乡

坐落着村庄市镇,沿河两岸有公路,河面上矗立着座座水泥桥以方便两岸来往。不同的河流风景,一样如画般美丽宁静,缓缓漂流,心旷神怡。

忽然身际响起一阵乐声,原来是名闻遐迩的罗雷莱之歌。罗雷莱(Loreley)是前方高耸的垂直岩块,那儿河面狭窄,礁石暗布,水势湍急,古代常有船只遇难,相传是女妖以乐音迷惑人心导致失事。莱茵的浪漫传说很多,一路行来脑中塞满了故事幻想。用了四个半小时在意犹未尽中到达科布兰兹,我们找了家中型旅馆住下,晚上到当地著名的葡萄酒村(Weindorf)饮酒用餐,木屋一间间毗邻

莱茵河岸的小镇风情

而立,充满人潮及欢乐的笑声,莱茵风情和当地人的活泼爽朗令人难以忘怀。

第二天一早,我们租了辆车,沿着蜿蜒的摩泽尔河岸一路欣赏风景。两岸的山坡一样种满了葡萄树,每棵葡萄树都绑在长长的木桩上生长,有的地方十分陡峭,不知当地人练的什么铁爪功夫,能在那种地方背运、采摘葡萄?我们沿途经过了葡萄酒小村——考海姆(Cochem)和其他许多记不得名字的小村镇,到处都是小酒馆,即使喝不了许多酒,我也喜欢到不同的店里参观体验并休息一下。最后到了伯恩卡斯堤(Bernkastel),这个

莱茵酒产区的小镇一瞥

爱恋葡萄酒

让我熟悉又陌生的葡萄酒村。熟悉是因为在维也纳曾喝过这儿生产的酒，对于此闻名全球以丽丝琳葡萄酿的白酒早已耳熟能详。来到伯恩卡斯提，好像走入童话世界，优美的木屋围绕，村里任一小路都像风景图片一样美。也许是心情舒缓，也许是心理作用，在这里试饮当地葡萄酒总觉得比在外地喝更要清雅宜人。

宁静优美的莱茵河景致

奥地利的葡萄酒

由于内人曾就读于维也纳大学，后来我们定居并经营餐馆生意于维也纳，对奥地利由最初的陌生到后来的熟悉，再由熟悉进而了解它，我们愈来愈喜欢这个可爱友善的欧洲内陆国家。

奥地利位于欧洲的中部，不靠海，与它接壤的国家有德国、瑞士、意大利、斯洛文尼亚、匈牙利、捷克等国。奥地利领土约为中国台湾的三倍大，人口却只有中国台湾的1/3，由于位在东、西欧交界

醇酒之乡

处，欧洲的种族、文化、饮食、习惯在这儿汇集融合，而形成它自身的风格。奥地利得天独厚有山有水，它的美不是光彩眩丽、艳光四射的美，它是自然淡雅，让人秉气凝神深怕破坏沉静的美，令人悠然神往、回忆思念。奥地利的人民更是平和亲切，我永远忘不了住在乡下小镇，每个人虽然不认识，但一早起来只要遇到都会微笑打招呼。有位太太还开心地用德文对我说："多美的天气啊！这是上帝赐给我们的礼物。"住在奥地利的时候不觉得奥地利多怎样，但离开了之后，它却一直牵系着我们，让我们每年度假都迫不及待要回到它的身边。

内人在维也纳大学德文先修班结业时，班上同学与家人一同举行郊游活动，

奥地利南部施泰尔马克的风光

先搭乘火车到维也纳西北方的克兰斯镇(Krems)转乘游船到梅尔克(Melk)镇，再坐巴士返回维也纳。乘船游多瑙河的这一

奥地利乡下布根兰地区小镇的房子色彩缤纷，美丽谐调又整齐洁净

爱恋葡萄酒

爱恋葡萄酒

奥地利的葡萄酒专卖店

段,看见两岸都是平缓的梯田式葡萄园,不时点缀着秀丽村落和山顶的废弃古堡,风景秀丽无比。原来这儿就是奥地利四大酒产区之一,下奥地利(Niderosterreich)的瓦浩(Wachau),读者若有机会到奥地利旅游,一定要到这儿来,边欣赏风景,边啜饮香醇无比的咖啡,还可沿岸下船参观酒窖品尝佳酿,中午就在小村享用多瑙河里捉来的鱼鲜,畅快享受一天。

奥地利另外三个酒产区分别是维也纳(Vienna)、布根兰(Burgenland)和施泰尔马克(Steirmark)。奥地利生产的葡萄酒,以白酒占绝大部分,采用的葡萄多为绿维特利那(Gruner Veltliner)葡萄。酿出白酒的酒质清新爽口,非浓郁丰厚但亦非清淡简单,有细致的香气,饮后感觉有如奥地利给人的感觉,雍容高

醇酒之乡

雅，回味无穷。奥地利白酒常用的其他葡萄品种，还有来自德国的米勒葡萄(Müller Thurgau)和高品质的威尔许雷司令(Welschriesling)。奥地利的红酒多属清淡型，采用的酿酒红葡萄有次维杰尔特(Zweigelt)、蓝波图基色(Blauerportugieser)和蓝法兰基许(Blaufrankisch)等。

奥地利自从1985年少数不肖酒农为提高葡萄酒甜度而加糖和抗冻剂(Anti-Freeze)的丑闻曝光以来，痛定思痛，对于葡萄品种、单位产量、酿制过程等的管制规定，严格加以规范，甚至比德国还要严格。有奥地利政府把关，现在选购奥地利葡萄酒，可以绝对放心品质，尽情畅饮了。

贩售奥地利葡萄酒

奥地利白酒

奥地利红酒

爱恋葡萄酒

奥地利布根兰酒区

奥地利的布根兰(Burgenland)酒区,是在维也纳东南方与匈牙利接壤的一块狭长土地。这块土地上有一个欧洲最大的浅草湖,沿湖区就是布根兰最佳的葡萄酒生产地。

由维也纳开车到这个浅草湖——新垦湖(Neusiedlersee)只要大约一个小时就到了。沿湖开辟了平坦公路,可以悠闲地慢驶游逛。夏天气候晴朗,清风拂面,看到水边高高的芦苇丛迎风倾身,不时有小鸟、白鹭穿梭跳跃,远处游船小舟水面漂摇,还有许多各色风帆浪板乘风曳过。尘世的纷扰、烦琐一到这儿,都被丢在脑后,忘得干干净净。湖边有一个干净漂亮的小镇叫茹斯特(RUST),除了有餐厅,酒馆,旅舍,住家外,最特别的是当地人在每一户屋顶烟囱上面,都装设一个圆盘形坚固铁架,原来是为了每年夏天给大鹳鸟筑巢、生子、栖息之用。大鹳鸟就是图画中常见到,用嘴叼一个布包小婴儿送到盼子心切人家的"送子鸟"。气

布根兰的 SPATLESE 白酒

茹斯特小镇的街景

醇酒之乡

候较冷的时候，屋顶烟囱就是温暖的延伸，也是室外最暖和的地方，让大鹳鸟在那儿筑巢，才不会受到风寒。这些大鹳鸟会自己叼来树枝、芦苇，筑成舒适的窝，整个春、夏、秋天都不离开，就在那儿蓄养子女，直到冬天下雪前，才飞到非洲避寒。每年有无数观光客来此观赏它们，当地人也为每只鸟取名编号，像期待家人团聚般地等待次年它们带着小鸟归来。大鹳鸟已经变成茹斯特的标记，甚至连附近出产的葡萄酒，也常用大鹳鸟来做商标。

新垦湖有一边与匈牙利相接，其余湖边全是排列整齐的葡萄园。由湖水生出的潮湿雾气，使沿湖葡萄园存在于奇妙的微气候区内，几乎每年都能生产出香甜可口、丰郁纯厚的贵腐甜白酒。但是离湖较远的葡萄园，就只能生产红酒和不甜白酒了。布根兰酒区除新垦湖外，在布根兰中部地区出产大量耐久存、高品质蓝法兰基许红酒，和新酒尝来香醇略酸、老酒尝来淡雅温和、由次维杰尔特葡萄酿的红酒；布根兰南部地区则除生产清淡红酒外，还有用威尔许雷司令葡萄酿的优等白酒。

由维也纳开车过来，途中会经过一处罗马废墟。古代罗马人利用当地的坚硬石块地形，挖刻出一个音乐台，沿山边阶梯式的石头座位，可以容纳上百人聆听欣赏。现在奥地利政府不但保留此古迹

布根兰的EISENSTADT小镇

布根兰的AUSBRUCH.

布根兰的冰酒

爱恋葡萄酒

爱恋葡萄酒

供大众参观，并免费提供石块吸引许多世界各国石雕艺术家们在那儿创作。看每个人专心沉思雕琢，再坐在石阶上体会一下过往情怀，酒乡之旅确是涤清心灵的好方法。去新垦湖最好能在当地过一夜，像我们上次一堆朋友同去，谈天说笑好不热闹。晚上大伙在户外葡萄藤架下享用当地美食，一串串葡萄垂挂而下，品尝餐厅老板的自用佳酿，过了畅快一晚。第二天一大清早，我们悠哉游哉共乘农人的马车，漫步在晨光雾气的葡萄园小路里，边唱歌，边奏乐，在维也纳学声乐的好朋友们有了一个现成表现机会，我们更是大饱耳福在乐音与虫鸣中过了个愉快早晨。这种感受不常有，足以让人一辈子回忆。

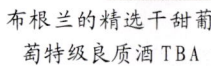

布根兰的精选干甜葡萄特级良质酒TBA

奥地利独具风味的酒馆

到奥地利维也纳游览过的人，行程表上一定少不了要去维也纳森林里面格林沁(Grinzing)地方的酒馆好立格(Heuriger)体会一下当地风情。Heuriger这个词原是指本年度新酿的葡萄酒，演变至今，对于有供应今年新酒的酒馆就以之为名了。新酒上市时，酒馆老板会在大门屋檐下挂一束松枝，以知会大家可以来品尝了。"好立格"酒馆不但供应美酒，还供应自制美食，当新酒卖完，就

奥地利的小酒馆

醇酒之乡

得等待来年才能再品尝了；没有新酒，但是酒馆一样营业，只是供应的是自家酿的一般红、白葡萄酒就是了。

　　维也纳的好立格酒馆，家家不同，各具特色。有的位于葡萄园或山丘上，有的就在酿酒者的家中，有的设在迷人庭院里，也有的直接利用贮酒地窖。维也纳像欧洲其他地方一样得天独厚，没有什么蚊虫骚扰，绝大多数客人喜欢坐在户外长桌长凳上，边吃女主人的拿手菜肴，边喝老板的新酿美酒，耳际传来四重奏民谣乐曲，客人们搭着臂同声高唱，热闹的景象，让人开怀舒畅。遇有中国人团体在那儿聚会喝酒，乐团还会演奏"茉莉花""龙的传人"之类的乐曲，给人宾至如归的亲切感。

　　1994年经由台北市的奥地利商务办

葡萄庄的装饰窗台

事处安排，我们旅游奥地利时由维也纳商会派车派人陪我们夫妇以三天时间参观了啤酒工厂、葡萄酒酿酒厂、香料工厂、餐食工厂、空厨厂、酒醋芥茉厂等，并带我们到一家别具特色的好立格酒馆用餐。这

户外露天小酒馆

爱恋葡萄酒

爱恋葡萄酒

好立格酒馆之一

家酒馆很大，房子四面围绕，中庭花园和屋里放满了长桌和木凳子，老板已经帮我们预留花园最好的位子。我们坐在结实垒垒的葡萄藤架下，老板立刻送来两大壶以LITER（一千毫升）计的新酿白酒。喝酒不分节气，但是到好立格喝酒的最佳季节是夏季。夏日的维也纳要到晚上十点天才会黑，坐在院子里，清风徐徐，舒服极了。在这里即使不会说德语，点菜也不是问题，传统好立格酒馆都没有菜单，所有的菜肴、色拉、面包、水果点心全放在长柜台的玻璃柜里。看上什么，只要比个手势，女主人自会帮你准备好，该加热的加热，该淋酱汁的淋汁，只要站在旁边等个三两分钟，付钱后就可整盘端回自己桌上享用，吃完不够还可再

新酒上市，挂松枝的好立格酒馆

醇酒之乡

去取用。在好立格酒馆吃得随意，喝得尽兴，服装更是随便，喜欢穿轻松舒适，还是穿着整齐笔挺都可以。

好立格酒馆是奥地利人生活的一部分，和咖啡馆一样，已经深深融入当地人的生命里了。由于价格不高，三五好友可随意落座，喝杯新酒或葡萄酒，把劳顿抛在脑后，高谈阔论，探讨人生真谛。中国大陆也种葡萄，并且生产葡萄酒，要是在葡萄园附近也开设许多葡萄酒吧(Wine Bar)，并且让价格更大众化，大伙下班后就又多了一些抒发情绪的好去处。

金箔酒

黄金，自古以来就代表了尊荣华贵，是身份的表征，财富的说明；喜庆宴会，男婚女嫁，都少不了用它来作点缀装饰。黄金，还不只是中国人喜欢，世界各国人也都为它疯狂，尤其是印度人、日本人对黄金更是特别情有独钟，钟情到把它吃进肚里与自己融为一体。其实食用金箔，早已有久远的历史。印度人在很久以前就有将比较便宜的银箔和甜点一块儿食用的习惯，认为可以帮助消化。而练习瑜珈的人士，就食用贵重价昂的金箔，认为可以帮助他们冥想静坐。日本人近年来各类饮食业蓬勃发展，本着他们高超的技术，加上细致的巧思，把璀璨耀目的金箔装点在汤品、糕饼上，使普通食物刹那间变得华贵气派。法国的糕点师傅们也不落人后，由印度大量订购金箔银箔和银珠(外面裹一层银的

奥地利维也纳美泉宫的花房与院子

爱恋葡萄酒

爱恋葡萄酒

维也纳的美泉皇宫

糖珠），用来装饰他们匠心独运创作的点心。日本人更精心发明了喷式金粉，小小一罐，可以随意把夺目亮丽的金色细粉喷洒在卡布其诺咖啡或是蛋糕上。黄金首次被用于餐饮上，是始于16世纪印度和意大利的文艺复兴时代。两地都用金箔来装饰和强调菜肴甜点。同时期在英国，却把金箔视为药用，传统上和另一有益健康的食品——姜饼搭配食用。在中国，无论过去还是现在，食用金箔是为了形而上的健康，人们认为黄金赋予人类神秘不可思议的力量和保护。

美泉宫对面山坡上的宏伟建筑，居高临下，现内部设有一高级咖啡馆

醇酒之乡

我的大舅子从事半导体污染防治工作多年，曾被新加坡政府高薪请去工作。多年前邀请我们赴新一游，请我们在市区最有名的五星级饭店——莱佛士大饭店(Raffles Hotel)共进晚餐。这一餐可让我开了眼界，席间金光闪闪，不是穿戴的首饰闪烁，而是菜肴本身耀目。我们吃了用金箔装饰的高级鹅肝鱼子酱，铺放金箔的五彩鱼卷，沾着碎金箔的巧克力蛋糕，和浮着金箔屑的卡布其诺咖啡。好一顿黄金大餐，吃得我心惊肉跳，不知要花费多少钱。只是遗憾这么一顿黄金大餐，怎么独独缺少了奥地利的金箔酒？

奥地利的金箔酒是维也纳传统特殊的一种酒，它是以独特秘方用葡萄酒蒸馏后制成的干邑白兰地为酒底，将碾碎的23K金箔片混入酒内。金箔片在清澈透明的酒中并不会溶解，只是静静沉睡瓶底。把典雅的酒瓶拿在手中摇晃一下，大大小小的金箔碎片全都翩翩起舞在酒中浮沉，闪闪金光，绚烂璀璨，使整瓶酒显得尊贵异常，不过这看来尊贵的酒，价钱却不贵，在维也纳当地只要30几欧元（约合人民币300多元）就可以买到一瓶。金箔酒的味道甜美香醇，据说还有滋补强身的功效，不知这功效是来自于金箔还是来自于酒本身？去奥地利旅游时，观光客一定会去美泉皇宫(Schonbrunn)参观游览，在美泉宫旁边一间有会说中文服务员的特产店，就有金箔酒出售，不妨带一瓶当纪念也可品尝品尝。

金箔酒

世界首创的红冰酒

乍一听到红冰酒这个名称很多人都会误以为那就是冰红酒，也就是冰镇过的红酒的意思。其实红冰酒和冰红酒完全是不一样的两回事，就好像牛小排和小牛排是两种完全不同的东西一样，一不留意整个意思都会被弄拧了。

熟悉葡萄酒的人都知道一般所谓冰酒，就是指用晚收成糖份很高，凌晨结冰的葡萄酿制出来的酒。一直以来冰酒都是用白葡萄酿造，呈现出来酒的颜色大多是浅黄到琥珀的色调。酿制冰酒，全世界只有奥地利、德国、加拿大等少数几个国家的少数地方，在温度、气候、各方面条件配合下才酿得出来。而更稀有珍贵的红冰酒，就只有在奥地利新垦湖区(Neusiedlersee)附近才酿造得出来。

爱恋葡萄酒

爱恋葡萄酒

白冰酒

顾名思义红冰酒当然是用红色葡萄酿制的,但是因为红葡萄的颗粒比白葡萄大,重量也比白葡萄重,晚收成时,葡萄枝梗往往撑持不住红葡萄的重量,一阵风吹便掉落满地使得酿制红冰酒变成几乎不可能的事。后来经过奥地利克罗斯特诺伊堡(Klosterneuburg)葡萄酒学校的校长茨威格(Zweigel)教授悉心研究,将传统St. Laurant 和Blaufrankisch 二种葡萄接枝培育发明出一种最适合奥地利气候、土壤,最易种植、枝梗较硬而且有力的红葡萄品种,并以教授的名字命名此新红葡萄为茨威格(Zweige)。也就由于茨威格葡萄枝梗有力的特性,使得在新垦湖区附近酿制红冰酒变成可能的事,但困难度和风险性仍然比酿制白冰酒要高出许多。

晚收成的红葡萄在凌晨结冰时采摘下,立即压榨处理,并且将榨出的汁液与葡萄皮梗立即分离,仅以汁液进行发酵酿制,因此酿成的红冰酒颜色浅红,类似玫瑰红酒(Rose)的色调。在奥地利酿制红、白冰酒规定非常

新垦湖

醇酒之乡

世界首创的红冰酒

严格，除了葡萄内含糖量要达到法定水准外，采收酿冰酒用的葡萄的时机，也必须事先取得政府相关单位核准，才能进行采收。至于压榨酿造以及熟成期橡木桶存放时间都有明确规定。奥地利政府不厌其烦细心地在各个环节为消费者把关，使奥地利冰酒品质达到世界最高的水准，让我们在饮用奥地利红、白冰酒时，能安心、放心的享受这难得的珍酿。

红冰酒的味道清新馥郁、甜而不腻堪称冰酒中之上品。红色在中国人而言又是吉祥喜气的象征，因此红冰酒一推出，立即受到广泛喜爱，尤其女士们更是爱不释口。冰酒原是专供古代奥地利皇室饮用的佳酿，一般人根本尝不到。现在我们不但能品饮白冰酒，还能尝试到古时皇室都没喝过的红冰酒，这是多么幸福啊！

多瑙河葡萄园之旅

奥地利是一个水准一致的地方，无论在都市还是边区僻壤，看见的都是衣着整齐，面容平和的人们，到处都是窗口种花洁净的屋宇，即使在乡下农舍，也看不到乱丢的犁耙；田野中的干草，都被整整齐齐捆成大小一致的卷状，以备冬日喂养牲口。因为它水准一致让我们有信心，也因为它治安良好让我们不害怕，我总喜欢和内人、儿子开车四处瞎逛，常常在不经意中发现惊喜，在普通的日常生活中找到真理。我印象最深刻的是有一次沿

奥地利多瑙河 KREMS 小镇

爱恋葡萄酒

爱恋葡萄酒

奥地利多瑙河的葡萄酒博物馆

着多瑙河葡萄酒产区开车闲逛，下午想要休息一下，顺势把车子转入一个小村庄，停好车就下车走走。小村庄一共大约只有五六十户商店和人家，石板街道上安安静静地看不到一个人也没一点声响。我们横竖乱逛地看到一个大开的门，走进院子一看，原来那儿有卖自家酿的酒。我们决定在这有风味的小院子，略事休息品饮，顺口问了送酒来的年轻可爱的奥地利女孩，是不是可以参观酒窖？她说要问问看。酒还没喝完，女孩带了个老先生来，原来他们是一家人，是老爷爷和孙女。孙女放暑假和妈妈照顾酒馆，老爷爷和儿子负责酿酒和装瓶外销。老先生很热心带我们去参观他的酒窖，尤其知道我内人和他一样曾是维也纳大学的学生，更是分外亲切。

酒窖位于他们自家葡萄园里，夏日午后气温大约摄氏２０来度，一打开酒窖门走进去，凉风迎面扑来，好像进入冷气房。

粘在酒窖墙壁上的钱币

醇酒之乡

才隔一扇大木门，怎么温度差异如此大？一进去的葡萄榨汁室，刷洗得干干净净，老先生很仔细地一一为我们解说制作方式。接着进入更下层的贮酒酒窖，一个个木桶整齐地排列，墙上湿答答的，许多地方还长满了一堆堆黑色毛茸茸的霉菌，老先生告诉我们这些霉菌看似可怕，却是酒窖的宝贝呢！因为它们对酒的发酵很有帮助。有些新酒窖落成，还特地从老酒窖移些黑霉菌植在新酒窖里呢！老先生由不同木桶中抽取出各种酒和我们一同品尝，头顶上方远处不时有火车经过的轻微轰隆声，在满室酒香

多瑙河风光

中品饮葡萄酒，真是酒不醉人人自醉，连我儿子也忍不住喝上一大口，像兔子般红了双眼。

我注意到酒窖墙上霉菌堆之间黏着好些硬币。老先生说是个传统习惯，参观酒窖的人把自己国家的钱币粘附在墙上，一方面留个纪念，再方面象征留币者还会再回来。一个个钱币好似酒窖的勋章，愈多勋

多瑙河的葡萄园

爱恋葡萄酒

章愈有光彩。我们当然也不例外,分别粘上了1元、5元、10元的台币各1个,下次去还可以再粘几个人民币铜版在墙上。也许将来有一天我还可以带孙子去,指给他看我从前粘上去的回忆。

再三道谢告别了这家小店,虽然路途上多耽误三小时,可是这意外探访却丰富了我们的行囊。

匈牙利的葡萄酒

东欧国家对中国台湾的人来说,似乎一直是蒙着一层神秘面纱,美妙多姿可就是看不清楚。我和内人在旅居维也纳时,遇到一次较长的假期,就抱着好奇欲一探究竟的心理开车直赴匈牙利。

由维也纳开车到匈牙利边境,不要一小时就到了,沿路景观房舍都和奥地利很相似,只在关口处有两个哨兵,不注意还真不知那儿就是边境呢!匈牙利首都是布达佩斯,由维也纳开车过去就如同由北京到太原的时间,四个多小时就到了。布达佩斯是著名的双子城,多瑙河从中贯穿而过,从奥匈帝国时期起就是著名大城,因此市内古迹遍布,街道宽阔屋宇宏伟,处处都透着当年的气派。匈牙利人的收入不高,但文化水准很高,街上看到的人个个都是服装仪容整齐,举止中规中矩。布达佩斯的市区交通很方便,地铁捷运和公车一票可共享,票价只要人民币五毛钱。我们常把车停放在饭店内,搭乘公车四处逛,不必担心转错弯走错路,也不害怕违规拖吊罚款的问题发生。

布达佩斯的夜晚宁静美丽又壮观,尤其是多瑙河边灯光闪烁,照亮了两岸建筑,又倒映在水面上,真是无比罗曼蒂克。我和内人有个习惯,旅游到哪儿,一定吃当地的菜,喝当地的酒,在这儿当然也不例外。我们选了家浪漫有情调又富当地特色风味的匈牙利餐厅用晚餐,边听音乐演奏欣赏吉普赛舞蹈表演,边吃特产的匈牙利牛肉和炖鸡,边喝特产最著名的特凯甜白酒和牛血红酒(Bull's Blood),度过愉快特别的一晚。

匈牙利的牛血红酒(Egri Bikaver)产于埃格(Eger)地方,相传古时当地人

匈牙利的干甜白酒

醇酒之乡

为抵御入侵的土耳其人，在战争前喝下许多当地产的红酒以壮胆，土耳其人看到当地人个个嘴角胡须上都是鲜红的汁液，以为他们喝了牛血，因此吓得不战而逃。从此这种有力猛然的优质红酒就被称为牛血红酒。

特凯甜白酒产于特凯地区，是世界第一种用贵腐法酿制的甜白酒。当地人把贵腐葡萄放入一个叫Putton的木桶内六至八天，由于果实间的相互挤压，由木桶底就流出珍贵的贵腐葡萄原汁(Essencia)。一个木桶可容纳２５公斤的贵腐葡萄，却只能生产出1/4品脱(Pint)的贵腐葡萄原汁。当地人再把未压榨的贵腐葡萄用一般酿酒法酿成葡萄酒，经两年橡木桶贮存培养，再与贵腐葡萄原汁按比例混合。特凯甜白酒的酿酒规定，每混合一个Putton就必须在木桶中多存放一年。特凯酒一共分六级，最高等级在酒瓶标签上注明6 Puttonyos时，表示已经过长达八年的地窖木桶贮存。贵腐葡萄原汁因为糖份太高不易发酵，虽然加入特别酵母，还需要很长时间才会达到５％—６％的酒精度。我参观酒窖时特别尝一点贵腐葡萄原汁，它倒出来时浓得像油，但有很棒的香味，一种晨雾中新鲜玫瑰的花香。当地人告诉我那原汁已发酵13年，仍只有低于２％的酒精。

匈牙利的酒瓶标签说明方式和德奥类似，会注明产区名称和葡萄品种。目前较重要产区除上述两地外，还有盛产白酒的巴拉顿湖(Balaton)北岸。

匈牙利的甜白酒，色呈琥珀

匈牙利人常喜欢用传统服饰的色彩花样，制作各式各样布套，把布套套在特凯白酒或牛血红酒的酒瓶上，就成了最佳也最有意义的葡萄酒送礼包装。我在维也纳时，当时匈牙利驻奥地利大使就赠送给我一瓶套了漂亮布套的特凯白酒。

西班牙的葡萄酒

在法国以南，隔着庇里牛斯山与法国为界，西班牙位于突出在大西洋和地中海之间的伊比利半岛上，占据半岛上4/5的土地，另外1/5则属于葡萄牙所有。西班牙大多属于高原地形，沿海、内陆气候差异极大，它甚至同时拥有欧洲最潮湿，又最干燥的地区。有许多内陆区域夏季炎热、冬季酷寒，除

爱恋葡萄酒

西班牙的葡萄酒

葡萄之外,农作物几乎无法生长。

西班牙葡萄酒的分级制度共有五个等级:

(一)VDM(Vino De Mesa),是分级制度中最低的一级,常由不同产区的葡萄酒混合制成。

(二)VC(Vino Comarcal),可标示葡萄产区,但对酿制无限制。

(三)VDLT(Vino De La Tierra),约等于法国的VIN DE PAYS,规定不多,产区范围大而笼统。为第三级。

(四)DO(Denomination De Origin),和法国AOC管制系统相当,较严格管制产区和葡萄酒质。但全国已经有62%葡萄园具有DO资格,使得无法借着DO辨别品质高低。

(五)DOC(Denomination De Origin Calificda),最高等级,更严格规定产区和葡萄酿制。目前只有一个产区符合DOC标准,就是利奥哈(Rioja)产区。

西班牙首都马德里,大约位于国土的中心位置。以马德里画一横线,可将西班牙分为南北两部分。南部气候炎热,是典型地中海型气候,生产的葡萄酒很多样化,但多属酒精度高,强劲浓郁,深度不足的日常餐酒,多供当地人饮用为主。

西班牙有名的美酒佳酿全产于北部,最著名的产区是利奥哈和卡塔隆尼亚

西班牙 巴塞隆那的奎尔公园

醇酒之乡

(Catalonia)。卡塔隆尼亚位于西班牙东北部，拥有许多DO产区，其中以佩尼地斯(Penedes)为最出色，闻名全球的Torres家族酒厂就位于此，所生产的红白酒品质极佳，Torres酒厂的新观念为卡塔隆尼亚葡萄酒业带来了技术上的创新与进步。卡塔隆尼亚的卡瓦(Cava)气泡酒，一直以传统香槟法酿制生产，品质不错，产量占全国气泡酒总生产量的90%。

利奥哈位于西班牙中北部。19世纪法国葡萄树遭受蚜虫病害，波尔多(Bordeaux)的果农、酒商纷纷南移至利奥哈一带重新开拓葡萄园酿酒，使波尔多酿酒技术得以在此被沿用至今，最明显例子就是用橡木桶长期贮

西班牙　巴塞罗那的圣家赎罪堂，由高第设计，建筑了一世纪仍未完成

存红酒。利奥哈产区最佳的葡萄酒生产地是利奥哈奥塔(Riojaalta)，生产传统浓郁纯厚、质地细密的红酒。传统利奥哈红酒生命力很强，酒质丰

西班牙　马德里的斗牛场

爱恋葡萄酒

爱恋葡萄酒

西班牙的街头艺术画

盈,带着一种由橡木桶而来的独特香草味。传统利奥哈红酒可分为三类:

(一) Crianza 类,规定酿好的红酒必须在橡木桶和酒瓶中各熟成存放一年,也就是酿制后两年才能上市贩卖。

(二) Reserva 类,规定酿好的红酒必须在橡木桶放一年,装瓶后再存放熟成两年才能上市。

(三) Gran Reserva 类,规定酿好的红酒必须在木桶中存放熟成两年,装瓶后再存放熟成三年以上才能上市。

要享受传统利奥哈风格红酒,最好选购 Reserva 或 Gran Reserva 类的酒,因为经过木桶贮存及两年以上酒瓶内熟成,陈年风味较佳。许多酒商已经喜欢延长木桶贮存期,使长达四至六年之久,令酒质更具传统特色,而且可以不必耐心等待贮存,买了就喝。

利奥哈虽以红酒闻名,但其白酒品质也不错。传统白酒采用成熟葡萄酿制,经橡木桶贮存,使酒质丰满有橡木味,生命力极强。这种经橡木桶贮存熟成的酒称 Con Crianza;新方法称 Con Crianza,则是采用未十足成熟的葡萄酿酒,用不锈钢槽低温发酵,不经过木桶贮存,使酒质略酸味道清新。西班牙的酿酒葡萄品种有数百种之多,习惯上皆不标明于酒瓶上,因此不加以赘言说明。另外 Ribera Del Duero 产区由 Vega Sicilla 酒厂生产的红酒,是西班牙酒中极品,单宁和酒精度强,耐久存,口感厚实浓郁,被誉为世界顶级红酒之一。总而言之,西班牙葡萄酒算是价廉物美,值得品尝一下。

醇酒之乡

再谈西班牙的雪莉酒

雪莉酒的英文名称是Sherry，其实这个名称是源起于雪莉酒的西班牙文名称Jerez这个词。Jerez原本是西班牙南部的一个小镇，在这小镇西北方一片三角形的土地上，也就是以三个城市Jerez De La Frdntera、Puerto De Santa aria、Sanlucre Dce Barrameda连接的三角形地带，特殊的白垩土壤很适合帕露米诺葡萄生长，而用这种葡萄，以特殊方式酿制出的酒就以Jerez这个地名为酒名。这个三角地带也就成为有名的雪莉酒金三角。凡是在金三角之外的地方，无论是西班牙或其他国家，酿制出的这种酒都不能以Sherry或Jerez称呼，只能说是"美国Sherry"，"Sherry Style雪莉风格的……"等。

雪莉酒虽是用白葡萄酿制，但酿好的酒总是呈现或深或浅的琥珀颜色，而不是像白葡萄酒晶莹剔透的淡金黄色。这可不是加进什么食用黄色五号色素作出的色彩效果，完全是贮存时吸取橡木桶的精华而沉蕴出的天然颜色。一般葡萄酒酿好贮存于木桶时，要尽量避免酒与氧气的大量接触，以免酒质氧化。雪莉酒却恰好就是一种经氧化的葡萄酒，它在被酿好装于木桶时，只装2/3满，木桶不放在地窖而放在地面上的酒仓里，木塞不塞紧反而故意弄松，这一切都是为了要让空气进入木桶，好生成酒霉花。当然在与空气接触的同时，酒精也同时蒸发，会使酒农每年大约损失3%的雪莉酒。乐观的西班牙人认为这是奉献给天使的部分，就如同笃信天主教的他们每个月要把收入的1/10奉献给教堂一般。我这才了解金三角为何是金三角，除了点石成金般地酿制出世界级的雪莉酒外，这里整年都被金色耀眼的璀璨阳光映照着，就连它的空气都含带着醇醇酒香。

雪莉酒因为所含酒精度较高，酒质变化比一般葡萄酒慢，开瓶后新鲜度大约可以维持两个礼拜。购买雪莉酒时因为酒瓶不标示年份，

西班牙 雪莉酒．OLOROSO DULCE

爱恋葡萄酒

爱恋葡萄酒

西班牙 雪莉酒，
AMONTILLADO FINO

无法确定酒龄，所以不要一次买太多贮存，最好现买现喝，选标签完整没有破损褪色、外表洁净的。

雪莉酒因为种类多，口味各自不同，除了都可以单独品饮享受外，在用餐前后及用餐时也都可以用雪莉搭配饮用。一般的搭配方式是：

一、菲诺（Fino），口味不甜，可视为一般白酒，冷藏后在摄氏10至12度饮用最佳。可当作开胃酒配开胃菜饮用。

二、阿蒙提拉多（Amontillado），口味微甜，室温饮用，适合作开胃酒搭配清淡肉类食物及奶酪饮用。

三、芒乍尼拉（Manzanilla），口味不甜，室温饮用，可当作开胃酒搭配海鲜类开胃菜饮用。

四、欧洛罗索（Oloroso），口味微甜，室温饮用，适合作餐后酒，配奶酪干果饮用。

五、克林姆（Cream），口味较甜，室温饮用，适合当餐后酒，配水果、糕点饮用。

六、ＰＸ雪莉，口味很甜，可直接当餐后甜酒饮用。

西班牙马德里纪行

住在奥地利时，听朋友说起开车去西班牙南部乡下采买皮革，该地四处荒凉，居民十分穷苦。又听到许多奥地利朋友将积蓄拿到西班牙买房子，准备退休后到西班牙养老，因为那儿物价低廉，好过日子。由各方得来的讯息，勾画出我对西班牙片断不连贯的印象，穷苦的乡村、华丽的舞衣、酷热的气候、热情的佛朗明哥、奔驰的牛、快如连珠炮的话语、酒瓶中的雪莉、丰富的海鲜饭……

1996年10月和内人到欧洲度假，特地把慕名已久的西班牙也划入行程。抵达马德里机场是中午12点多，10月西班牙的阳光依然灿烂，但却一点也不燥热，整个下午我们参加当地旅行社安排的三小时市区观光。马德里给我们相

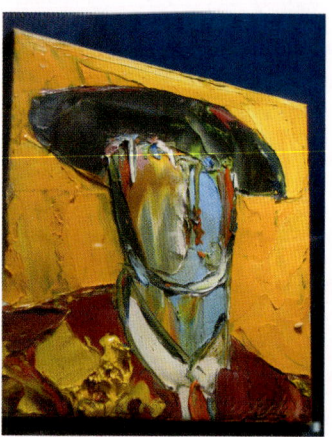

西班牙 马德里的油画

醇酒之乡

西班牙， 马德里的火腿店，整支的火腿从屋顶挂满墙

当好的第一印象，宽阔气派的街道，整齐的路树，古色古香的建筑，耸立丘顶的神庙遗迹，显示出古代西班牙强盛的气势。六点钟市区观光结束，我们随意找了家生意繁忙的海鲜餐厅用晚餐，这家店灯光不亮，但色彩鲜明，朴拙的咖啡色木头桌椅看来很古典，但白墙上绘的却是身着鲜红长裙舞衣、奔放热情的跳舞女郎，就连菜牌、名片、火柴盒上，也都飘动着同一位女郎的红衣。一长排冷藏柜里，放着五颜六色各式各样的海鲜凉拌小菜，也就是西班牙有名的它帕(Tapas)，有油醋彩椒小章鱼色拉、嫩白鲜橄榄油渍鳀鱼、什锦凉拌海鲜色拉、鲜蔬虾仁油醋汁色拉等。当地人三三两两人手一杯白酒，就着小菜，坐在柜台高椅上边吃边聊。我们取了三碟小菜，找张桌子坐下，又点了两人份海鲜饭、墨汁烤鲜鱿，一大份烧烤现流海鲜（包括大虾、蟹虾、龙虾一只、大蛤蜊、螃蟹、鱼一条），再开一瓶西班牙北部利奥哈地区生产、芳香馥郁的 Marques De Caceres 白酒佐餐。摆满一桌子的酒菜，让我们吃得不亦乐乎。但边吃只觉得怎么别人都吃得很少，只有我们吃那么多？八成是因为西班牙人收入不高，吃不起的缘故。顺口问了一位爱聊天的跑堂，原来不

爱恋葡萄酒

爱恋葡萄酒

在西班牙马德里小店内吃TAPAS

是当地人吃不起，晚上六点只是当地人吃点心的时间，接着逛街散步，到十、十一点天黑才开始吃晚餐。为了证实他的话，我们饭后一路走回饭店，晚上七点多果然各大餐厅都还是空无人烟，但是满街到处是服装仪容整齐、穿着皮鞋（很少见到有人穿球鞋，大概是因为西班牙产皮革又便宜的因素吧！）的男女老少在散步闲逛。到十点半，我们再出门去瞧瞧当地人是不是真的才刚开始要吃晚餐。晚上的马德里很凉爽，干净街道上还有很多散步的人群来往，不担心被抢劫也没什么治安问题。我们逛了一大圈，最后选了一家位在饭店不远处转角的当地餐厅进去。果真如此，夜里十一点多，人声鼎沸，灯火辉煌，跑堂忙得晕头转向，还不时有更多人潮涌入。我们被挤到厨房门边的小桌坐下，点了份青蔬色拉、海鲜汤及西班牙传统布丁。等待餐点的时候，放眼四处观察，果然当地人桌上放着整瓶红、白酒，开心地大啖着牛、羊排海鲜全餐，这真的是他们的晚餐，而不是宵夜轻食。我确定西班牙是一个货真价实的夜猫国，但不知明日一早他们怎么起得来上班？

虽然在中国台湾、法国、美国都吃过西班牙菜，来到马德里，我们还是要尝尝最地道传统的西班牙菜。经由饭店的人及旅游指南上的介绍，我们选定马德里老城最有历史的一家传统西班牙餐厅用餐。这家餐厅叫做波廷餐厅(Botin)，已有200多年历史，位于马

西班牙 马德里一间TAPAS店的招牌

醇酒之乡

约耳广场附近。波廷的外表十分不起眼，窄窄的小门，还没我家大门宽，旁边两扇不透明花玻璃窗，看不到里面状况，墙壁全是小瓷砖贴成的古典花格图案。推门进去，一楼也十分局促狭窄，放了一个小柜台，旁边是窄窄的木楼梯；后面两个房间，一间是厨房，一间有一个烧木炭的大石砌烤炉，是专门用来烤乳猪用的烘烤房，看到白墙壁架上一盆盆的几十只乳猪，就知道这家餐厅生意很好。二、三楼是用餐的地方，古朴老旧的木制家具，一望而知应也有百年历史。陈旧归陈旧，却不失其规矩，整理收拾得十分洁净，刀叉杯盘各安其位，上了年岁的跑堂们恭敬而不献媚，忙碌而不慌乱地安排客人们入座、点餐、侍酒、上菜……我们点了地道的西班牙大蒜蛋汤、安达卢西亚冷汤、传统烤乳猪、墨汁烧小墨鱼、凝乳甜点，以及一瓶雷亚尔城产的著名Valdepnas红酒。这种红酒中国台湾尚无进口，口感浓郁芳香，色泽深红，干型口味入口圆润和顺，而且价格很便宜，在这种昂贵餐厅也不过一瓶人民币50多元，搭配烤得肉嫩皮脆的乳猪肉十分合宜。

西班牙菜味道不错，尤其烤乳猪和广式烧烤也颇类似。只不过广东烤乳猪切得小小一盘，就要不少钱，在这家已属高价位的餐厅，一人份也就是1/8只小猪，只

西班牙马德里的BOTIN餐厅

爱恋葡萄酒

西班牙 马德里BOTIN餐厅的烤乳猪

要100多元人民币而已，我们实在不太会吃肉，努力又努力也还是剩下一半；墨汁烧墨鱼更是有趣，黑糊糊的汁液配上十几支白肉墨鱼和白饭，黑白对比得很别致，但那么多的量即使再美味也填塞不下，只得忍痛放弃。这道菜虽是海鲜，但烧得浓郁丰厚，同样以西班牙的Valdepnas红酒佐配，倒也匹配得宜，完全不抢其味。这一餐吃下来酒足饭饱，用了两小时，花费9800元比塞塔，约合人民币500元，在中国台湾属正常消费，在马德里可是贵得不得了。

这次西班牙之旅只有三天两夜，全部消磨在马德里。时间虽短，却让我们对西班牙有了新的整体认识。我期待下次以一整个月的时间漫游产雪莉酒的Jerez，以及安达卢西亚(Andalucia)、瓦伦西亚(Valencia)、卡塔隆尼亚等酒产区。

2005年10月底我们再次赴西班牙的马德里和巴塞罗纳旅游，游人如织、景物依旧、气候晴朗、一切如常，不同的是西班牙已加入欧盟共同体，统一改换使用欧元，造成物价飞涨，无论吃饭、住宿、买东西，价格和昂贵的英、法、瑞士几乎一样，再不是从前消费便宜的状况了；另外还多了许多中国人在西班牙从事服装、杂货、餐馆生意，街上随处可见到黄皮肤同胞，并听到中国话，感觉十分亲切。

醇酒之乡

意大利的葡萄酒

意大利，这只装饰复杂、镶嵌在地中海上的长靴，连拿破仑都无法征服的地方，是一个有着许多对比和矛盾的国家。它的服装设计一直居于世界领导地位，它的皮饰皮鞋售价总是居于高价榜上还供不应求，它的艺术古迹、诗人文学都是世人向往的焦点。但是它的都市嘈杂、交通混乱、治安不佳，却也是不争的事实。意大利人非常注重家庭，维护家族声望与形象是一家之主的责任，而母亲则担任家庭的支柱角色。有人说男人统治了意大利这个国家，但是女人却统治这群男人。

住在奥地利的华侨常笑称，到意大利觉得特别亲切好像回到北京或台北的感觉一样，在街上会看到晾晒着的衣服，五花八门像万国旗般飘满天；满街横冲直撞、甚至逆向行驶不守规矩的大小汽车；嗓门奇大叫唤孩子吃饭的妈妈；骑摩托车四处奔驰，说话像放连珠炮似的年轻人，和隔邻西欧国家给人的感觉完全不一样。

意大利威尼斯风光

意大利红酒

更令世人喜爱，而且也已风靡全球的是意大利的美食、菜肴、咖啡、点心和葡萄酒。意大利盛产的橄榄油是健康新诉求，做菜拌色拉全都少不了它；还有各式造型、五颜六色的通心面，以及不同口味的酱汁配料，已是全球人士日常饮食的最爱；浓缩咖啡(Espresso)、卡布其诺(Cappuccino)、牛奶咖啡(Caffe Latte)等咖啡无人不知无人不晓；轻柔香甜、入口即化的提拉米苏(Tiramisu)让人爱不释

爱恋葡萄酒

爱恋葡萄酒

意大利 罗马的古竞技场

口；还有那丰富多变化的海产菜肴、具地方色彩的肉类主食、色彩缤纷的蔬菜水果……全为意大利吸引众人喜爱与注视付出了贡献。难怪有那么多人把赴意大利观光旅游作为一生中最大的梦想。

除了吃喝玩乐、观光游览之外，意大利还有一项傲视全球的纪录，它是世界最大的酒产国。意大利年产葡萄酒７７亿公升，大约是全欧洲总产量的３３％，也是全世界总产量的１／４。我们常说酒水酒水，意大利人真是把酒当水，他们的葡萄酒饮用量略次于法国，占世界第二位，每人年平均葡萄酒饮用量是约６３公升。有人说："人有个性，酒有酒性"，地中海温暖气候下生产出的意大利葡萄酒，一如其人民一般，热情奔放，多彩缤纷。

意大利的纬度、气候、自然条件非常

意大利 布隆尼

醇酒之乡

意大利　米兰大教堂

适合葡萄生长，葡萄园随处可见，甚至可以说意大利本身就是一个大葡萄园。意大利半岛由南至北长达1200公里，各地气候不同，地形变化很大，使得生产的葡萄酒，风味各自不同。意大利主要葡萄酒产区分为南部、中部和北部三部分。南部地区包含长靴形状的脚踝以下部位，以及西西里和萨丁尼亚，这两个岛屿所产的葡萄酒多为单位产量高，价格低廉的日常餐酒，而且绝少外销。西西里岛上的酒精强化酒马色拉(Marsala)是个例外，口味从干到甜全有，甚受世界喜爱，外销数量不少。中部被亚平宁山脉贯穿，最著名产区是托斯卡纳(Tuscany)。北部由西而东依次与法国、瑞士、奥地利、斯洛文尼亚相接壤，主要葡萄酒产区是西北的皮得蒙(Piedmont)，和东北部以罗密欧与朱丽叶故事所在地出名的维内托(Veneto)。

意大利阿斯提气泡酒　意大利白酒

爱恋葡萄酒

意大利的红酒与白酒

意大利 PIEDMONT 区 BAROLO 红酒，DOCG 级

意大利 APUGLIA 区 RUPICOLO 红酒，1995，DOC 级

意大利人做菜喜欢放入鲜红的蕃茄，意大利人喝酒也喜欢红颜色的酒多于白酒。

意大利出产的葡萄酒中，有 2/3 是红酒，1/3 是白酒，全国各地到处都有葡萄园，到处都生产葡萄酒，但大多数酒的质量普通，以供应当地人日常饮用为主。比较有外销、生产高品质而且在中国也买得到的酒类产区有三个，分别是托斯卡纳、皮得蒙和维内托：

（一）托斯卡纳：位于中部佛罗伦萨附近的地区，生产高品质红酒和一些酒味清淡、清新爽口型的白酒。最著名的红酒是姬燕蒂（Chianti），大部分采用桑乔维亚（Sangiovese）红葡萄和少数其他白葡萄混合酿制而成，也是在中国极易买到的酒。姬燕蒂红酒有三种，一为普通姬燕蒂酒（Chianti），酒质简单清淡，易于入口，不耐久存，一为传统姬燕蒂（Chianti Classico），是由传统最好区域内生产出的酒，比普通姬燕蒂酒颜色略深、单宁强劲、浓郁厚实、价格较高，但可存放十年以上熟成。第三种是陈年姬燕蒂（Chianti Classico Riserva），除了是由传统最佳区域生产之外，还需木桶贮存三年以上才上市。酒色深红，香味浓郁，口感丰盈复杂。

另外还有三支品质极佳的红酒，分别是 Brunello Di Montalcino、Vino Nobile Di Montepulciano 和 Carmignano，

意大利红酒 CHIANTI CLASSICO，1994，DOCG

意大利红酒.CHIANTI CLASSICO RISERVA，1993 DOCG

意大利红酒.CHIANTI CLASSICO RISERVA，1993 DOCG

值得一尝。

（二）皮得蒙：位于意大利西北部最重要的产区，本区特色是使用单一葡萄品种酿酒，采用的葡萄有三种，一为巴贝拉（Barbera），酿制酸度较高的简单日常红餐酒；一为杜塞托（Dolcetto），酿制单宁低、口感柔和的红餐酒，和法国的薄酒莱一样要趁酒质年轻时饮用；一为内比欧罗（Nebbiolo），酿制颜色深沉、单宁强劲、香味丰富、酸度高耐久存的高质红酒。

皮得蒙最有名的两支红酒，是产地名与酒名相同的巴巴瑞斯可（Barbaresco）和巴柔楼（Barolo），都是以内比欧罗葡萄酿制，浓烈强劲耐久存。

皮得蒙生产90%红酒，1%白酒，9%气泡酒。最有名的气泡酒产在阿斯提（Asti），全名阿斯提气泡酒（Asti Spumante），世界知名、花香甜美、浓郁迷人，大受年轻人欢迎。

意大利白酒

（三）维内托：位于意大利东北部的葡萄酒产区，生产的酒清新淡雅，不需贮存，随时买立即可喝。最有名的红酒是巴荳利诺（Bardolino）、瓦波丽塞拉（Valpplicella），最著名的白酒是苏维（Soave）酒。维内托的葡萄酒是采用混合葡萄酿制，酿酒葡萄品种很多，与其他酒产区使用的葡萄品种大不相同。

维内托的阿玛若尼（Amarone）和瑞西欧托（Recioto）两种酒，酿造方法比较特别，是把葡萄串放在麦秆架上风干起皱后，糖份浓度增高、水分减少再发酵酿制的葡萄酒，酒质浓郁，酒精度高。总而言之，意大利的葡萄酒一般酒质不错，售价合理，值得多加尝试。

意大利 TUSCANY, CHIANTI CLASSICO, 1994 DOCG 级

吃喝意大利

意大利的餐厅

我利用旅居奥地利把餐馆处理掉之后的空闲时间,在离意大利边境不远的茵斯布鲁克(Innsbruck)友人处住了一个多月。在这段期间中,和内人趁着地利之便,开车到意大利北部逛了一圈,由茵斯布鲁克出发,有一条修建得非常好而宽阔的高速公路上,沿着山蜿蜒进入意大利。一路上山势雄伟,间杂的谷地则碧草如茵,远处山头还不时看到不知是白雪皑皑终年不化还是怪石嶙峋,妆点着墨绿山色更加生动活泼,边开车边欣赏这在风景月历上才看得到的景致,一个多小时,就过了边境关卡,正式进入了意大利。

北部的意大利,山川屋宇都和奥地利很类似,要不是有个关卡存在(但2005年再去时,因欧盟统一已取消),根本不知道已经进入另一个国家了。我们四处开车游览,晚上住宿在波镇(Bozen)这个城市。旅舍胖老板娘介绍我们可以尝试街角一家口味不错很有特色的餐厅,我们人生地不熟当然欣然接受建议。

这家餐厅全部是用浅色的实心原木装饰而成,上自天花板,下至地板,桌椅橱柜全是同色系的木料制作而成,加上一些花草饰物点缀,清爽又优雅。餐厅里的菜色除了地道地方口味菜肴外,极受大众喜爱的招牌菜是石板牛排,那是意大利特别的耐高温火山石(Lava Stone)烧烤热后,再把牛排煎熟。既然是招牌菜,听名称又很新鲜,当然一定要试一试。我又点了一瓶意大利最靠东北部Friuli-Venezia Giulia酒产区1983年Collio DOC的红酒来搭配餐点饮用。

20分钟后,期盼的主菜上桌,每人好大一块木架,桌上都快被占满了。木架上有一块方形大约4公分厚的墨绿色石板,上面放一块厚实、撒了香料的12盎司鲜嫩菲力牛排,旁

意大利餐厅的开胃海鲜凉菜

醇酒之乡

边有一个烤熟剖开的土豆，木架右手边有一大盘爽口彩色色拉，以及三种牛排酱汁。吃石板牛排的好处是可随己意烤至喜爱的熟度，一口吃下感觉肉质鲜美，丰腴多汁，再喝一口红酒，经过长期贮存的酒，单宁涩味本已不重，与肉汁油脂一调合，更显柔滑顺口，忍不住多喝一口。这种特别的餐点，配上特产红酒，把这一夜填塞得饱满而充实。这几年在台湾地区也陆续看到有石板牛排餐厅的推出，只不过号称是澳大利亚土著的原始吃法。意大利与澳大利亚分据南北半球，相隔那么远，居然有类似的食法，蛮有趣的。

在餐厅中点用的是一瓶DOC的酒，所谓DOC（Denominaione Di Origine Controllata）就是一种分级制度，这个制度和法国AOC分级制度类似，对酿制葡萄由栽种品种、使用比例、贮存期、酒精含量等都有详细规定。意大利符合DOC标准的产区目前有数百个。后来政府又制定更严格的DOCG（Denominaione Di Origine Controllata e Garantita）标准，目前有十几个产区符合DOCG标准。意大利政府制定的这套标准，严格却失之弹性，略有创意，但使用不合规定比例酿出的美酒，质量再好，也登不上DOCG标准，因而导致意大利有些酒早已被世界公认为最佳品质风味且售价十分昂贵，但在意大利本土至今却只能列为VT（Vino Da Tavola）酒，也就是最普通等级葡萄酒。意大利人随心所欲酿制了2500年的酒，直到公元1963年政府才匆促制定了这套DOC标准。用意虽好，但生性浪漫不羁的意大利人似乎并不太领情。

意大利餐厅的摆设

意大利餐厅一角

爱恋葡萄酒

美国 拉斯维加斯

美国的葡萄酒

美国领土宽广，纬度适中，虽曾因禁酒令对葡萄酒酿酒业造成极大的冲击。但自20世纪60年代后又蓬勃发展起来，再加上加州大学戴维斯分校成立的酿酒学系，专门从事深入研究及技术改造，在短短时间里不但使加州葡萄酒的品质受到世界肯定，也使美国一跃而成为全球第四大葡萄酒生产国。

以历史角度来说，美国可算是一个年轻的新兴国家。可能是因为这样，对于文化传统、研究创新方面与欧洲国家有极大的不同。以酿制葡萄酒而言，保守的欧洲人承袭祖先方法，世世代代为求品质一致，墨守旧法继续照样做下去。法国著名的勒图酒庄于公元1964年改用可控制发酵温度的不锈钢发酵槽时，曾被全法国人指责为将第一流

美国 旧金山

醇酒之乡

的佳酿视为奶制品，居然舍弃传统橡木槽而改用不锈钢槽发酵。美国人就没有这种传统包袱，酿酒完全以市场为导向，市场喜欢什么，他们就酿什么，市场需要什么，他们就配合着做。这样的好处是各酒庄弹性很大，可以自由发挥。

但美国的自由也是有限度的，他们一样有各方面的条约来管制。比如说美国依据地理气候和条件划定130个葡萄酒法定产区，又称为ＡＶＡ（American Viticulture Area）；生产的葡萄酒，如果其中85%来自同一ＡＶＡ产区，就可挂上ＡＶＡ的名称出售酒；一瓶酒中只要使用75%同一品种葡萄，就可把该品种名标示于标签上（奥勒冈规定90%以上才可标示）；如果有95%以上的葡萄采自同一葡萄园，就可于标签上注明葡萄园名称；酒瓶上的年份指的是该瓶酒至少95%使用采收于哪一年的葡萄酿酒。

美国葡萄酒除了品质持续在进步外，由于采用工业化先进技术大量生产，使市场售价平稳合理。同样品质葡萄酒，法国产的就比美国产的贵许多。而以同样价位的酒来比较，美国酒比法国酒易于入口。一般而言，美国酒风格比较单纯，价格较低廉，对初入门品饮葡萄酒的人，美国酒是个不错的选择。

法国葡萄酒以产地来区分，对不了解法文又不知道法国酒产区的国人来说，购买法国酒，常要冒很大的险，不知花的钱

美国　洛杉机

美国西雅图的派克观光鱼市场

值不值得。也不知买的酒是否合口味？选购美国酒就简单得多。在中国市面上能见到的美国酒，全是加州来的。它们都以葡萄品种来区分，而且明确标示在酒瓶标签上。买酒时从标签上就可明确知道酒名、品牌、年份、酒精含量、产地等。内行的人更可以从这些资料推测出该瓶酒的口味。选择价格合宜、口味适中的酒，必然不会失望。

一般而言，美国酒不耐长期贮存。红酒在五年左右饮用，存放不要超过十年。白酒则买来立即可喝，存放以不超过五年为佳。

由1960年至1990年统计结果显示，美国人喝白酒的比例大增，而喝红酒的比例却减少许多。我的感觉在台湾地区人正好相反，过去由于白酒冰凉清淡易于入口，甚受我国台湾一般人喜爱；自从美国发表《红酒有益健康》的论文报道以来，国人全改为喝红酒了。其实红酒、白酒一样好，只要自己喜欢，和吃东西一样定时定量，对身体都是有益的。

美国的红酒

美国的3大葡萄酒产区，分别是加州、纽约与华盛顿州，其中加州产量是纽约州的10倍以上，纽约州的产量又是华盛顿州的15倍以上。虽然几乎各州都有生产葡萄酒，但加州独占了全国90%的产量，除了产量大，品质也称冠，所以许多的人说加州酒已成为美国酒的代名词了。

要了解美国酒，得先了解加州酒；要了解加州酒，就要先掌握酿酒葡萄的品种与特性。加州红酒使用的主要葡萄品种如下：

（一）赤霞珠（Cabernet Sauvignon）：占加州红葡萄栽种量的15%，酿的红酒颜色深，单宁强，酒质如天鹅绒般滑顺浓郁，有成熟黑莓的味道，回味则有紫罗兰和薄荷的芳香。适饮时期为普通酒熟成3至5年内，品质好的酒5至12年，绝佳品质的酒8至25年。

醇酒之乡

(二)梅乐(Merlot):在法国波尔多区,梅乐葡萄常是赤霞珠葡萄的配角:在美国地位反转,有许多酒以梅乐葡萄为主角,而以15%的赤霞珠葡萄为配角。梅乐葡萄酿酒色泽深、香气浓、圆润柔顺,单宁和酸度都低。以梅乐葡萄为主体酿制葡萄酒还是近几年的事,一般而言它不需像赤霞珠葡萄般陈年才饮,短时间一、两年内就可达到风味高峰。

(三)黑比诺(Pinot Noir):这种有名的布根地葡萄仅占加州红葡萄栽种量的5%。黑比诺酿的酒颜色不深,单宁少,丝般的质地,常有红莓味或优雅的花香。由于体质敏感,配制不易,以"麻烦葡萄"著称。尤其是在橡木桶熟成时,过犹不及都会破坏其原有高雅风味。由于花费成本较高,酒价通常也较高。适饮期为熟成三至七年间。

(四)金芬黛(Zinfandel):这种葡萄原产地是南意大利,于19世纪传入加州的,只不过意大利的葡萄酒农至今都认为金芬黛是个外来品种。金芬黛葡萄非常独特,能生产许多不同风格的酒,从浓郁色深的到清淡果香的,从干涩的到甜的,从白酒到玫瑰红酒,从点心甜酒到气泡酒,它全都能酿出来。我认为最好的是浓郁、颜色浅红、果香均匀,口感柔顺略带橡木味。较佳品质者适饮期为熟成5至15年,清淡简单的酒则两至三年即可。

(五)佳美(Gamay):也称为纳帕佳美(Napa Gamay),是一种晚熟型薄皮葡萄,易栽种,气候热些也不怕,单位面积产量大,所酿的酒清淡单纯。适合在熟成一至四年内饮用。

(六)佳美薄酒莱(Gamay Beaujolais):是由黑比诺分离繁殖出的葡萄,与纳帕佳美不同。用佳美薄酒莱葡萄酿的酒

美国红酒,(纳帕),NAPA,PINOT NOIR

美国红酒,SONOMA,ZINFANDEL

美国红酒,NAPA VALLEY, CABERNET SAUVIGNON

美国红酒,NAPA, MERLOT

美国红酒,NAPA,混合葡萄品种,OPUS ONE

爱恋葡萄酒

比纳帕佳美或法国佳美要醇厚，果香浓郁，但又缺少黑比诺红酒的浓厚馥郁特性。佳美薄酒莱红酒有显着胡椒气味。许多酒庄用二氧化碳浸皮法使提早发酵，有一些也利用橡木桶熟成。清淡型适饮期一至三年内，橡木桶熟成的则为三至六年内。

七．歌海娜（Grenache）：占加州红葡萄栽种量10％以上，用来酿制半干涩的玫瑰红酒和黄色波特酒般的点心甜酒，酿的酒果香浓郁、酸度高，有一种幽雅特别的香味。适饮期为熟成一至三年内。

酿制红酒的葡萄品种还有许多，由于栽种数量少，也就不一一加以说明。了解葡萄品种特性及口味后，可作为选购葡萄酒时的重要参考。但加州酒并未分级，如何才知同一品种谁好谁坏呢？这确实是购买时的困扰。

美国的白酒

加州白酒在酒瓶标签上有一些名称是红酒所没有的，这些名称是自1981年葡萄酒协会依据采收时葡萄内糖份含量来加以标准化定义，不得随意乱用：

（一）早收成（Early Harvest），指葡萄在含糖量最高达20°Brix时采收。Brix是测量糖份的单位名称。

（二）正常收成（Regular or Normal Harvest），葡萄在含糖量20°至40°Brix时采收。

（三）晚收成（Late Harvest），葡萄含糖量至少要有24°Brix才能采收。

（四）精选晚收成（Select Late Harvest），葡萄含糖量至少要有28°Brix才能采收。

（五）特别精选晚收成（Special Select Late Harvest），葡萄含糖量至少要有35°Brix才能采收。

酿制加州白酒所使用的葡萄如下：

（一）莎当妮（Chardonnay）：占加州酿酒白葡萄栽种量的14％，所酿的白酒只能以可口来形容。有复杂的果香，又像酸苹果，又像熟桃子香，高雅、清脆，浓郁结构坚实。适饮期为熟成两至八年间，极少数情况能存放到25年以上。

（二）白诗南（Chenin Blanc）：占加州酿酒白葡萄栽种量的21％。白诗南酿的酒平易清淡易入口，酸甜度均衡，柔顺细致。适饮期为熟成一至四年内。

（三）法式可伦巴（French Colombard）：占加州酿酒白葡萄栽种量

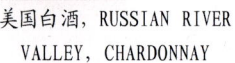

美国白酒，RUSSIAN RIVER VALLEY, CHARDONNAY

醇酒之乡

美国白酒，CHARDONNAY

的38%。这种葡萄大家较不熟悉，长久以来它被用来酿制日常饮用便宜的瓮瓶酒(Jug Wine)，虽然它的品质应该不仅止于此。法式可伦巴葡萄的潜质在冷发酵技巧被发明后才为人所了解。这种葡萄绝不是酿极品级酒的材料，但它有自身出色的价值，不虚伪，而且酿的酒绝对可口。适饮期为熟成一年内。

（四）长相思(Sauvignon Blanc)：占加州酿酒白葡萄栽种量的8%，又可称为Fume Blanc。长相思酿的酒一定要趁年轻时饮用，装瓶后虽可保存几年，但酒质不会增进变化。可能是因为这个缘故，自1980年后栽种这种葡萄的比例持续降低。所酿的酒酸度高，香浓辛辣，但酒质简单，不够丰富。适饮期为熟成一至三年。

（五）白雷司令，又称为"约翰尼斯堡雷司令"(Johannisberg Riesling)：占加州酿酒白葡萄栽种量的5%，酿成的酒除酸度强、丰富、细致、均衡的干白酒外，晚收成和感染贵族霉制的甜白酒，浓香优雅，酸度均衡，口感浓郁，也是不可多得的产品。适饮期方面，干白酒或非常干早收成酒为熟成一至三年，甜酒为二至七年之间或更久。加州生产的白葡萄品种还有另外二三十种之多，但个别产量都不大，多供混合酿酒用，因此不再赘述。选购加州白酒时先确定自己喜爱的口味是酸是涩是甜，再根据酿酒葡萄品种特性的不同，参考主要酒商名单，相信你是一定能选到物有所值，让自己满意的佳酿。

美国白酒，NAPA，CHARDONNAY

美国加州纳帕之旅

在旧金山开餐厅的时候，每逢周日休息，天气晴朗无云，总喜欢和内人开车到纳帕山谷葡萄酒产区逛逛，借以放松情绪，调适平日紧张的生活。

由我们住家所在的佛利蒙(Fremont)上680公路一路往北行，过水珊湾(Suisun Bay)接12号公路再转29号公路北行，大约一小时车程就到达纳帕山谷(Napa

爱恋葡萄酒

221

爱恋葡萄酒

纳帕酒区的 ROBERT MONDAVI 酒庄入口

Valley)了。纳帕谷地被29号公路由南至北贯穿，沿着公路两旁全是一列列栽种整齐的葡萄树，一直绵延到山边。大大小小的酒庄，有的就在路边，有的深藏在葡萄园里，只在公路边岔道上立一块酒庄木牌，指示游客可由此进入。

我们常逛的第一家，是在左手边的荳冕香登(Domaine Chandon)酒庄。这家酒庄占地广大，规模宏伟，除了生产高品质葡萄酒及香槟外，还设立了自己的酿酒历史博物馆，可以免费参观。它更结合了各方面设计人才，开辟一间礼品专卖店出售各式与葡萄酒有关，打上酒庄名号的纪念品，美观实用，连内人也禁不住诱惑买了一件绿色镶金字图案的围裙回家。

驱车再往北行，很快就在左手边看到

酒庄女主人直接由木桶内吸取红酒给我们试酒

醇酒之乡

罗勃孟大维(Robert Mondavi)酒庄，墨西哥式的造型，屋子入口圆拱门中央矗立着一个十字架，屋宇向两端延伸，而面对着的则是酒庄规划整齐的葡萄树。酒庄每天有专人定时带领参观解说酿酒过程，也可付费三五元美金品尝酒庄出产的各式佳酿。酒庄里有一大间极朴实优雅的品酒室，但需团体先预约排时间才能使用及品尝。罗勃孟大维酒庄与法国莫顿酒庄(Chauteau Mouton–Rothschild)合作生产"OPUS ONE"红酒，颇受好评，其余生产的高级葡萄酒，水准也不下于法国产品。罗勃孟大维酒庄在洛杉矶地区也有一个规模颇大的葡萄酒中心，不定期举办各种美食佳酿品尝会，各种品酒，烹饪训练课程，以及一些艺术活动。

纳帕之旅，展示中心一角

罗勃孟大维本人有句名言："当葡萄酒被音乐、艺术环绕，并与精致美食共享时，就达到绝佳完美境地。"

再继续向北行，公路两旁有无数的酒庄。我喜欢在路得福(Rutherford Vintners)酒庄院子里的巨大木椅子上坐着

酒庄的展示中心布置高雅美观又洁净

爱恋葡萄酒

爱恋葡萄酒

纳帕的葡萄园秀丽整齐

晒晒太阳；我喜欢在威沙退(V. Sattui)酒庄物品种类繁多的专卖店选些沙拉、起司、冷肉、面包和一瓶葡萄酒在酒庄院子里野餐；我还喜欢坐缆车到位于山丘上的斯特灵(Stering Winery)酒庄参观，并眺望看不到边际的纳帕谷地。斯特灵酒庄建筑得有点像欧洲山上的城堡，居高临下，建筑宏伟，酒库内大小橡木桶的存酒不知有多少，规模十分庞大。有一次在斯特灵看到酒庄路旁停放着一辆三截半全白色的豪华轿车，车内两束鲜花，旁边斜躺着两瓶香槟，车外站着一个金发碧眼、穿着白色西装、模样潇洒的美国人，真像电影画面的豪门巨富公子哥。不一会儿，只见斯特灵的经理陪着老少两个穿休闲服的日本男人走来，白西装的潇洒老外立刻恭敬地打开车门让两个日本人坐上车去。原来是日本的买家来了，想必这一切派头享受都是冲着订单附赠的。

纳帕地区酒庄很多，当天来回时间很赶，往往才参观了三五家酒庄就必须打道回府了。有时我和内人也喜欢在那儿住一夜，晚上选家优雅餐厅，品尝当地的美食佳酿，清早在晨光微曦中漫步在葡萄园里。人生如此，夫复何求！

加拿大的葡萄酒

1996年夏天，趁着孩子放暑假，偕同内人儿子一同到加拿大玩了十天。我们住在温哥华友人家，为了不打扰老友上班作息，我们都是按照地图指南自己逛。温哥华和维也纳很类似的一点是交通便捷，每天早上买一张全日票就可四处跑，又搭公车，又乘捷运，还可换坐船过海到北温哥华去晒太阳。到处游逛参观了三天，觉得已经蛮熟悉了，晚上决定选一家最有情调、景观最好的餐厅，好好享受一下加拿

醇酒之乡

船首餐厅(The Prow Restaurant)位在码头边巨大船形建筑物突出海面船头的位置。我们坐在临大玻璃窗的优雅餐桌,一眼望出去,可看见北温的丛山、史丹利公园、海面的游艇、不时升降的各式水上飞机、觅食的海鸥,还有落日余晖,闲适美景尽收眼底。我们点了两个冷开胃菜——杏仁羊奶乳酪和加拿大特产烟熏鲑鱼,两个热开胃菜——培根烤生蚝和蟹肉酿蘑菇,再点了些海鲜料理当主菜。当然配餐少不了要喝点加拿大葡萄酒,我们选了一瓶1991年份奥根纳根山谷产的白酒佐餐,饭后又开了一瓶加拿大有名的冰酒当甜点饮用。一顿饭吃了三个半小时,酒足饭饱之余,不免对加拿大葡萄酒想要多了解一点。

加拿大的葡萄酒产区有四个,最主要也是最大产区在东部安大略省(Ontario),产量占全国75%。其余三地分别是魁北克省(Quebec)、新斯克夏省(Nova Scotia)和西部的英属哥伦比亚省(British Columbia)。加拿大商业性的酿制葡萄酒始于1860年,一百年来,也就是1960年以前,当地人都习惯饮用以原产品种——拉布露斯卡(Labrusca)葡萄品种酿的甜酒,近年来才开始引进莎当妮、约翰尼斯堡雷司令,和黑比诺等葡萄品种,但用以酿制气泡酒和饭后甜酒的拉布露斯卡葡萄仍占50%以上的栽种量。加拿大由于气候温度合宜,近年致力于冰酒的生产。在德国,奥地利好年份才有的冰酒,加拿大年年都有相当不错的品质与产量。

加拿大酒的贩卖权及贩售价格,由各省酒类管制委员决定。他们甚至决定所有酒精饮料可否进口。重重限制削弱了加拿大葡萄酒的外销竞争力,有识之士已在力求改革,使此机构变成外销助力而非阻力。近年来,中国港、台移民加拿大的人数很多,也引进不少加拿大葡萄酒到港台两地。

想要品尝加拿大酒不是件难事,但都不如到生产地去品尝。我的加拿大之旅特地保留两天,请友人开车带我们到英属哥伦比亚省的奥根纳根山谷(Okanagan Valley)葡萄酒产地一游。

加拿大冰酒

加拿大冰酒

爱恋葡萄酒

爱恋葡萄酒

奥根纳根山谷是世界公认种植葡萄的理想区域之一,日暖夜寒的气候将葡萄内的糖分酸度调和至最高境界。我们沿着高速公路开车四小时到达目的地,原来奥根纳根不止产葡萄,还盛产李子、桃子、苹果等水果。一路采摘水果,饱览果园美景,再到20个驰名的酿酒厂参观品尝。不知是不是错觉,总觉得在原产地品饮的葡萄酒比在台北市喝的味道要来得好些。尤其是处身在存放几百个大橡木桶的地窖里品尝葡萄酒,扑鼻酒香,真是酒不醉人人自醉啊!

阿根廷与智利的葡萄酒

智利白酒,CHARDONNAY

南美,至今我还无缘亲临,但有姻亲关系的亲戚,早年由中国大陆三代移民于荷属圭亚那(即今日独立的苏利南),对我述说了不少南美各国见闻。去年去拜访又早已移居荷兰的他们,在他们带领下,体会了不少南美风情。

没去荷兰前完全没想到荷兰居民除北欧,日耳曼等人种外,还有很多印尼和苏利南旧殖民地的人,更没想到连南美阿根廷的人也有许多移居于此。亲戚带我们去逛阿姆斯特丹有名的拉兹路(Leidsestraat)购物街,其实那不只是一条街,附近横竖交叉的大街小巷,各种高级专门店、古董店、餐厅、咖啡屋、酒吧、夜总会聚集一处,热闹得不得了。我出外旅游不大买东西,但由于研究餐饮,因此对吃喝的店特别有兴趣,很讶异怎么荷兰街上会有很多专卖阿根廷牛排的餐厅?阿根廷牛排我闻名已久,今日撞见可不能放过机会尝尝,当下就选了家很有南美粗犷原始风味的餐厅进去。原来阿根廷牛排有名最主要在于其肉质细嫩,分量足够,而且完全是现场炭烤的原味牛排。再附一盘丰盛大色拉,营养均衡。店家另外附了两种牛排沾汁,一种绿色的有点像吃意大利面用的Pesto Sauce,另一种酸辣红色沾料,味道也蛮特别。餐厅老板推荐我以阿根廷产的马尔贝克(Malbec)红酒搭配牛排饮用,我从善如流,一口牛肉一口红酒,果然不错,这颜

智利红酒,MERLOT

醇酒之乡

色深红,殷实浑厚的红酒,化解了牛肉脂肪,细嫩的肉质又柔和了酸涩单宁,彼此相得益彰,吃得好不痛快,深深体会到阿根廷有夏日风情,粗犷朴实的佳酿与美食,真是名不虚传。

阿根廷葡萄酒的产量很大,是世界第五大葡萄酒产国。但因本国需求大,多供内销饮用,因此在其他国家想要喝到阿根廷葡萄酒还真是不容易!阿根廷葡萄酒产区由北到南分布极广,最重要的两个产区门多萨(Mendoza)和圣胡安(Sanjuan)也是阿根廷第一及第二大产区,葡萄酒产量占全国总量的90%。阿根廷人大多来自于西班牙,对葡萄酒有传统的喜爱,日常生活中绝对少不了它。为了供应这广大葡萄酒市场,阿根廷种植的葡萄树,其中94%是酿酒用葡萄。

阿根廷酿酒葡萄品种的发展趋向单一化,也就是说若生产一种葡萄酒深受消费者喜爱,就大量种植和发展这种葡萄。目前主要酿酒葡萄有二种,酿制红酒的是马尔贝克(Malbec)葡萄;酿制白酒的是白卓西米内兹(Pedroximenez)葡萄;而酿制玫瑰红酒的是大克里欧拉(Criolla Grande)葡萄。主要产区气候炎热干燥、日照充足、气候稳定、日暖夜寒,虽缺雨水,但灌溉渠道遍布,先天后天的条件,使每年葡萄酒生产的品质稳定如一。阿根廷人最爱红酒,其次是玫瑰红酒,白酒饮用量则最少。对于口味,多数阿根廷人喜欢干型葡萄酒。由于阿根廷葡萄酒物美价廉,许多国外厂商纷纷设厂投资,引进最新设备技术,配合当地自然环境,假以时日,可能也会开始大量外销进军国际市场。

智利是紧靠在阿根廷左边,国土非常狭长的国家。由于左边临太平洋,右边有安地斯山(Andes)屏障,使智利的气候很适合葡萄树生长,主要酿酒葡萄产在中部地区。1851年智利一位葡萄种植者引进欧洲著名最纯最好的葡萄品种及先进栽植技术,使国际市场目前当红的赤霞珠葡萄、黑比诺、赛美容……等全都可在智利找到。尤其因为智利西有太平洋,东有安地斯山,北有沙漠,南方是南极,地形封闭,气候干燥,日夜温差非常大,使智利的葡萄树得天独厚完全无虫害,不须重新栽种,可以一直生产葡萄达百年以上。1851年引进的优良品种可以一直栽种至今,不像世界其他葡萄酒生产国,酒农要小心翼翼地栽培树苗,生怕一遇虫害就前功尽弃。

智利的酿酒葡

智利红酒,CABERNET SAUVIGNON

萄产区有五个，南部和北部土壤贫瘠，不肥沃，又缺水，葡萄产量很小。三个主要产区位于中部地方：

一．阿空加瓜谷地（Acocagua Valley）：葡萄园多在山谷，且采用灌溉方式，葡萄酒产量不大，所产多为甜葡萄酒和酒精度高的日常餐酒。

二．中央谷地（Central Valley）：山坡雨量充足，平原则需灌溉，气候温和适宜葡萄生长。区内赛美容白酒与赤霞珠红酒和梅乐红酒品质非常好。最著名产区梅波（Maipo），有许多大酒厂聚集。

三．南中谷地（South-Centra-Valley）：包含依塔塔河谷（Itata Valley）和毕欧毕欧河谷（Biobio Valley），主要葡萄品种是派斯（PAlS）红葡萄，酿制一般普通的日常餐酒。

智利的葡萄酒品质差异极大，有国际水准的红、白酒，也有一般价廉且量大的日常餐酒，目前中国已有智利葡萄酒进口。

澳大利亚的葡萄酒

澳大利亚是南太平洋最大的岛国，面积有台湾的200倍大，人口只有1700万，88%的人口居住在靠近东、西、南海岸的12个大城市附近，内陆人口非常稀少。

澳大利亚由于位在南半球，季节变化刚好和北半球各重要葡萄产区相反。澳大利亚葡萄在年初收成，葡萄酒上市日期比欧洲、美加早半年。由于幅员辽阔，纬度适合，葡萄产品遍布四处，由亚热带到温带皆有，使酿制出的葡萄酒有各种不同风味。一般而言澳大利亚气候规律，变化不大，使生产出的葡萄酒品质十分稳定。

澳大利亚的葡萄酒源起于18世纪末，由欧洲移民引进的葡萄栽种与酿

澳大利亚红酒，混合葡萄品种，1976

澳大利亚红酒 SHIRAZ 葡萄品种，1986

澳大利亚红酒 CABERNET SHIRAZ，1994

澳大利亚红酒，CABERNET SAUVIGNON，1996

澳大利亚白酒，SAUVIGNON BLANC 葡萄品种，1994

澳大利亚白酒，CHARDONNAY 葡萄品种，1994

醇酒之乡

澳大利亚的葡萄酒庄

制技术。一直以来澳大利亚葡萄酒都以内销为主，直到近20年才开始开拓外销市场。澳大利亚酒以合理售价和不错的酒质在国际葡萄酒市场上日渐受到喜爱与重视。由于澳大利亚天气炎热，阳光充沛，葡萄所受的日照足够，使酿出的葡萄酒比较丰满浓郁，殷实强劲。

澳大利亚葡萄酒的主要产区有五个：

一．南澳省(South Australia)：葡萄酒产量占全国57.9%，是澳大利亚最大的酒产区，其中又以巴罗沙山谷(Barossa Valley)的产量最大。

二．新南威尔斯省(New South Wales)：葡萄酒产量占全国27%，是澳洲葡萄酒的发源地，省内最负盛名的产区是位于悉尼市以北100英里的猎人山谷(Hunter Valley)。

澳大利亚葡萄酒庄内品酒用餐

爱恋葡萄酒

三．**维多利亚省(Victoria)和塔斯马尼亚岛(Tasmania)**：葡萄酒产量分别占全国13.5%和0.05%。19世纪前，维多利亚省是全国最大葡萄酒产区，后来遭受病虫害，产量锐减。塔斯马尼亚岛位于维多利亚省外海，是澳洲最南端的酒产区。

四．**西澳省(Western Australia)**：葡萄酒产量占全国1.5%，省内最有名的产区是位于首府伯斯市东北方的天鹅谷(Swan Valley)。自1843年收成第一批葡萄以来，现在已种满了酿酒葡萄。

五．**昆士兰省(Queensland)**：葡萄酒产量仅占全国0.1%，由于气候炎热不利葡萄生长，产区全分布在南端近新南威尔斯省边界。澳大利亚栽种的酿酒葡萄，白色品种占72.5%，红色品种占27.5%。白色葡萄品种以莎当妮、赛美容，和自德国引进的雷司令(Riesling)为主；红色葡萄品种则以赤霞珠、黑比诺、梅乐和希哈葡萄为主。澳大利亚酒和德国、美国酒一样会在酒瓶标签上注明葡萄品种，消费者选购时由标签信息可大致了解该瓶酒口味如何，唯一要注意的是选择酒商。

近年由中国赴澳大利亚移民观光的人不在少数，大家对澳大利亚的印象也由广阔沙漠、跳跃袋鼠进而成为科技进步、工商发达的理想居住地。如果你也有机会去澳大利亚，别忘了星罗棋布的广大葡萄园和各具特色的村镇酿酒厂，也是值得你驻足欣赏品尝的。

南非的葡萄酒

南非的葡萄酒（以欧元计价）

我和内人喜欢旅游，由于从事餐饮业，特别喜欢尝试不同国家的饮食佳酿，但对于南非这个种族融合、食物多元的国家慕名已久，却一直没有机会前往一游。1993年趁着台北来来饭店举办南非美食节，利用这机会好好的品尝了一次南非美食与佳酿。我们吃了当地人称为Sosaties的串烧烤肉，味香料重的南非香肠，白色肉

醇酒之乡

在维也纳贩售的南非葡萄酒（以欧元计价）

质入口细致的开普敦鲑鱼，沾特殊酸辣料汁的铁板煎龙虾。配合食物分别喝了一种浓郁顺口的红酒，和一种透凉爽口的半甜白酒，整体搭配，充满原始粗犷的风味，给我们吃喝经验又记下新的一页。

南非的面积有中国台湾的33倍大，人口约2100万人。因为位于南半球，时序和我们习惯的春夏秋冬不一样，南非的二月份是夏季，葡萄收成由二月中到四月初为止。

南非从1452年葡萄牙人迪雅士率先登陆好望角以后，广阔的领土上先后涌入荷兰人、印度人、马来人、英国人、德国人、法国人、犹太人等，再加上原住民祖鲁人和布什曼人，真可谓民族大熔炉。这其中对葡萄酒业最有贡献的首推1652年第一任驻南非的荷兰总统简凡瑞贝克（Jan Van Riebeek），他把葡萄树引进种植于开普敦，并于1659年二月首次用开普敦生产的葡萄酿出葡萄酒。17世纪初期，法国新教徒移民带来葡萄种植和酿造技术，大大改进了开普敦葡萄酒的品质。在法国革命武力进入荷兰之时，英国人趁机夺取了开普敦，开始大力外销南非酒至英国及殖民属地。公元1859年，仅只外销至英国一地的南非酒就已达到100万加仑，日后因其他原因外销量锐减，但南非酒一直以来以量为重的生产方式，长久不曾改变。

南非葡萄酒一直到1972年，南非政府大力推动改革，修新的产区法例，对葡萄酒的原产地、质量、年份、葡萄品种加以严格管制，才有了重大改革。南非产区法例规定，出口葡萄酒必须附"产区封瓶"，

南非的葡萄酒
ESTATE WINE

爱恋葡萄酒

爱恋葡萄酒

南非出产的各式葡萄酒

打印出厂编号和蓝红绿三色胶带，以表示该瓶酒的产区、年份、葡萄品种都已获得政府的检定保证。南非葡萄酒也会在酒瓶上标明葡萄品种，但标明的品种要占全部使用葡萄的80％以上才合标准。如果标签上注明Superior字样，表示该瓶酒全部采用单一品种葡萄来酿制，品质也已由官方证明特别出色。

南非的葡萄酒产区多位于西南部，由于有大西洋冷气流和印度洋暖气流在此相会，使气候温和，雨量充足，阳光日照丰富。较内陆的产区因干燥炎热近沙漠气候，就必须采用人工灌溉的方式。西南部较知名的产区有法尔斯(False)、华克(Walker)、史帖伦贝克(Stellenboch)、帕尔(Paarl)以及开普敦

南边的康斯坦提亚(Constantia)。

酿制南非葡萄酒采用的葡萄品种大约有20多种，其中以当地称"士丹"(Ｓｔｅｅｎ)的，亦即白诗南(Chenin Blanc)的葡萄种植最多。南非红酒一般味道浓郁，质地厚重，白酒则清淡爽口，宜于日常饮用。比较特别的是用黑比诺(Pinot Noir)和仙梭(Cinsaut)配种而成的比诺塔基(Pinotage)，酿出的酒酒质丰厚，很有南非特殊的风味。

南非境内有四五十间制作葡萄酒水准出众的酒庄，所酿制装瓶的葡萄酒可在酒瓶标签上使用Estate Wine字样。南非葡萄酒与欧美各国比较，价格低廉物超所值。若想尝试南非酒，一般专卖店应可找到，否则可利用各大饭店举办南非美食节时，好好享受一顿南非食物及佳酿。

醇酒之乡

中国的葡萄酒

中国自古以来就有野生葡萄的生长，比较大规模栽植，记录上是在两千多年前，也就是公元前119年汉武帝在位时，派张骞通西域引进了酿酒葡萄品种及酿制技术，因此中国酿造葡萄酒已有两千多年的历史。唐代葡萄酒应该颇受人喜爱，才会有"葡萄美酒夜光杯"的浪漫诗句产生。再往后古籍上对葡萄酒的记载非常少，而且可能当时人们饮酒口味偏好烈酒或蒸馏酒，因此葡萄酒就渐渐被人遗忘。

一直到公元1892年，也就是清光绪18年的时候，有位原籍广东省大埔县，移民南洋发财的富商张弼士先生创办"张裕葡萄酿酒公司"之后，葡萄酒才真正开始在中国发展。张先生会创办葡萄酿酒公司，是因为他在富有后，一直想为祖国做些事情，有

中国王朝解百纳干红葡萄酒

中国 长城

爱恋葡萄酒

爱恋葡萄酒

五光十色的上海

一天他到法国驻雅加达领事馆参加酒会，法国领事以葡萄酒招待宾客。张先生品饮后觉得酒味香醇甘美，询问酒名及产地，领事告诉他那是法国出产，用葡萄酒蒸馏而制成的白兰地，并说如果用中国烟台生产的葡萄，也可以酿造出这么好的酒。法国领事之所以知道烟台葡萄，是因为当时烟台也设有法国领事馆，而且还有天主教堂，教堂的外籍神职人员当时曾酿过葡萄酒。张弼士先生闻言专程到烟台考察，发现当地冬暖夏凉，气候温度都适合葡萄生长，而且雨季不长，又避开秋收时节，日照充足，使葡萄成长品质优良。他当下就决定要来投资，便买地垦荒开辟葡萄园，由法国、意大利引进120多个品种，120万棵葡萄苗，并请酿酒家族后代的奥地利驻烟台

各式中国葡萄酒

醇酒之乡

领事拔保(Babo)担任他的酿酒师，就这样开始了张裕葡萄酒公司。酒厂经营得相当成功，生产的葡萄酒也获得国内外一致的好评，但是1933年酒厂失火，焚毁了大部分建筑，从此开始一厥不振。直到1950年后，重建厂房、增添设备、改良技术，注重品质，才又重振往日的好名声。

目前在中国大陆投资设厂的老友返"台"，为我带来两瓶张裕公司酿制的微甜型红、白葡萄酒。白酒全名是"雷司令白葡萄酒"，选用的是世界著名的Riesling葡萄品种酿制。酒液清亮透明，甜酸均衡，果香浓郁，清香爽口。红酒全名是"张裕天然红葡萄酒"，是选用Cabernet Sauvignon葡萄品种酿制而成。酒液透明、色泽鲜丽，酒色如宝石红，香味醇厚和谐，甜酸均衡适口。我品饮后觉得颇适合中国人，尤其初饮者的口味，清淡易于入口。

北京紫禁城

中国龙徽赤霞珠干红葡萄酒

中国大陆葡萄酒

有人说啤酒是液体面包，那么葡萄酒就应该是液体蛋糕了。因为它除了营养丰富外，细致的口感，优雅的清香，就像是精致蛋糕给人们的感觉一般。中国大陆自第一座现代化张裕葡萄酿酒厂成立之后，近几十年来在山东、河北、江苏、吉林、北京、新疆、河南、山西等地也都设立了葡萄酿酒厂。但为了使产品符合国人口味，一般酿制的葡萄酒多属甜型口感，甚至经常使用加糖法酿制。近年有外国商人与中国大陆本地合资经营酿酒厂，希望制造符合国际水准高品质的葡萄酒，目前成效不错的有很多家，其中一家

爱恋葡萄酒

中国安徽古井干红葡萄酒　　中国天津、王朝玫瑰红酒　　中国天津、王朝红葡萄酒

是位于天津的中法合营"王朝葡萄酿酒公司",一家是位于青岛的港中合营"华东酒厂", 甚至奥地利的施华洛蒂水晶公司(Schwarovski)也在中国种植葡萄经营酿酒事业。

王朝葡萄酿酒公司成立于1980年,他们酿制葡萄酒的历史虽然不长,但从一开始就特别注意各方面细节。他们费心挑选遍植于天津地区,1950年代由东欧引进的优良葡萄品种;对进厂葡萄实施严格选粒,凡成熟度不够、霉烂、裂口的都要剔除;进厂葡萄绝不隔夜,立即清洗、压榨,日夜不停工作以确保葡萄果粒的新鲜度;他们引进法国的先进酿制技术和设备,控温发酵、恒温贮存、除菌过滤、隔氧装瓶,比起用自然发酵法酿酒节省一年半的时间,且排除混浊、沉淀、异味等毛病。王朝葡萄酿酒公司酿制的"王朝"(Dynasty)牌半干白酒,天然酿制,不加色素、糖水,1981年一经问世就一鸣惊人,在法国波尔多的葡萄酒博览会,成为最受欢迎的展品之一,1984年经法国葡萄酒试验中心严格分析化验和世界著名品酒专家们的不记名评选,以色、香、味俱佳而名列前茅,得到"最佳新产品"金质奖章。我在新加坡时喝过王朝白酒,酒瓶及标签造型美观,颇有国际水

中国龙徽红、白葡萄酒

醇酒之乡

中国烟台威龙干红葡萄酒

准，酒液清澄透明，果味香醇浓郁，的确新鲜爽口。另有喝过的人赞它入口甜、落口绵、有余香，形容得也很实在。王朝除白酒外，又陆续推出红酒、玫瑰红酒、香槟酒等系列产品。据说内地人颇流行饮用王朝红酒加雪碧，国宴时宴请外宾，也都以王朝葡萄酒佐餐。王朝葡萄酒对我国台湾的人来说价格十分便宜，每瓶在大陆的零售价只要50多元人民币左右。

华东酒厂成立于1984年，酒厂位于青岛市郊山明水秀的崂山山麓，华东酒厂是中国历史上第一家生产出注明产区、葡萄品种、酿造年份葡萄酒的现代化酒厂。他们有自己的葡萄园，由选种、栽种开始做起，他们认为只有种出最好的葡萄，才能酿出最好的酒。刚开始由于沟通不良，困难无数，波波折折地终于在1987年，酒质产量有了突破性发展。华东酒厂为维持产品水准，规定酿酒葡萄必须是名贵品种，成熟度必须达到标准，葡萄含糖度必须在18度以上，采摘的葡萄必须在八小时内榨汁。再引进先进的酿造技术与设备，使生产的莎当妮和雷司令酒多次赢得国际葡萄酒竞赛的大奖。1990年美国驻中国大使馆举办华东雷司令品尝会，主办人NELL先生说"没想到中国有如此美妙的葡萄酒"，华东雷司令酒色浅黄中带点翠绿，清澈澄明，果香扑鼻，酒质干冽均匀，入口细致，余韵清隽。而莎当妮酒则果香丰盈，酸度均衡，入口余香，久久不散。莎当妮可存放，蕴藏十年后的酒，酒质变得更复杂、细微，让人爱不释口。华东酒厂的酒在内地零售价格是50~100元人民币一瓶，葡萄酒风味独特，品质卓越，深受国内外人士的喜爱。华东酒厂打破了中国葡萄酒长久以来在国际市场上的沉寂，相信有此开端，将来定会有更多符合国际水准的优质葡萄酒出现在中国的土地上。

华东酒厂不只种葡萄酿酒，还特别注重环境美化，葡萄园里有小桥、流水、有花、草、树木，有曲径小路，有回廊草坪，美得不只像葡萄园，倒像个公园。到青岛崂山旅游，华东酒厂已经成为景点之一了。

中国台湾葡萄酒

喜欢品饮葡萄酒的人，一说到葡萄酒就会想到法国、德国、美国……葡萄酒。其实中国台湾也有葡萄酒，最近流行喝红酒，本地公卖局产的红葡萄酒1996年的销售量是1984年的四倍，目前红葡萄酒每月销售量约12000打，也就是每月销售144000瓶之多。

台湾台北市的夜景

中国台湾的酒类全是由烟酒公卖局酿制销售，对于葡萄类酒的来龙去脉，想必大家很有兴趣了解，据公卖局南投酒厂厂长表示，台湾省烟酒公卖局于1953年，由台北酒厂以台湾在来种红葡萄试酿红葡萄酒，经三年贮存，开始上市。后经农复会（今农委会）、台湾大学及台湾省政府农林厅等单位指导，引进若干品种葡萄，进而研制成白葡萄酒及白兰地酒。1978年，

台湾桃园

醇酒之乡

台湾南部，屏东的山地门

葡萄酒类移至南投酒厂继续生产，不但产量较前大幅增加，而且还不断推出新产品，1980年推出白葡萄酒，1984年推出玫瑰红酒，1985年推出葡萄淡酒，1992年推出红葡萄酒，另外还有一些以葡萄酒为基酒配制的，如葡萄蜜酒、宝乐酒、福禄白兰地、福禄XO白兰地等，也都先后陆续推出。

台湾地区在纬度气温等方面不适合酿酒葡萄的栽种生长，经过有关单位引进各类葡萄品种，长期研究发展，目前能够适应台湾地区气候、土壤、雨量等自然条件，而且产量大、香味够、糖份高，又能抗病虫害的酿酒葡萄品种有两种，白葡萄是金香品种（Golden Muscat），是于1957年从美国引进，由玫瑰香（Muscat Hamburg）与金刚钻（Diamond）交配而成；红葡萄是黑后品种（Black Queen），于1961年从日本引进，由贝利（Bailey）和金后（Golden Queen）两种葡萄交配育成。生产白葡萄酒是用白葡萄榨得之纯果汁酿制，冰凉后饮用。红葡萄酒是连果皮发酵，萃素红葡萄果皮之天然色素而呈艳丽红色。玫瑰红酒是由白葡萄及红葡萄混合酿制，兼具白葡萄酒清香及红葡萄酒醇厚的风味。葡萄蜜酒是用白葡萄纯果汁及高级龙眼花蜜酿成，具龙眼花蜜特有香气与风味。葡萄淡酒是用白葡萄纯果汁酿成，

爱恋葡萄酒

爱恋葡萄酒

台湾玫瑰红酒

台湾白葡萄酒

酒精度仅2％，含适量二氧化碳，消暑解渴。宾乐酒是用白葡萄纯果汁及白兰地酿成，具有白兰地纯厚甘美及新鲜葡萄的香气，酒精度较高，约18％。白兰地是用优良品质白葡萄榨汁后，经发酵酿制，再经多次蒸馏，取其精华酒液装入橡木桶中储存，经长期萃取熟成，酒味甘醇圆润。

在台湾进口葡萄酒均需缴纳每升119元的进口税金，也就是说一般0.75升的进口葡萄酒，每瓶要缴交约台币90元的税。饮用国产葡萄酒，不需负担高昂的进口税，因此价格低廉稳定。台湾地区的温度高，不适宜许多农作物生长，但过去在农民弟兄们努力下曾开创奇迹，在梨山种出了品质优良的温带水果如苹果、水梨、水蜜桃等。不知公卖局有无可能在台湾地区气候凉爽的高山上，引进最优良品种酿酒葡萄栽种，吸取欧美酿制技术及经营管理经验，生产出符合国际标准，不加糖发酵并注明葡萄产区，品种和年份的更高品质葡萄酒。我们拭目以待公卖局在葡萄酒方面能百尺竿头更进一步。

台湾北部，淡水的落日余晖

醇酒之乡

上海 新天地

为两岸葡萄酒业加油

爱恋葡萄酒

喝葡萄酒不但是文化的表征，也是世界的潮流。时至今日，葡萄酒产量仅次于啤酒，占各种酒类生产的第二位，葡萄酒更早已为专家学者们公认是最有营养又兼具医疗价值的酒。葡萄酒的发展，标示着人民生活的丰富多彩，同时葡萄酒工业是一个无污染行业，附加价值高，能为国家赚取大量财富。

我鼓励中国（台湾、大陆）生产高品质葡萄酒，不只是因为葡萄酒有营养、有疗效、能赚钱，更不是为了时髦、流行、耍酷，其中一个最重要原因是，种植葡萄及酿制葡萄酒不会与粮争地，与民争食，而只是充分使用原本荒芜不生产农作物的土地。比如法国、意大利，利用坡地、沙荒等不适宜种植粮食的微碱性土地种植葡萄；希腊和德国的莱茵、摩泽尔河流域，利用无法耕作的陡峭山坡或斜坡种植葡萄；西班牙流行不占土地生产葡萄，以活树为支柱，树旁种葡萄，葡萄藤蔓就沿树攀爬，开花结果。美国加州夏季缺雨，不适合一般农作物生长，但种植不需太多雨水的葡萄树，略施以人工灌溉就长得甜又好。

民以食为天，在地球有限的土地上，种植生产足供人类需要的粮食作物是绝对第一重要的事。酿酒葡萄不应该，更不会与粮争地，反而充分利用不适合种植农作物的土地，并循环利用，使较差条件的种

爱恋葡萄酒

山东青岛的海滩

益健康的酒精饮料，值得大力推广。

台湾地区的纬度较低，只有在高山上，气温才有可能适宜于酿酒葡萄的生长，中国大陆绝大部分地区介于北纬30至50度之间，许多地方适合酿酒葡萄的生长。凡是葡萄皆可酿酒，但要酿出好葡萄酒，就必须先种出高品质的好葡萄来。中国大陆在纬度气候上拥有天然的良好条件，也陆续引进许多优良葡萄土壤，能年年生产永不止息。中国人过去习惯饮用以米、麦、粮酿造的烈性酒，据说每生产一瓶烈性酒，要耗用粮食2.5至5公斤。这些年来每到大陆出差，大陆友人热情好客，请客动辄开白干招待，一瓶接着一瓶，似乎不醉不归，盛情难却，我们夫妇曾醉倒几次，据大陆友人说北方人民更加好客，喝白干要有接受挑战的心理准备。如果国人不再喝烈性酒，改为饮用葡萄酒，省下的粮食就是极度惊人的大数量了，可以多喂饱多少个肚皮啊！何况烈性酒中酒精（乙醇）的含量极高，体内有过多酒精会使身体转换热能的平衡遭到破坏，造成酒精中毒。酒液中酒精含量在11％时，酒精在人体的转换机能呈最佳状态，葡萄酒的酒精度多在11％上下，因而是最理想有

台湾南部，高雄市左营的莲池潭

醇酒之乡

萄品种，如果能够更普遍大量种植，注重品质管制，制定酿酒法律及评定酒质标准，再与科研、教育相结合，甚至设立葡萄酒科系或研究所专职研究发展，那么以中国人的智能酿出傲世的葡萄美酒，绝对不是问题。

我印象最深刻的是，美国加州纳帕谷地葡萄产区将葡萄酒工业与餐饮业、旅游业结合的方式，非常值得我们大力效法。他们在葡萄园附近设立葡萄酒厂，除可立即将刚采收的葡萄保鲜压榨外，对远来的游客有专人免费引导参观葡萄园，讲解配制法，甚至品尝葡萄酒；设展示中心贩卖各式与葡萄酒有关的纪念物品。有酒厂甚至设有餐厅，将菜与自产佳酿作搭配，使游客吃在嘴里、品在心头，印象更深。美国

河北　百里峡

人这种敢敞开心胸让别人了解的作法很高明，对于规矩做事的葡萄酒厂，愈了解它，就会愈喜欢且信任它的产品，无形中又达到促销的目的，一举数得，何乐不为？

台北的地铁车站

爱恋葡萄酒

爱恋葡萄酒

后记

爱恋葡萄酒

后记

人类穿衣以蔽体、吃饭以果腹的时代早已成为过去。在衣食富裕的今天，大家追求的是特别的、高级的、别人所没有的，尤其是在心灵愈空虚的时候，愈要追求物质的满足。于是有的人要开法拉利跑车，有的人要穿Giorgio Armani的衣服，有的人偏爱住阳明山、天母，有的人凡应酬必选五星级大饭店。不用名牌简直就是落伍，不懂时髦就是过气人类。

近来经由媒体鼓吹、报道，台北市的最新流行时髦话题已从衣饰皮件转而成为喝葡萄酒了。我数十年如一，不讲究名牌，从未去过卡拉OK、KTV，只喜欢出国旅游、享受美食佳酿的台北老土，也一下子变成最时髦有品味的人了。葡萄酒热门的状况就如同股市发烧般迅速蔓延，我周遭见到的亲朋好友，无论居家宴客都少不了葡萄酒作陪。甚至有天晚上去中兴百货公司地下室闲逛时，还看到一位小姐到酒类专柜请店员推荐一瓶搭配海鲜喝的白酒，当场选了一瓶800多元，已冰过的，开了瓶就带走。我十分好奇，怎么有人现买开瓶葡萄酒带走？跟着一看，原来另一位同伴在旁边日本料理小吃摊上点了些海鲜，两人坐在小桌前就喝起葡萄酒来了。台湾地区的葡萄酒已流行到小吃摊上了，这个普及的程度倒是我始料未及。

葡萄酒不像电子零件能够大量生产，在产量有限、物以稀为贵的情况下，价位愈炒愈高。再加上企业第二代爱惜身体注重健康，应酬也都纷纷改喝葡萄酒，更是产生了推波助澜的效果。许多时髦的台北人非法国五大酒庄的顶级酒不喝，有些则是国内外到处搜购四五十年以上的陈年佳酿，这一来更是水涨船高，把本来就已年年看涨的葡萄酒价抬高，名厂名酒更是贵过黄金，还甚至一瓶难求。

欧洲人要是知道我们台湾同胞是如此热爱葡萄酒，而且讲究饮酒文化青出于蓝更胜于蓝，想必会大吃一惊。我鼓励大家喝葡萄酒，不是因为赶流行时髦，也不是为了喝葡萄酒让人看来有文化、有品味，而是因为它是一种自然健康的酒精饮料，对人体健康有良性帮助。但是葡萄酒再好，我也不鼓励大家过量饮用，每天一两杯就足够了。我更不鼓励大家一开始就比拼葡萄酒名牌，只要是葡萄酒，尤其是红酒，无论是人民币数百元一瓶，还是几十元一瓶，只要它是自然酿造的，它的营养价值都是一样的。大家不妨从普通等级的酒喝起，边尝试不同酒的味道，边吸收葡萄酒的知识，愈深入了解，才能给自己带来愈多乐趣；假以时日累积经验，再喝到名牌佳酿时，才更能品味出它的与众不同及绝妙之处。

附　录

附录一：两岸葡萄品种名称对照表

葡萄品种	中国（大陆）	中国台湾
白葡萄		
Chardonnay	霞多丽、莎当妮	查当尼
Chenin Blanc	白诗南	白桑侬
Italian Riesling	贵人香	意大利丽丝琳
Riesling	雷司令	丽丝琳
Sauvignon Blanc	长相思	白苏维翁
Semillon	赛美容	塞米伦
Muller–Thurgau	米勒	米勒图高
Traminer (Gewurztraminer)	琼瑶浆	葛兀兹拖米涅
Muscat	玫瑰香	蜜思嘉
Pinot Blanc	白比诺	白比诺
Silvaner	西万尼	萧凡纳

附录

葡萄品种	中国（大陆）	中国台湾
红葡萄		
Cabernet Sauvignon	赤霞珠	卡比涅苏维翁
Cabernet Franc	品丽珠	卡比涅佛朗
Cabernet Gernischet	蛇龙珠	
Cabernet	解百纳	卡比涅
Merlot	梅乐、梅鹿辄	梅乐
Gamay	佳美	佳美
Grenache	歌海娜	格兰那希
Syrah, Shiraz	希哈，西拉	施若
Pinot Noir	黑比诺	黑比诺
Nebbiolo	内比奥罗	内比欧露
Petit Verdot	小维尔多	小维多
Sangiovese	桑乔维亚	珊吉欧维塞
Zinfandel	金芬黛、增芳德	金芬德
Carignan	佳利酿	
Tempranillo	丹魄	

附录二：外文译名对照索引

A

Acocagua Valley 阿空加瓜谷地

Ahr 阿尔

Alsace 阿尔萨斯

Aligote 艾利勾蝶

Amarone 阿玛若涅

Amontillado 阿蒙提拉多

Andalucia 安达鲁西亚

Anis Liqueur 茴香甜酒

Anjou 安佐

Anti Freeze 抗冻剂

Aperitif 开胃酒

Appelllation Dorigine Controles 法定产区酒（AOC）

Argentina 阿根廷

Asti Spumante 阿斯提气泡酒

Asti 阿斯提

Auslese 选串特级良质酒

Australia Champagne 澳大利亚香槟

Austria 奥地利

AVA 美国葡萄酒法定产区

Avignon 亚维农

B

Babo 拔保

Baden 巴登

Balaton 巴拉顿湖

Barbaresco 巴巴瑞斯可

Barbera 巴贝拉

Bardolino 巴壹利诺

Barolo 巴柔楼

Baroneric 拜润艾瑞克

Barossa Valley 巴罗沙山谷

Barsac 巴萨

Beaujolais Nouveau 薄酒莱新酒

Beaujolais Village 乡村薄酒莱

Beaujolais 薄酒莱

Beaumes—De—Venise 宝蒙威尼斯

Beer Glass 啤酒杯

Beluga Caviar 贝鲁加鱼子酱

Bernkastel 伯恩卡斯提（Bernkastel）

Biobio Valley 毕欧毕欧河谷

Blanc De Blanc 纯白香槟

Blanc De Noir 红葡萄酿的白香槟

Blauer Portugieser 蓝波图基色

Blau Frankisch 蓝法兰基许

Blind Testing 盲测

Bocksheutel 巴克斯波以透

Bollinger 波林格

Bordeaux 波尔多

附录

Botrytis Cinerea 贵族霉的学名
Bourgueil 布桂
Brandy Glass 白兰地杯
Brandy 白兰地
Breathing 呼吸
British Columbia 英属哥伦比亚
Brouilly 布鲁依
Brut 最不甜
Bual 布尔
Burgenland 布根兰
Burgundy 布根地

C

Cabernet Franc 品丽珠（葡萄品种）
Cabernet Sauvignon 赤霞珠（葡萄品种）
California Champagne 加州香槟
Campari 金巴利酒
Catalonia 卡塔隆尼亚
Cava 卡瓦
Central Valley 中央谷地
Chablis 夏布利
Chambertin 香贝丹
Champagne Glass 香槟杯
Champagne 香槟（区）
Chardonnay 莎当妮（葡萄品种）
Chassagne—Montrachet 夏莎尼蒙却谢
Chateau Ausone 奥松酒庄
Chateau Cheval-Blanc 薛佛布朗酒庄
Chateau D'yquem 迪琴酒庄（D'yquem）
Chateau Haut-Brion 奥比昂酒庄
Chateau Lafite-Rothschild 拉菲酒庄
Chateau Latour 勒图酒庄
Chateau Margaux 玛歌酒庄
Chateau Mouton-Rothschild 莫顿酒庄
Chateau Petrus 佩珠酒庄
Chateau Neuf—Du—Pape 教皇新城堡酒
Chenas 桑纳
Chenin Blanc 白诗南（葡萄品种）
Chianti Classico Riserva 陈年姬燕蒂
Chianti Classico 传统姬燕蒂
Chianti 姬雁蒂
Chile 智利
Chinon 其农
Chiroubles 企罗宝
Cinsaut 仙梭
Cliqquot 克丽渥

爱恋葡萄酒

Cochem 考海姆

Cocktail 鸡尾酒

Cognac 干邑（白兰地）

Cointreau 君度（甜橘子酒）

Constantia 康斯坦提亚

Cooking Wine 烹饪用葡萄酒

Cornas 科纳斯

Corsica 科西嘉岛

Corton—Charlemagne 国当查理曼

Cote Blonde 金色山坡

Cote Brune 棕色山坡

Cote Chalonnaise 夏隆尼坡地

Cote De Beaune 宝蒙丘

Cote De Brouilly 布鲁依谷地

Cote Rote 罗迪丘

Cote Dor 金山谷

Cream Sherry 最甜雪莉酒

Creme De Cassis 黑醋栗酒

Creme Liqueur 奶酒

Criolla Grande 大克里欧拉

Crozes—Hermitage 克罗兹艾美塔基

D

Deglaze 淬取

Degorgement 除渣

Demi—Sec 很甜

Dessert Wine 饭后酒

Dijon 第戎市

Dolcetto 杜塞托

Domaine Chandon 荳冕香登酒庄

Dordogne 多尔多涅河

Dosage 加味

Doux 最甜

E

Early Harvest 早收成

Eger 埃格

Egg Brandy 蛋酒

Egri Bikaver (or Bull's Blood) 牛血红酒

Eiswein 冰酒

Epernay 亚班内

Escargot a la Bourguinonne 布根地式焗田螺

Essencia 黄腐葡萄原汁

Extra—Dry 较不甜

F

False 法尔斯

Flasco 大肚圆瓶

Fino 菲诺

Fleurie 弗洛希

附录

Flor 酒霉花
Fluted 笛型杯
Fortified Wine 强化酒
Franken 法朗肯区
Fremont 佛利蒙
French Colombard 法式哥伦巴
Full Body 浓郁的

G

Gamay 佳美（葡萄品种）
Gamay Beaujolais 佳美薄酒莱
Garonne 加伦河
Gevrey-Chamcertin 吉夫瑞香贝丹
Gewurztraminer 琼瑶浆（葡萄品种）
Gigondas 吉公达斯
Gironde 吉隆特河
Grand Cru Classe 顶级酒庄
Grand Cru 特等葡萄园
Grand Marnier 金万利（甜橘子酒）
Graves 葛拉夫
Grenache 歌海娜
Grinzing 格林沁
Grüner Veltliner 绿维特利那（葡萄品种）

H

Heissiche Bergstrasse 黑芝雪柏格史特色

Hermitage 艾美塔基
Heuriger 好立格
Hunter Valley 猎人山谷

I

Iberian 伊比利半岛
Innsbruck 茵斯布鲁克
Itata Valley 伊塔塔河谷

J

Jan Van Riebeek 简凡瑞贝壳
Jec 较甜
Johannisberg Riesling 约翰尼斯堡雷司令
Jug Wine 瓮装酒
Julienas 茱莉安娜
Jura 侏罗区

K

Kabinett 一般特级良质酒
Kahlua 咖啡甜酒
Koblenz 科布兰斯
Krug 可鲁格

L

Landwein 特区日常餐酒
Languedoc—Roussillon 兰格多克—鲁

爱恋葡萄酒

西雍

Late Bottled Vintage Porto 晚装瓶波特酒

Late Harvest 晚收成

Lava Stone 火山石

Leidsestraat 拉兹路

Lieberfraumilch 蓝尼姑白酒

Liqueur De Tirage 糖与酵母的混合物

Liqueur Glass 利口酒杯

Liqueur 利口酒

Lirac 利瑞克

Listrac 利斯塔克

Loire Valley 卢瓦河河谷

Loreley 罗雷莱

Luxury Champagne 豪华级香槟

Lyon 里昂市

M

Maconnais 马康尼

Madeira 马德拉酒

Mainz 梅因斯

Maipo 梅波

Malbec 马尔贝克

Malolactic Fermatation 生化发酵

Manzanilla 芒乍尼拉

Margaux 玛歌

Marsanne 马珊

Martini 马丁尼酒

Medoc 梅多区

Melk 梅尔克

Melon De Bourgogne 布根地的甜瓜

Mendoza 门多萨

Merlot 梅乐（葡萄品种）

Methode Champenoise 香槟法

Micro-Climate 微形气候

Mittelrhein 中莱茵

Moet & Chandon 莫耶香登

Monterey 蒙特利

Montlouis 蒙特路易

Montrache 蒙却谢

Morgon 摩根

Mosel 摩泽尔区

Mosel-Saar-Ruwer 摩泽尔－萨尔－鲁伟尔

Moulin-a-Vent 穆林阿旺

Moulis 慕里

Mouton Wine Museum 莫顿葡萄酒标博物馆

Müller Thugau 米勒（葡萄品种）

Muscadet 穆斯卡岱

Muscat 玫瑰香

附录

N

Nahe 纳赫

Napa Gamay 纳帕佳美

Napa Valley 纳帕山谷

Nates 南特

Nebbiolo 那比欧罗（葡萄品种）

Neusidlersee 新垦湖

New South Wales 新南威尔斯省

Niederösterreich 下奥地利

Noble Rot 贵族霉

Nova Scotia 新斯克夏省

O

Okanagan Valley 奥根纳根山谷

Oloroso 欧洛罗索

Ontario 安大略省

Oyster Wine 蚝酒

P

Paarl 帕尔

Pais 派斯

Pale Cream Sherry 白克林姆雪莉

Palomino 帕露米诺

Parchment Paper 羊皮纸

Pauillac 波依雅克

Pedroximenez 白卓西米内兹

Pendes 佩尼地斯

Petit Chablis 小夏布利

Petit Verdot 小维尔多

Petit Sirah 小西若（葡萄品种）

Piedmont 皮得蒙

Pinot Gris 灰比诺

Pinot Meunier 比诺曼妮

Pinot Noir 黑比诺（葡萄品种）

Pinotage 比诺塔基

Pint 品脱

Polroger 波罗杰

Pomerol 波美后

Port 波特酒

Poully-Fusse 普依利富诗

Premier Cru 一等葡萄园

Provence 普罗旺斯

Pulignt-Montrachet 普里尼蒙却谢

Q

Qualitätswein Bestimmter Anbaugebiete（简称QBA）特区良质酒

Qualitätswein Mit Prädikat（简称QMP）特级良质酒

Qualitätswein 良质酒

Quebec 魁北克省

爱恋葡萄酒

Queensland 昆士兰省

Quercus Suber 软木橡树

Rust 茹斯特

R

Rasteau 拉斯透

Recioto 瑞西欧托

Regnie 雷格涅

Rheims 兰斯(镇)

Rheine 莱茵地区

Rheingau 莱茵高

Rheinhessen 莱茵黑森

Rheinpfalz 莱茵佛兹

Rhone Valley 隆河谷地

Riddling 筛分工作

Riesling 雷司令（葡萄品种）

Rioja 利奥哈

Riojaalta 利奥哈奥塔

Robert Mondavi 罗勃孟大维

Romanee-Conti 柔玛内康堤

Romantische Rhein 罗曼蒂克莱茵

Rose 玫瑰红酒

Rotwein Spritzen 红酒苏打

Rousanne 胡珊

Ruby Porto 红宝石波特酒

Rutherford Vintners 路得福酒庄

Rum 兰姆酒

S

Saint-Amour 圣塔摩

Sake 清酒

Sanjuan 圣胡安

Sancerre 桑塞何

Sangiovese 珊吉欧维塞

Sanlucar 桑露卡

Sauce 沙司

Sauternes 苏代

Sauvignon Blanc 长相思（葡萄品种）

Savoie 萨瓦区

Select Late Harvest 精选晚收成

Semillon 赛美容（葡萄品种）

Sercial 塞西欧

Sherry Glass 雪莉酒杯

Shot Glass 威士忌杯

Soave 苏维

Solera 索雷亚

Sonoma 索诺玛

South Australia 南澳省

Southwest 西南区

South Central Valley 南中谷地

Sparkling Wine 气泡酒

Spätlese 晚收成特级良质酒

附录

Special Select Late Harvest 特别精选晚收成

Spirit 蒸馏酒

St. Emilion 圣塔美莉翁

St. Estephe 圣塔斯台夫

St. Julien 圣茱莉安

St. Peray 圣沛雷

Steen 士丹

Steiermark 施泰尔马克

Stellenboch 史帖伦贝克

Sterling Winery 斯特塞酒庄

Suisun Bay 水珊湾

Swan Valley 天鹅谷

Sylvaner 萧凡纳

Syrah 希哈（葡萄品种）

T

Table Wine 餐酒

Tafelwein （等级最低的）日常餐酒

Taittinger 泰廷爵香槟

Tannin 单宁

Tapas 它帕

Tasmania 塔斯马尼亚省

Tavel 塔佛

Tawny Porto 黄褐色波特酒

Tequila 龙舌兰酒

The Prow Restaurant 船首餐厅

Tokay 特凯

Touraine 都兰

Trockenbeerenauslese 精选干甜葡萄特级良质酒（简称TBA）

Tulip 郁金香型杯

Tuscany 托斯卡纳

V

V. Sattui 威沙退

Valencia 瓦伦西亚

Valpolicella 瓦波丽塞拉

Veneto 维内托

Verdelho 维蝶荷

Victoria 维多利亚省

Vienna 维也纳

Vins De Pays 地区餐酒

Vins De Table 日常餐酒

Vins Delmites De Qualite Superieure 优良地区餐酒（V.D.Q.S.）

Vinetage Porto 年份波特酒

Viognier 维欧格尼

Vodka 伏特加

Vosges 佛日山脉

Vouray 沃雷

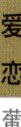

爱恋葡萄酒

W

Wachau 瓦浩

Walker 华克

Weindorf 葡萄酒村

Weissweinspritzen 白酒苏打

Welschriesling 威尔许雷司令

Western Australia 西澳省

Whisky 威士忌

White Porto 白波特酒

White Riesling 白雷司令

White Zinfandel 白金芬黛（葡萄品种）

Wine Bar 葡萄酒吧

Wine Glass 葡萄酒杯

Wine Label 酒标

Wine Preservation 酒质保存气瓶

Wurttemberg 乌登山

Z

Zinfandel 金芬黛（葡萄品种）

Zweigel 茨威格（葡萄品种）

附录三 波尔多梅多区(MEDOC)高级红酒榜

葡萄园	法定命名（AOC）	等级	副酒（Second Wine）
顶级酒庄(共61家)			
第一级酒庄			
1. CHATEAUHAUT – BRION	GRAVES	PREMIER GRAND CRU CLASSE	
2. CHATEAU LAFITE – ROTHSCHILD	PAUILLAC	PREMIER GRAND CRU CLASSE	CARRUADES DE LAFITE ROTHSCHILD
3. CHATEAU LATOUR	PAUILLAC	PREMIER GRAND CRU CLASSE	LES FORTS DE LATOUR
4. CHATEAU MARGAUX	MARGAUX	PREMIER GRAND CRU CLASSE	PAVILLON ROUGE DU CHATEAU MARGAUX
5. CHATEAU MOUTON – ROTHSCHILD	PAUILLAC	PREMIER GRAND CRU CLASSE	
第二级酒庄			
6. CHATEAU BRANE – CANTENAC	MARGAUX	PREMIER GRAND CRU CLASSE	CHATEAU NOTTON
7. CHATEAU COS D'ES TOURNAL	ST. ESTEPHE	PREMIER GRAND CRU CLASSE	
8. CHATEAU DUCRU – BEAUCAILLOU	ST. JULIEN	PREMIER GRAND CRU CLASSE	LA CROIX
9. CHATEAU DURFORT – VIVENS	MARGAUX	PREMIER GRAND CRU CLASSE	DOMAINE DE CURE BOURSE
10. CHATEAU GRUADRD – LAROSE	ST. JULIEN	PREMIER GRAND CRU CLASSE	SARGET DE GRUARD LAROSE
11. CHATEAU LASCOMBES	MARGAUX	PREMIER GRAND CRU CLASSE	CHATEAU SEGONNES
12. CHATEAU LEOVILLE – BARTON	ST. JULIEN	PREMIER GRAND CRU CLASSE	ST. JULIEN
13. CHATEAU LEOVILLE LAS – CASES	ST. JULIEN	PREMIER GRAND CRU CLASSE	CLOS DU MARQUIS
14. CHATEAU LEOVILLE POYFERRE	ST. JULIEN	PREMIER GRAND CRU CLASSE	CHATEAU MOULIN RICHE
15. CHATEAU MONTROSE	ST. ESTEPHE	PREMIER GRAND CRU CLASSE	
16. CHATEAU PICHON LONGUEVILLE-BARON	PAUILLAC	PREMIER GRAND CRU CLASSE	LE BARONET DE PICHOT
17. CHATEAU PICHON LONGUEVILLE COMTESSE DE LALANDE	PAUILLAC	PREMIER GRAND CRU CLASSE	RESERVE DE LA COMTESSE

爱恋葡萄酒

18. CHATEAU RAUZAN – GASSIES	MARGAUX	PREMIER GRAND CRU CLASSE	ENCLOS DE MONCABON
19. CHATEAU RAUZAN – SEGLA	MARGAUX	PREMIER GRAND CRU CLASSE	SEGLA
三级酒庄			
20. CHATEAU BOYD – CANTENAC	MARGAUX	PREMIER GRAND CRU CLASSE	
21. CHATEAU CALON – SEGUR	ST. ESTEPHE	PREMIER GRAND CRU CLASSE	
22. CHATEAU CANTENAC – BROWN	MARGAUX	PREMIER GRAND CRU CLASSE	
23. CHATEAU DESMIRAIL	MARGAUX	PREMIER GRAND CRU CLASSE	CHATEAU BAUDRY
24. CHATEAU D'ISSAN	MARGAUX	PREMIER GRAND CRU CLASSE	
25. CHATEAU FERRIERE	MARGAUX	PREMIER GRAND CRU CLASSE	
26. CHATEAU GISCOURS	MARGAUX	PREMIER GRAND CRU CLASSE	
27. CHATEAU KIRWAN	MARGAUX	PREMIER GRAND CRU CLASSE	
28. CHATEAU LA LAGUNE	HAUT – MEDOC	PREMIER GRAND CRU CLASSE	
29. CHATEAU LAGRANGE	ST. JULIEN	PREMIER GRAND CRU CLASSE	FIEFS DE LAGRANGE
30. CHATEAU LANGOA – BARTON	ST. JULIEN	PREMIER GRAND CRU CLASSE	ST. JULIEN
31. CHATEAUMALESCOT SAINT – EXUPERY	MARGAUX	PREMIER GRAND CRU CLASSE	CHATEAU DE LOYAC
32. CHATEAUMARQUIS D'ALESME – BECKER	MARGAUX	PREMIER GRAND CRU CLASSE	
四级酒庄			
33. CHATEAU PALMER	MARGAUX	PREMIER GRAND CRU CLASSE	
34. CHATEAU BEYCHEVELLE	ST. JULIEN	PREMIER GRAND CRU CLASSE	RESERVE DEL'AMIRAL
35. CHATEAU BRANAIRE– DUCRU	ST. JULIEN	PREMIER GRAND CRU CLASSE	
36. CHATEAU DUHART MILON– ROTHSCHILD	PAUILLAC	PREMIER GRAND CRU CLASSE	MOULIN DE DUHART
37. CHATEAU LAFON – ROCHET		PREMIER GRAND CRU CLASSE	

附录

38. CHATEAU LATOUR-CARNET	HAUT-MEDOC	PREMIER GRAND CRU CLASSE	
39. CHATEAU MARQUIS DE-TERME	MARGAUX	PREMIER GRAND CRU CLASSE	DOMAINE DES GOUDAT
40. CHATEAU POUGET	MARGAUX	PREMIER GRAND CRU CLASSE	
41. CHATEAU PRIEURE-LICHINE	MARGAUX	PREMIER GRAND CRU CLASSE	CHATEAU DE CLAIREFONT
42. CHATEAU SAINT-PIERRE	ST. JULIEN	PREMIER GRAND CRU CLASSE	CHATEAU SAINT-LOUIS-BOSQ
43. CHATEAU TALBOT	ST. JULIEN	PREMIER GRAND CRU CLASSE	CONNETABLE TALBOT
五级酒庄			
44. CHATEAU BATAILLEY	PAUILLAC	PREMIER GRAND CRU CLASSE	CHATEAU LA TOUR L'ASPIC
45. CHATEAU BELGRAVE	HAUT-MEDOC	PREMIER GRAND CRU CLASSE	
46. CHATEAU CAMENSAC	HAUT-MEDOC	PREMIER GRAND CRU CLASSE	
47. CHATEAU CANTEMERLE	HAUT-MEDOC	PREMIER GRAND CRU CLASSE	
48. CHATEAU CLERC-MILON	PAUILLAC	PREMIER GRAND CRU CLASSE	
49. CHATEAU COS-LABORY	ST. ESTEPHE	PREMIER GRAND CRU CLASSE	
50. CHATEAU CROIZET-BAGES	PAUILLAC	PREMIER GRAND CRU CLASSE	
51. CHATEAU D'ARMAILHAC	PAUILLAC	PREMIER GRAND CRU CLASSE	
52. CHATEAU DAUZAC	MARGAUX	PREMIER GRAND CRU CLASSE	CHATEAU LABARDE
53. CHATEAU DU TERTRE	MARGAUX	PREMIER GRAND CRU CLASSE	
54. CHATEAU GRAND-PUY-DUCASSE	PAUILLAC	PREMIER GRAND CRU CLASSE	CHATEAU ARTIGUES-ARNAUD
55. CHATEAU GRAND-PUY-LACOSTE	PAUILLAC	PREMIER GRAND CRU CLASSE	LACOTE-BORIE
56. CHATEAU HAUT-BAGES-LIBERAL	PAUILLAC	PREMIER GRAND CRU CLASSE	
57. CHATEAU HAUT-BATAILLEY	PAUILLAC	PREMIER GRAND CRU CLASSE	

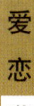

爱恋葡萄酒

58. CHATEAU HYNCH – BAGES	PAUILLAC	PREMIER GRAND CRU CLASSE	CHATEAU HAUT BAGES– AVEROUS
59. CHATEAU LYNCH – MOUSSAS	PAUILLAC	PREMIER GRAND CRU CLASSE	
60. CHATEAU PEDESCLAUX	PAUILLAC	PREMIER GRAND CRU CLASSE	
61. CHATEAU PONTET – CANET	PAUILLAC	PREMIER GRAND CRU CLASSE	

附录四 波尔多梅多区(MEDOC)中级酒(CRU BOURGEOIS)和好酒

葡萄园	法定命名（AOC）
1. CHATEAU D'AGASSAC	HAUT MEDOC
2. CHATEAU D'ARSAC	HAUT MEDOC
3. CHATEAU BEAUMONT	HAUT MEDOC
4. CHATEAU BECADE	HAUT MEDOC
5. CHATEAU BEL – AIR – LAGRAVE	MOULIS
6. CHATEAU BEL– ORME –TRONGUOY – DE LALANDE	HAUT MEDOC
7. CHATEAU BISTON – BRILLETTE	MOULIS
8. CHATEAU LE BOURDIEU	HAUT MEDOC
9. CHATEAU BRILLETTE	MOULIS
10. CHATEAU CAP – LEON – VEYRIN	LISTRAC
11. CHATEAU LA CARDONNE	MEDOC
12. CHATEAU CARONNE STE – GEMME	HAUT MEDOC
13. CHATEAU CASTERA	MEDOC
14. CHATEAU CHASSE – SPLEEN	MOULIS
15. CHATEAU CISSAC	HAUT MEDOC
16. CHATEAU CITRAN	HAUT MEDOC
17. CHATEAU CLARKE	LISTRAC
18. CHATEAU COUFRAN	HAUT MEDOC

附录

19. CHATEAU DUTRUSH—GRAND—POUJEAUX	MOULIS
20. CHATEAU FONREAUND	LISTRAC
21. CHATEAU FOURCAS—DUPRE	LISTRAC
22. CHATEAU FOURCAS—HOSTEN	LISTRAC
23. CHATEAU GRESSIER—GRAND—POUJEAUX	MOULIS
24. CHATEAU GREYSAC	MEDOC
25. CHATEAU HANTEILLAN	HAUT MEDOC
26. CHATEAU LAMARGUE	HAUT MEDOC
27. CHATEAU LANESSAN	HAUT MEDOC
28. CHATEAU LAROSE—TRINTAUDON	HAUT MEDOC
29. CHATEAU LIVERSAN	HAUT MEDOC
30. CHATEAU LOUDENNE	MEDOC
31. CHATEAU DE MALLERET	HAUT MEDOC
32. CHATEAU MAUCAILLOU	MOULIS
33. CHATEAU LE MEYNIEU	HAUT MEDOC
34. CHATEAU MOULIN—A—VENT	MOULIS
35. CHATEAU LES ORMES—SORBET	MEDOC
36. CHATEAU PATACHE—DAUX	MEDOC
37. CHATEAU POTENSAC	MEDOC
38. CHATEAU POUJEAUX	MOULIS
39. CHATEAU RAMAGE—LA—BATISSE	HAUT MEDOC
40. CHATEAU ST. BONNET	MOULIS
41. CHATEAU SOCIANDO—MALLET	HAUT MEDOC
42. CHATEAU LA TOUR—DE—BY	MEDOC
43. CHATEAU TOUR—DU—HAUT	HAUT MEDOC
44. CHATEAU LA—TOUR—SAINT—BONNET	MEDOC
45. CHATEAU VERDIGNAN	HAUT MEDOC
46. CHATEAU VILLEGORGE	HAUT MEDOC
47. CHATEAU ANDRON—BLANQUET	ST. ESTEPHE

爱恋葡萄酒

48. CHATEAU BEAU—SITE	ST. ESTEPHE
49. CHATEAU CAPBERN GASQUETON	ST. ESTEPHE
50. CHATEAU CHAMBERT—MARBUZET	ST. ESTEPHE
51. CHATEAU LE CROCK	ST. ESTEPHE
52. CHATEAU DOMEYNE	ST. ESTEPHE
53. CHATEAU FAGET	ST. ESTEPHE
54. CHATEAU HAUT—MARBUZET	ST. ESTEPHE
55. CHATEAU HOUISSANT	ST. ESTEPHE
56. CHATEAU LAVILOTTE	ST. ESTEPHE
57. CHATEAU DE MARBUZET	ST. ESTEPHE
58. CHATEAU MEYNEY	ST. ESTEPHE
59. CHATEAU LES ORMES DE PEZ	ST. ESTEPHE
60. CHATEAU PHELAN—SEGUR	ST. ESTEPHE
61. CHATEAU POMYS	ST. ESTEPHE
62. CHATEAU TRONQUOY-LALANDE	ST. ESTEPHE
63. CHATEAU BELLE ROSE	PAUILLAC
64. CHATEAU LA BECASSE	PAUILLAC
65. CHATEAU COLOMBIER-MONPELOU	PAUILLAC
66. CHATEAU LA COURONNE	PAUILLAC
67. CHATEAU LA FLEUR—MILON	PAUILLAC
68. CHATEAU FONBADET	PAUILLAC
69. CHATEAU HAUT—BAGES—AVEROUS	PAUILLAC
70. CHATEAU LA TOUR PIBRAN	ST. JULIEN
71. CHATEAU LA BRIDANE	ST. JULIEN
72. CHATEAU DU GLANA	ST. JULIEN
73. CHATEAU GLORIA	ST. JULIEN
74. CHATEAU HORTEVIE	ST. JULIEN
75. CHATEAU DE LACOUFOURQUE	ST. JULIEN
76. CHATEAU LALANDE—BORIE	ST. JULIEN
77. CHATEAU MOULIN-DE-LA-ROSE	ST. JULIEN

78. CHATEAU TERREY—GROS—CAILLOU	ST. JULIEN
79. CHATEAU TEYNAC	ST. JULIEN
80. CHATEAU ANGLUDET	MARGAUX
81. CHATEAU BEL-AIR MARQUIS D'ALIGRE	MARGAUX
82. CHATEAU CANUET	MARGAUX
83. CHATEAU CHARMANT	MARGAUX
84. CHATEAU DEYREM—VALENTIN	MARGAUX
85. CHATEAU LA GURGUE	MARGAUX
86. CHATEAU LABEGORCE	MARGAUX
87. CHATEAU LABEGORCE—ZEDE	MARGAUX
88. CHATEAU MARSAC—SEGUINEAU	MARGAUX
89. CHATEAU MARTINENS	MARGAUX
90. CHATEAU MONBRISON	MARGAUX
91. CHATEAU MONTBRUN	MARGAUX
92. CHATEAU PAVEIL—DE—LUZE	MARGAUX
93. CHATEAU PONTAC—LYNCH	MARGAUX
94. CHATEAU SIRAN	MARGAUX
95. CHATEAU TAYAS	MARGAUX
96. CHATEAU LA TOUR—DE BESSAN	MARGAUX
97. CHATEAU LA TOUR—DE MONS	MARGAUX
98. CHATEAU DES TROIS—CHARDONS	MARGAUX

附录五　波尔多葛拉夫(Graves)优良红酒

葡萄园
1. CHATEAU BOUSCAUT
2. CHATEAU CARBONNIEUX
3. DOMAINE DE CHEVALIER
4. CHATEAU DE FIEUZAL
5. CHATEAU HAUT—BAILLY
6. CHATEAU HAUT—BRION
7. CHATEAU LA MISSION—HAUT—BRION
8. CHATEAU LA TOUR—HAUT—BRION
9. CHATEAU LA TOUR—MARTILLAC
10. CHATEAU MALARTIC—LAGRAVIERE
11. CHATEAU OLIVIER
12. CHATEAU PAPE—CLEMENT
13. CHATEAU SMITH—HAUT—LAFITE

附录六　波尔多葛拉夫(Graves)优良白酒

葡萄园
1. CHATEAU BOUSCAUT
2. DOMAINE CARBONNIEAX
3. CHATEAU DE CHEVALIER
4. CHATEAU COUHINS
5. CHATEAU HAUT—BRION
6. CHATEAU LA TOUR—MARTILLAC
7. CHATEAU LAVILLE—HAUT—BRION
8. CHATEAU MALARTIC—LAGRAVIERE
9. CHATEAU OLIVIER

附录七 波尔多苏代(SAUTERNES)巴萨区（BARSAC）的优良白酒

葡 萄 园	法定命名(AOC)	等 级
1. CHATEAU D'YQUEM	SAUTERNES	特等一级酒庄
2. CHATEAU LA TOUR—BLANCHE	BOMMES	一级酒庄
3. CHATEAU LAFAURIE—PEYRAGUEY	BOMMES	一级酒庄
4. CHATEAU HAUT—PEYRAGUEY	BOMMES	一级酒庄
5. CHATEAU DE RAYNE—VIGNEAU	BOMMES	一级酒庄
6. CHATEAU SUDUIRAUT	PREIGNAC	一级酒庄
7. CHATEAU COUTET	BARSAC	一级酒庄
8. CHATEAU CLIMENS	BARSAC	一级酒庄
9. CHATEAU GUIRAUD	SAUTERNES	一级酒庄
10. CHATEAU RIEUSSEC	FARGUES	一级酒庄
11. CHATEAU RABAUD—PROMIS	BOMMES	一级酒庄
12. CHATEAU SIGALAS—RABAUD	BOMMES	一级酒庄
13. CHATEAU MYRAT	BARSAC	二级酒庄
14. CHATEAU DOISY—DAENE	BARSAC	二级酒庄
15. CHATEAU DOISY—VEDRINES	BARSAC	二级酒庄
16. CHATEAU DOISY—DUBROCA	BARSAC	二级酒庄
17. CHATEAU D'ARCHE	SAUTERNES	二级酒庄
18. CHATEAU BROUSTET	SAUTERNES	二级酒庄
19. CHATEAU BROUSTET	BARSAC	二级酒庄
20. CHATEAU NAIRAC	BARSAC	二级酒庄
21. CHATEAU CAILLOU	BARSAC	二级酒庄
22. CHATEAU SUAU	BARSAC	二级酒庄
23. CHATEAU DE MALLE	PREIGNAC	二级酒庄
24. CHATEAU ROMER	FARGUES	二级酒庄
25. CHATEAU LAMOTHE	SAUTERNES	二级酒庄

爱恋葡萄酒

附录八 波尔多圣美莉翁区(ST.EMILION)1985年优良酒榜

葡 萄 园	等 级
1. CHATEAU AUSONE	顶级A组(PREMIER GRAND CRU CLASSE)
2. CHATEAU CHEVAL BLANC	顶级A组(PREMIER GRAND CRU CLASSE)
3. CHATEAU BEAU—SEJOUR—BECOT	顶级B组(PREMIER GRAND CRU CLASSE)
4. CHATEAU BEAUSEJOUR	顶级B组(PREMIER GRAND CRU CLASSE)
5. CHATEAU CANON	顶级B组(PREMIER GRAND CRU CLASSE)
6. CHATEAU BELAIR	顶级B组(PREMIER GRAND CRU CLASSE)
7. CHATEAU CLOS FOURTET	顶级B组(PREMIER GRAND CRU CLASSE)
8. CHATEAU FIGEAC	顶级B组(PREMIER GRAND CRU CLASSE)
9. CHATEAU LA CAFFELIERE	顶级B组(PREMIER GRAND CRU CLASSE)
10. CHATEAU MAGDELAINE	顶级B组(PREMIER GRAND CRU CLASSE)
11. CHATEAU PAVIE	顶级B组(PREMIER GRAND CRU CLASSE)
12. CHATEAU TROTTEVIEILLE	顶级B组(PREMIER GRAND CRU CLASSE)
13. CHATEAU L'ANGELUS	优级(GRAND CRU CLASSE)
14. CHATEAU L'ARROSEE	优级(GRAND CRU CLASSE)
15. CHATEAU BALEAU	优级(GRAND CRU CLASSE)
16. CHATEAU BALESTARD LA TONNELLE	优级(GRAND CRU CLASSE)

附录

17. CHATEAU BELLAVUE	优级（GRAND CRU CLASSE）
18. CHATEAU BERGAT	优级（GRAND CRU CLASSE）
19. CHATEAU BERLIGUET	优级（GRAND CRU CLASSE）
20. CHATEAU CADET—BON	优级（GRAND CRU CLASSE）
21. CHATEAU CADET—PIOLA	优级（GRAND CRU CLASSE）
22. CHATEAU CANON—LA—GAFFELIERE	优级（GRAND CRU CLASSE）
23. CHATEAU CAP DE MOURLIN	优级（GRAND CRU CLASSE）
24. CHATEAU LA CARTE	优级（GRAND CRU CLASSE）
25. CHATEAU CHAPELL—MADELEINE	优级（GRAND CRU CLASSE）
26. CHATEAU LE CHATELET	优级（GRAND CRU CLASSE）
27. CHATEAU CHAUVIN	优级（GRAND CRU CLASSE）
28. CHATEAU LA CLOTTE	优级（GRAND CRU CLASSE）
29. CHATEAU LA CLUSIERE	优级（GRAND CRU CLASSE）
30. CHATEAU CORBIN	优级（GRAND CRU CLASSE）
31. CHATEAU CORBIN MICHOTTE	优级（GRAND CRU CLASSE）
32. CHATEAU LA COUSPAUDE	优级（GRAND CRU CLASSE）
33. CHATEAU COUTET	优级（GRAND CRU CLASSE）
34. CHATEAU LE COUVENT	优级（GRAND CRU CLASSE）
35. CHATEAU DES JACOBINS	优级（GRAND CRU CLASSE）
36. CHATEAU CROQUE MICH0TTE	优级（GRAND CRU CLASSE）
37. CHATEAU CURE BON LA MADELEINE	优级（GRAND CRU CLASSE）
38. CHATEAU DASSAULT	优级（GRAND CRU CLASSE）
39. CHATEAU LA DOMINIQUE	优级（GRAND CRU CLASSE）
40. CHATEAU FAURIE DE SOUCHARD	优级（GRAND CRU CLASSE）
41. CHATEAU FONPLEGADE	优级（GRAND CRU CLASSE）
42. CHATEAU FONROQUE	优级（GRAND CRU CLASSE）
43. CHATEAU FRANC—MAYNE	优级（GRAND CRU CLASSE）
44. CHATEAU GRAND BARRAIL LAMARZELLE	优级（GRAND CRU CLASSE）

45. CHATEAU GRAND CORBIN DESPAGNE	优级(GRAND CRU CLASSE)
46. CHATEAU GRAND CORBIN	优级(GRAND CRU CLASSE)
47. CHATEAU GRAND MAYNE	优级(GRAND CRU CLASSE)
48. CHATEAU GRANDES MURAILLES	优级(GRAND CRU CLASSE)
49. CHATEAU PONTET	优级(GRAND CRU CLASSE)
50. CHATEAU GUADET ST.JULIEN	优级(GRAND CRU CLASSE)
51. CHATEAU BAUT CORBIN	优级(GRAND CRU CLASSE)
52. CHATEAU HAUT SARPE	优级(GRAND CRU CLASSE)
53. CHATEAU JEAN FAURE	优级(GRAND CRU CLASSE)
54. CHATEAU COLS DES JACOBINS	优级(GRAND CRU CLASSE)
55. CHATEAU LANIOTE	优级(GRAND CRU CLASSE)
56. CHATEAU LARCIS DUCASSE	优级(GRAND CRU CLASSE)
57. CHATEAU LARMANDE	优级(GRAND CRU CLASSE)
58. CHATEAU LAROZE	优级(GRAND CRU CLASSE)
59. CHATEAU LA MADELEINE	优级(GRAND CRU CLASSE)
60. CHATEAU ST. MARTIN	优级(GRAND CRU CLASSE)
61. CHATEAU LA MARZELLE	优级(GRAND CRU CLASSE)
62. CHATEAU MATRAS	优级(GRAND CRU CLASSE)
63. CHATEAU MAUVEZIN	优级(GRAND CRU CLASSE)
64. CHATEAU MOULIN DUCADET	优级(GRAND CRU CLASSE)
65. CHATEAU PAVIS DECESSE	优级(GRAND CRU CLASSE)
66. CHATEAU PAVIE MACQUIN	优级(GRAND CRU CLASSE)
67. CHATEAU PAVILLON—CADET	优级(GRAND CRU CLASSE)
68. CHATEAU PETIT—FAURIE—DE—SOUTARD	优级(GRAND CRU CLASSE)
69. CHATEAU LE PRIEURE	优级(GRAND CRU CLASSE)
70. CHATEAU RIPEAU	优级(GRAND CRU CLASSE)
71. CHATEAU ST.—GEORGES	优级(GRAND CRU CLASSE)
72. CHATEAU SANSONNET	优级(GRAND CRU CLASSE)
73. CHATEAU TA SERRE	优级(GRAND CRU CLASSE)

74. CHATEAU SOUTARD	优级(GRAND CRU CLASSE)
75. CHATEAU TERTRE DAUGAY	优级(GRAND CRU CLASSE)
76. CHATEAU LA TOUR FIGEAC	优级(GRAND CRU CLASSE)
77. CHATEAU LA TOUR DU PIN FIGEAC	优级(GRAND CRU CLASSE)
78. CHATEAU TROIS-MOULINS	优级(GRAND CRU CLASSE)
79. CHATEAU TRIMOULET	优级(GRAND CRU CLASSE)
80. CHATEAU TROPLONG MONDOT	优级(GRAND CRU CLASSE)
81. CHATEAU VILLEMAURINE	优级(GRAND CRU CLASSE)
82. CHATEAU YON—FIGEAC	优级(GRAND CRU CLASSE)
83. CHATEAU CLOS DE L'ORATOIRE	优级(GRAND CRU CLASSE)

附录九 波尔多波美后(POMEROL)区的优良红酒

葡萄园
1. CHATEAU CERTAN DE MAY
2. CHATEAU CERTAN—GIRAUD
3. CHATEAU LA CONSEILLANTE
4. CLOS L'EGLISE
5. CHATEAU L'EGLISE—CLINET
6. CHATEAU L'EVANGILE
7. CHATEAU LA FLEUR PETRUS
8. CHATEAU LAGRANGE
9. CHATEAU LA GRAVE—TRIGANT—DE—BOISSET
10. CHATEAU LATOUR A POMEROL
11. CHATEAU PETIT—VILLAGE
12. CHATEAU P'ETRUS
13. CHATEAU LE PIN
14. CHATEAU TROTANOY
15. VIEUX CHATEAU CETAN

爱恋葡萄酒

附录十 布根地金山丘(COTE DOR)等红酒榜

特等葡萄园 (GRAND CRUS VINEYARDS)	所属村庄 (VILLAGE)
1. BONNES MARES （一部分）	MOREY—ST. DENIS
2. BONNE SMARES （一部分）	CHAMBOLLE—MUSIGNY
3. CHAMBERTIN	GEVREY—CHAMBERTIN
4. CHAMBERTIN—CLOS DE BEZE	GEVREY—CHAMBERTIN
5. CHAPELLE—CHAMBERTIN	GEVREY—CHAMBERTIN
6. CHARMES—CHAMBERTIN	GEVREY—CHAMBERTIN
7. CLOS DES LAMBERAYS	MOREY—ST. DENIS
8. CLOS DE LA ROCHE	MOREY—ST. DENIS
9. CLOS ST. DENIS	MOREY—ST. DENIS
10. CLOS DE TART	MOREY—ST. DENIS
11. CLOS DE VOUGEOT	VOUGEOT
12. CORTON	ALOXE—CORTON
13. ECH'EZEAUX	FLAGEY—ECH'EZEAUX
14. GRAND ECH'EZEAUX	FLAGEY—ECH'EZEAUX
15. GRIOTTE—CHAMBERTIN	GEVREY—CHAMBERTIN
16. LATRICIERES—CHAMBERTIN	GEVREY—CHAMBERTIN
17. MAZIS—CHAMBERTIN	GEVREY—CHAMBERTIN
18. MUSIGNY	CHAMBOLLE—MUSIGNY
19. RICHEBOURG	VOSNE—ROMANEE
20. LA ROMANEE	VOSNE—ROMANEE
21. ROMANEE—CONTI	VOSNE—ROMANEE
22. ROMANEE—ST. VIVANT	VOSNE—ROMANEE
23. RUCHOTTE—CHAMBERTIN	GEVREY—CHAMBERTIN
24. LA TACHE	VOSNE—ROMANEE

附录十一 布根地白酒榜

特等葡萄园 (GRAND CRUS VINEYARDS)	所属村庄 (VILLAGE)	产酒区	备注（酒商很重要）
1. BATARD—MONTRACHET	PULIGNY—MONTRARACHET	COTE DE BEAUNE	
2. BIENVENUES—BATARD—MONTRACHET	PULIGNY—MONTRARACHET	COTE DE BEAUNE	
3. CHARLEMAGNE	ALOXE—CORTON	COTE DE BEAUNE	
4. CHEVALIER—MONTRACHET	PULIGNY—MONTRARACHET	COTE DE BEAUNE	
5. CORTON—CHARLEMAGNE	ALOXE—CORTON	COTE DE BEAUNE	
6. CRIOTS—BATARD—MONTRACHET	CHASSAGENT—MONTRACHET	COTE DE BEAUNE	
7. CHABLIS GRAND CRU LES BLANCHOTS	CHABLIS	CHABLIS	
8. CHABLIS GRAND CRU BOUGROS	CHABLIS	CHABLIS	
9. CHABLIS GRAND CRU GRENOUILLES	CHABLIS	CHABLIS	
10. CHABLIS GRAND CRU	CHABLIS	CHABLIS	
11. CHABLIS GRAND CRU LES CLOS	CHABLIS	CHABLIS	
12. CHABLIS GRAND CRU VALMUR	CHABLIS	CHABLIS	
13. CHABLIS GRAND CRU VAUD'ESIR	CHABLIS	CHABLIS	
14. MONTRACHET	PULIGNY—MONTRARACHET	COTE DE BEAUNE	
15. MUSIGNY BLANC	CHAMBOLLE—MUSIGNY	COTE DE NUITS	

附录十二 雪莉酒(SHERRY)的主要酒厂

主要酒厂　　　葡萄园
1. ALLIED LYONS
2. BARBADILLO
3. BERTOLA
4. HIJOS DE AGUSTIN BLAQUEZ
5. BODEGAS INTERNACIONALES
6. JOHN WILLAM BURDON
7. LUIS CABALLERO
8. CAYD
9. CROFT
10. CUVILLO
11. DELGADO ZULETA
12. DIEZ—MERITO
13. PEDR0 DOMECQ
14. DON ZOIL0
15. DUFF GORDON
16. DOKE OF WELLINGTON
17. GARVEY
18. GONZALEZ BYASS
19. HARVEYS
20. LUSTAU
21. MARQUES DEL REAL TESORO
22. HERITO
23. OSBORNE
24. PALOMIN0 & VERGARA
25. HITOS DE RAINERO PEREZ MARIN "LA GUITA"
26. REAL TESOR0
27. LA RIVA
28. PEDRO RODRIGUEZ
29. DANDEMAN

附录

附录十三 优良马德拉(MADEIRA)酒商

酒　　商
1. BARBEITO
2. BLANDY BROTHERS
3. CO SSART GORDON
4. HARVEYS
5. LEACOCK
6. LOMELIN0
7. POWET, DRYRY & CO.
8. RUTHERFORD & HILES

附录十四 优良波特(PORT)酒庄

葡　萄　园
1. C0CKBURN
2. CR0FT
3. DELAFORCE
4. DOW & CO.
5. FERREIRA
6. FONSECA
7. W. & J. GRAHAM & CO.
8. NOVAL
9. SANDEMAN
10. SILVA & COSENS
11. WARRE & CO.

爱恋葡萄酒